법타원 김이현 종사와 함께하는
정전 마음공부 길

[일러두기]
① 책 제목 『 』
② 법문의 완전한 인용, 부분인용 「 」
   원문 인용은 연한 글씨로 표기함. 단, 강의 중간 인용문은 진하게 표기함
③ 대화 내용 " "
④ 법타원님 간접인용 또는 강조 ' '

법타원 김이현 종사와 함께하는

정전 마음공부 길

도서출판
마음공부

책을 펴내며

반갑습니다.

법타원 김이현 종사 法陀圓 金理玄 宗師 (원기 15. 8. 28 ~ 98. 5. 23) 열반 3주기를 맞아 이 책을 출간할 수 있게 되어 기쁩니다. 원불교100주년 기념대회를 즈음하여 펴내게 되니 더욱 뜻 깊게 느껴집니다. 법신불 사은님의 크신 은혜에 감사합니다.

이 책은 법타원님께서 영산수도원 시절에 영산성지가 영육쌍전의 선도량이 되기를 염원하며 농한기에 선방을 열고 해주신 법문과 그 즈음 원불교영산선학대학교 학생들에게 해주신 법문을 모아서 엮은 것입니다. 주로 원기 85년과 86년에 하신 말씀들입니다. 선방에는 출가 교무와 재가 교도가 훈련인으로 참석했고 영산성지 인근 교무들도 함께 했습니다.

법타원 스승님은 원불교 교전 가운데서도 주로 『정전』을 늘 가르쳐주셨습니다. 그리고 생활 속 실천을 강조하셨습니다. 이 책에 담긴 법문도 마찬가지입니다. 평생에 걸쳐 『정전』을 연마하고 실천하시며 증험한 내용들입니다. 평생 심사心師로 모신 대산 종사님의 『정전대의』와 『교리실천도해』를 바탕으로 저희들을 정전 공부의 바른 길로 안내하고 계십니다.

평소 법타원 종사님은 스승님들의 법문만으로도 충분하다시며 당신의 법문을 기록으로 남기는 것을 별로 원하지 않으셨습니다. 하지만 제자들은 공부길을 잡기 위해 법타원님의 가르침을 녹음으로라도 배우기를 원했습니다. 그래서 몇몇 교무들이 몰래 녹음하고 기록했던 것을 기초 자료로 삼아서 이렇게 책으로 엮을 수 있었습니다.

이 책은 주세불 소태산 대종사님의 교법을 배우려는 공부인들에게 바르고, 쉽고, 재미있는 안내서가 될 것입니다. 원불교 교법을 이해하고자 하는 초심자나 속 깊은 마음공부를 하려는 공부인들에게도 든든한 안내서가 될 것입니다.

혹시라도 법타원님의 본의에 맞지 않은 내용이나 온전하지 못한 내용 또는 실수가 있다면 이는 모두 편집 실무를 맡았던 저희들의 책임입니다. 바로 알려주시고 바로잡아 주시면 참고하여 후일에 보완하도록 하겠습니다. 열반하시기 전에 편집을 마쳤더라면 하는 후회가 큽니다만, 늦게라도 출간하게 됨을 법신불 사은전에 깊이 감사 올립니다. 관심 가져주시고 성원해 주신 모든 분들께 감사의 마음을 전합니다. 감사합니다.

원기 101년(서기 2016년) 5월 23일
편집인 일동 합장.

차례

- 정전 공부 안내 — 011
- 정전 목차 — 018
- 교리도 — 036
- 표어해의 — 040
- 개교의 동기 — 058
- 교법의 총설 — 081
- 일원상 서원문 — 085
- 일원상 법어 — 104
- 게송 — 110
- 사은 — 112
- 사요 — 124
- 삼학 팔조 — 140
- 사대강령 — 167
- 일상 수행의 요법 — 178
- 정기 훈련과 상시 훈련 — 187
- 염불법 — 204

- 좌선법 210
- 의두요목 222
- 일기법 224
- 무시선법 229
- 참회문 236
- 심고와 기도 253
- 불공하는 법 262
- 계문 271
- 솔성요론 280
- 최초법어 283
- 고락에 대한 법문 296
- 병든 사회와 그 치료법 299
- 영육쌍전법 304
- 법위등급 308
- 원각성존 소태산 대종사 비명 병서 327
- 공부인의 일과 356

01
정전 공부 안내

여러분은 지금 마음을 찾으셨습니까? 대종사님께서는 「일일시시로 자기가 자기를 가르칠 것이요.」라고 했는데 그 '자기'를 찾으셨는지요? 이 것이 전제가 되어야 우리가 제대로 교리공부를 할 수 있습니다. 모든 교법을 마음에 대조해서 이해할 줄 알아야 합니다. 소태산 대종사님께서는 마음 쓰는 법, 용심법用心法을 주로 밝혀 주셨고, 정산 종사님께서는 「항상 마음을 여유 있고 넉넉하게 쓰라.」고 하셨으며, 대산 종사님께서는 「남의 마음을 고치고 가르치기 전에 자기 마음부터 가르치라.」고 하셨습니다. 따라서 마음공부를 하는 우리 공부인들은 그동안 내 마음 가운데 어떤 점이 고쳐졌고, 또 어떤 미진함이 남아 있는지 스스로 정확히 진단할 수 있어야 합니다.

　교법을 잘 해석하는 것만으로는 좋은 법 장수가 될 수 없습니다. 교법을 얼마만큼 내 것으로 만들었느냐가 더 중요합니다. '다음 생에 와서 다시 이 공부를 한다면 어떻게 공부 기준을 잡을까?' 하고 고민을 해본 일이 있습니다. 대종사님께서는 우리 마음의 원리를 '대소유무' 大小有無 네 글자로 표현해 주셨습니다. 이 말씀은 과거 성현들께서 전혀 사용하지 않으셨던, 사전에도 나오지 않는 독특한 대종사님의 표현입니다.

　대종사님께서는 세상은 바로 이 대소유무의 이치로 건설이 되었다고 하셨습니다. 따라서 우리는 이 세상 모든 것을 대소유무의 이치로 척척 가려낼 줄 알아야 합니다. 내 마음도 대소유무에 적용할 수 있어야 하고 우리 교법도 대소유무로 비춰 볼 수 있어야 합니다. 마음이 어떤 상태일 때가 대 자리이고 어떤 상태일 때가 유무 자리인지, 또 우리 교법은 대를 주체로 하였는지 소를 주체로 하였는지 각각 나누어 볼 수 있어야 합니다.

　'진공묘유' 眞空妙有의 조화를 대, 소, 유무로 이야기 할 수 있어야 합니다. 진공묘유의 조화는 우주만유를 통해서 나타난다고 하셨으므로 우주만유 전체가 다 진공묘유입니다. 물론 나 역시 이 우주만유에 포함이 됩니다. 이 세상이 대소유무로 건설되었다는 말씀이나 우주만유를 통해서 진공묘유의 조화가 은현자재 한다는 말씀이나 다 같은 말씀입니다.

대종사님께서는 또 우주만유를 무량세계로도 표현하셨습니다. 일원상 서원문을 보면 무량세계를 유상有常과 무상無常으로 나눠서 표현하셨으니 여기서도 대소유무와 연결시켜 볼 수 있습니다. 모든 말씀이 이와 같이 하나로 꿰어져 있기 때문에 우리가 공부길을 잡아가는 데 조금도 어렵거나 혼란스럽지 않습니다.

어느 정도 이 공부를 하고 보면 대소유무의 이치에 눈을 떠서 내 마음을 낼 때나 다른 사람이 취사 하는 것을 볼 때 대소유무의 관점에서 볼 수 있게 됩니다. 산 경전을 볼 줄 아는 것입니다. 아만심을 내면 아만심 경전, 쟁투를 하면 쟁투 경전이 됩니다. 여행을 가도 대소유무의 이치에 눈을 뜬 사람이 다니는 것과 그렇지 못한 사람이 그냥 신나서 다니는 것과는 다릅니다.

정산 종사님은 경의편 36장에서「대소유무의 이치를 따라 인간의 시비이해를 건설한다.」는 법위 조항에 대해서 다음과 같이 설명하십니다.

「성인은 반드시 우주의 진리를 응하여 인간의 법도를 제정하시나니, 우리 법으로 말씀하면 일원상의 종지는 대大 자리를 응하여 건설된 법이요, 사은의 내역들은 소小 자리를 응하여 건설된 법이요, 인과와 계율 등 모든 법은 유무有無 자리를 응하여 건설된 법인 바, 성인의 법은 어느 법이나 이치에 위반됨이 없이 시비이해가 분명하게 짜여지나니라. 또는 이를 개인 공부에 운용하는 방법으로는 항상 일원의 체성을 체 받아서 일심, 즉 '선禪을 잘 닦으라' 하신 것은 대를 운용하는 법이요, '사사 처처에 보은불공 하는 도를 잘 알아 행하라' 하신 것은 소를 운용하는 법이요, 유무에 집착 하지 아니하고 유무를 따라 마음을 활용하며 변천의 도를 알아 미리 준비 하여 사업을 성공하게 하신 것은 유무를 운용하는 법이니라.」

 따라서 일원상 장을 배울 때는 대 자리를 응해서 만들어졌음을 알고, 사은 장을 배울 때는 소 자리를 응해서 만들어졌음을 알아야 합니다. 그렇다고 대 자리, 소 자리, 유무 자리가 따로 떨어져 있다는 것은 아닙니다. 서로 머금고 있습니다. 내 마음이나 내 몸도 대소유무로 분석을 해보시기 바랍니다. 대소유무의 진리로 세상을 볼 줄 알면 혜안을 얻었다고 합니다. 심안이 마음의 눈이라면 혜안은 지혜의 눈입니다. 대소유무의 진리로 세상을 보아야 비로소 산 경전을 볼 줄 아는 것입니다.
 일원상 서원문을 보면 「능이성 유상하고 능이성 무상하여 유상으로 보면 상주불멸로 여여자연하여 무량세계를 전개하였고, 무상으로 보면 우주의 성·주·괴·공과 만물의 생·로·병·사와 사생의 심신 작용을 따라 육도로 변화를 시켜 혹은 진급으로 혹은 강급으로 혹은 은생어해恩生

於害로 혹은 해생어은害生於恩으로 이와 같이 무량세계를 전개하였나니」라는 대목이 나옵니다.

우주 만물이 이렇게 변화하고 육도 사생이 또 저렇게 변화한다는 것은 소 자리와 유무 자리를 설명한 것입니다. 그래서 무량세계를 볼 때에도 유상으로도 볼 줄 알고 무상으로도 볼 줄 알아야 하고, 대소유무의 이치로 분석해 볼 줄도 알고 진공묘유의 조화로도 분석해 볼 줄 알아야 합니다.

코스모스 한 송이를 볼 때에도 대소유무의 진리로 볼 줄 알면 복과 혜를 구하는 일이 훨씬 쉬워집니다. 산중으로 들어가지 않아도 발길 닿는 곳 마음 머무는 곳에서 복과 혜를 장만할 수 있습니다. 대종사님께서는 경전은 바로 복과 혜를 구하기 위한 것이라고 하셨습니다. 경전은 모두가 좋아하는 복, 모두에게 값이 있는 혜를 캐낼 수 있도록 해주는 안내서입니다.

대종사님께서는 '돌아오는 시대의 교법은 생활에 부합되는 법이어야 한다.'고 강조하셨습니다. 생활은 달리 말한다면 곧 복과 혜입니다. 귀의불양족존歸依佛兩足尊에서 양족이란 바로 복과 혜를 함께 갖추었다는 의미입니다. 따라서 생활을 떠나서 신비스러운 것에 미혹되면 우리 교법과는 거리가 멀어집니다.

대종사님께서는 개교의 동기에서 「파란고해의 일체생령을 자성극락으로 인도하려 함이 그 동기니라.」고 하지 않으시고 「광대무량한 낙원으로 인도하려 함이 그 동기니라.」고 하셨습니다. 자성극락은 혼자 누릴 수 있지만 광대무량한 낙원은 우리가 생활 속에서 함께 누리는 것입니다. 출발점이 다릅니다. 그래서 일과 속에서 득력도 해야 하고 일상생활 속에서 복혜가 증진되도록 해야 합니다. 우리의 표어 정신이 모두 여기에 근거해 있습니다.

우리는 대소유무의 원리를 요달해야 합니다. 교리 전체를 대소유무로 통해야 합니다. 대 자리만 주장하는 교리가 있다면 대 자리만 편수를 해도 될 것입니다. 하지만 대종사님께서는 대를 주체로 하되 소와 유무를 함께 밝혀 주셨고, 또 유무를 주체로 해서 소와 대를 함께 밝혀 주셨습니다. 그렇게 하신 까닭은 삼학을 병진해야 하기 때문입니다. 대종사님께서는 삼학을 편수하는 제자에게 '너는 내 제자 아니다.' 하시며 크게 꾸중을 하셨습니다. 삼학을 편수하는 것이 아예 하지 않는 것보다는 나을지 모르나 삼학을 편수해서는 대종사님의 심통제자, 법통제자가 될 수 없습니다.

이 세상은 대소유무의 이치로 건설되었다고 하셨으니 '대소유무' 네 글자를 늘 화두로 삼아서 만물을 바라보고 마음을 대조해 보아야 합니다.

내가 날마다 사용하는 내 마음을 대소유무로 대조해서 대의 마음, 소의 마음, 유무의 마음으로 나눠 볼 수 있어야 합니다.

정전 목차

　『정전』은 그 성격에 따라서 크게 총서편, 교의편, 수행편으로 구분 되어 있습니다. 총서편은 교법의 원리를 공부하기 전에 원불교가 출현한 시대 배경은 무엇이고, 대종사님께서는 어떠한 성자이고, 교법은 어떤 특성을 가지고 있으며, 그 목표와 지향은 무엇인지, 과거 성자의 가르침과 우리 회상의 가르침이 어떻게 다르며, 또 무슨 특징이 있는지를 설명한 장입니다.

　교의편은 대종사님께서 깨달으신 내용을 체계화해 주시고, 사대강령을 통해 우리가 지향해 나가야 할 목표를 설정해 매듭지어 주신 장입니다. 원불교 교리의 핵심인 일원상의 진리를 간단하게 밝힌다면 '생멸 없는 진리와 인과보응 되는 이치' 이 두 가지로 정리를 할 수가 있습니다. 대종사님께서는 교의편을 통해 인과보응의 이치를 바탕으로 한 인생의 요도 사은 사요와 불생불멸의 이치를 바탕으로 한 공부의 요도 삼학 팔조를 밝혀 주셨습니다. 이것이 바로 인과보응의 신앙문과 진공묘유의 수행문으로 우리 교법의 두 축입니다. 특히 대종사님께서는 교의편의 결론을 사대강령으로 매듭지어 주시고 재가든 출가든 무아봉공의 삶을 살아가는 것이 곧 인생길과 공부길을 잘 잡은 사람이라고 하셨습니다.

수행편은 진공묘유의 공부길을 주로 밝혀주신 장입니다. 대종사님께서는 '진공으로 체를 삼고 묘유로 용을 삼자.' 하시며 그 결론을 무시선법으로 정리해 주셨습니다. 만일 진공묘유의 공부길이 아니라 불생불멸의 공부길이라고 하셨다면 진공으로 체를 삼고 진공으로 용을 삼는다는 말씀을 무시선의 핵심으로 삼으셨을 것입니다. 그런데 대종사님께서는 대각을 이루신 후 「만유가 한 체성이며 만법이 한 근원이로다. 이 가운데 생멸 없는 도와 인과 보응되는 이치가 서로 바탕하여 한 두렷한 기틀을 지었도다.」 하시며 생멸 없는 도만 밝히신 것이 아니라 생멸 없는 가운데 묘하게 있어지는 진공묘유의 도를 함께 밝혀 주셨습니다.

총서편을 통해 대서원과 대신심을 일으키고, 교의편을 통해 대원리를 터득해야, 수행편을 통해 자각적인 실천과 끊임없는 수행에 들어갈 수 있습니다. 원리를 터득하기도 전에 수행을 앞세우다 보면 자칫 강요가 될 수도 있고, 과연 내가 부처가 될 수 있을 것인지에 대한 의심이 생길 수도 있습니다. 그래서 대종사님께서는 수행편 앞에 교의편을 두어 서원을 세우고 믿고 깨달아 수행할 마음이 나도록 그 원리를 먼저 밝혀주신 것입니다. 이제 좀 더 세부적으로 각 장에 담긴 내용들을 살펴보도록 하겠습니다.

총서편 總序編

총서편은 앞에서 말씀드린 바와 같이 대종사님이 어떤 성자인지, 원불교의 사명은 무엇인지, 원불교 교법의 특징은 무엇인지 등에 대해서 잘 밝히고 있습니다. 대종사님에 대한 신심, 우리 교법에 대한 신심, 우리 회상에 대한 신심을 확실하게 더위잡을 수 있도록 해주신 것입니다.

개교의 동기 開敎-動機

대종사님께서는 『대종경』 전망품 1장에서 「세상이 말세가 되고 험난한 때를 당하면 반드시 한 세상을 주장할 만한 법을 가진 구세성자救世聖者가 출현하여 능히 천지 기운을 돌려 그 세상을 바로잡고 그 인심을 골라 놓나니라.」고 하셨습니다.

또한 대종사님께서는 대각을 이루신 후 장차 우리가 살아갈 세상은 과학문명의 발달과 함께 물질을 사용하여야 할 사람의 정신은 점점 쇠약해지고 사람이 사용하여야 할 물질의 세력은 날로 융성하여 모든 사람이 물질의 노예생활을 하는 파란고해의 세상이 될 것이라 예언하시고, 이러한 때에는 반드시 인류를 구원할 성자가 나오게 될 것이라고 하셨습니다.

개교의 동기는 이러한 대종사님의 일대 경륜이 가장 잘 드러나 있는 장이라 할 수 있습니다. 원불교가 이 세상에 출현하게 된 동기는 정신의 세력을 확장하여 파란고해에서 헤매는 일체생령을 광대무량한 낙원으로 인도하는 데 있습니다. 그런데 우리는 여기에서 대종사님께서 개교의 동기를 '극락'이 아닌 '낙원'으로 인도하기 위함이라고 명시해 주신 것에 주목할 필요가 있습니다.

극락이란 고락을 초월한 자리입니다. 상대야 어찌되었든지 나만 초월하고, 나만 자유하고, 나만 해탈해도 자성극락은 얻을 수가 있습니다. 그러나 '낙원'은 다릅니다. 낙원은 우리가 함께 할 때만이 얻을 수 있는 경지입니다. 만약 지금 내가 처한 곳이 낙원이 아니라면 그것은 내가 원불교 공부를 잘못한 것입니다. 대종사님께서는 극락을 얻기 위해 이 법을 펴신 것이 아니라 낙원을 만들기 위해 이 법을 내놓으시고 우리를 훈련시키셨다는 것에 주목할 필요가 있습니다.

또 대종사님께서 '전 인류'라고 하지 않으시고 '일체생령'이라고 하신 것에도 주목해야 합니다. 그것은 대종사님께서 이 말씀을 통해 제도의 범위를 인간에만 국한하지 않고 육도 사생을 다 그 범위 안에 넣어주신 것이기 때문입니다.

그렇다면 주세불께서는 고해 중에 있는 중생들을 어떻게 낙원으로 인도하시겠다는 것일까요? 대종사님께서는 그 방법을 '진리적 종교의 신앙'과 '사실적 도덕의 훈련' 두 가지로 밝혀주셨습니다.

그런데 대종사님께서는 왜 '진리적 종교'라는 단서를 붙이셨을까요? 진리적 종교란 진리에 바탕한 종교라는 말씀으로 곧 어떤 성자의 가르침이라도 미신적으로 믿지 말고 진리적으로 믿어야 된다는 말씀입니다. 대종사님께서는 '과거 모든 성자들이 진리의 한 부분을 주체로 그때그때 시대 인심을 따라 법을 내놓으셨지만, 결국 그 목적은 하나같이 일체생령을 구원하기 위함이었다.' 하시며 모든 성현의 가르침을 배척하지 않으시고 다 수용하셨습니다.

또 '사실적 도덕의 수행'이라 하지 않고 '사실적 도덕의 훈련'이라고 표현하신 점에도 주목할 필요가 있습니다. 훈련이란 반복적으로 단련한다는 의미를 가지고 있는데, 불가에서 이미 대중적으로 사용하고 있는 수행이란 단어를 사용하지 않고 사실적 훈련이란 단어를 새롭게 사용하신 것은 과거의 수행법과는 다른 수행법을 제시하고자 하신 특별한 의도가 숨어 있다고 생각합니다.

    결론적으로 우리는 개교의 동기를 통해 몇 가지 답을 얻을 수 있습니다. '대종사님께서는 어떤 분이신가요?' 주세불이십니다. '왜 주세불이신가요?' 전망품 1장에 그 답이 있습니다. '대종사님께서는 어떤 경륜을 가지고 이 회상을 펴셨을까요?' 파란고해의 일체생령을 낙원으로 인도하시고자 이 회상을 펴셨습니다. '어떤 방법으로 인도하시려고 하셨을까요?' 진리적 종교의 신앙과 사실적 도덕의 훈련이라는 방법입니다.

교법의 총설 敎法—總說

    대종사님께서는 교법의 총설을 통해 '과거 모든 성자들의 가르침은 그 본의가 다 똑같다.'며 모두를 다 수용하시고 모두를 다 인정하셨습니다. 특히 그 가운데서도 '불교는 무상대도'라고 하시며 우리 회상의 연원을 확실하게 하여 불법에 맥을 대주셨습니다. 그러나 과거 불교의 가르침을 있는 그대로 수용하신 것이 아니라 어떤 면을 보완해야 부처님의 은혜가 널리 세상에 미치도록 할 수 있을 것인가를 깊이 고민하시고, 불법을 시대화, 생활화, 대중화 하는 원만한 교법이 될 수 있도록 다음과 같이 교법을 선언하셨습니다.

「우리는 우주만유의 본원이요 제불제성의 심인인 법신불 일원상을 신앙의 대상과 수행의 표본으로 모시고, 천지·부모·동포·법률의 사은과 수양·연구·취사의 삼학으로써 신앙과 수행의 강령을 정하였으며, 모든 종교의 교지도 이를 통합 활용하여 광대하고 원만한 종교의 신자가 되자는 것이니라.」

교의편 教義編

교의편은 우리 교법의 원리를 밝혀주신 장입니다. 교의편을 통해 일원상 진리를 비롯한 우리 본래 성품의 원리나 우주 자연의 원리에 대해서 확실하게 터득한 후, 삼학 팔조로 공부길을 더위잡도록 하시고 사은 사요로 인생길을 열어갈 수 있도록 해주신 것입니다.

일원상 서원문에서는 대종사님께서 깨달으신 진리의 내용과 어떻게 신앙하고 수행해야 하는지에 대한 방법, 그리고 일원의 위력을 얻고 일원의 체성에 합하는 결과까지 다 말씀해 주셨습니다. 그런데 대종사님께서는 왜 또다시 일원상의 진리, 일원상의 신앙, 일원상의 수행을 따로 밝혀주신 것일까요?

일원상의 진리, 일원상의 신앙, 일원상의 수행은 원래 정산 종사님께서 정리를 해 주신 법문인데, 원기 28년 『불교정전』을 만들 때 대종사님께서 '조금 겹친 감은 있지만 앞에 넣는 것이 좋겠다.'고 하시어 일원상 장에 포함이 되었다고 합니다. 그런데 만약 여기에 일원상 법어가 들어가지 않았다면 어떻게 되었을까요? 일원상 법어는 깨달으면 이렇게 알게 되고, 깨달은 사람은 이렇게 살게 된다는 것을 구체적으로 밝히고 있는 장입니다. 만일 대종사님께서 이렇게 밝혀주지 않으셨다면 지금쯤 교단 안에는 여러 가지 해석들이 난무하지 않았을까 생각합니다.

더욱이 과거 불교처럼 견성을 중요시했다면 법어의 앞부분만을 강조했을 텐데 대종사님께서는 뒤에 작은 원상을 그려 보이시고 육근으로 설명을 해주셔서 깨달음에 바탕한 실천이 더 중요하다는 것을 가르쳐 주셨습니다. 저 사람이 정말로 깨달은 사람인지 깨닫지 못한 사람인지 육근을 사용하는 것을 보면 알 수 있도록 그 기준을 밝혀주신 것입니다.

교의편 제2장부터는 인생의 요도 사은 사요를 시작으로 공부의 요도 삼학 팔조까지를 밝히고 있습니다. 삼학 팔조의 공부길도 결국은 인생을 잘 살기 위함이 그 목적입니다. 그러므로 사대강령은 앞에서 말씀 드린 것과 같이 교의편의 매듭이요 결론이라 할 수 있습니다.

수행편 修行編

수행편은 제1장에서 일상 수행의 요법을 밝히신 후 제2장 정기 훈련과 상시 훈련부터 제7장 무시선법까지는 우리의 공부길을 밝히신 것입니다. 교의편에서 인생의 요도와 공부의 요도의 관계로 매듭을 지어주신 것처럼 정기 훈련과 상시 훈련에서도 정기 훈련법과 상시 훈련법의 관계로 매듭을 지어 주셨습니다. 특히 정기 훈련에 대해 특별히 설명을 하시면서 각 과목들에 대한 정의를 분명하게 내려주심으로써 이견이 없도록 해 주셨습니다.

정기 훈련과 상시 훈련 定期 訓練—常時 訓練

염불念佛과 좌선坐禪은 과거 불가에도 있는 수행 과목인데 다시 정리를 해주신 점에 대해 우리가 주목할 필요가 있습니다. 대종사님께서는 좌선을 할 때 왜 단전주선을 해야 하는지 그 이유를 분명히 밝혀 주셨습니다. 따라서 우리가 정기 훈련법을 공부할 때 먼저 대종사님께서 제시한 훈련 과목들에 대한 본의를 정확히 이해하는 것이 먼저입니다. 그래야 대종사님의 가르치신 바를 그대로 공부할 수 있습니다.

한 예로, 상시 응용 주의 사항 6조 가운데 '주의'는 혼자서 자력으로 하는 공부이고, 교당 내왕시 주의 사항 6조 가운데 '주의'는 타력을 빌려서 하는 공부입니다. 똑같은 '주의' 공부이지만 그 차이를 분명히 알아야 뜻하는 바를 완벽하게 이룰 수 있습니다.

결국 승패는 훈련에 달려 있습니다. 상시와 정기, 자력과 타력으로 반드시 삼학을 병진해야 합니다. 훈련의 효과는 변화로 나타납니다. 염불과 좌선을 열심히 하게 되면 그 공덕이 열 가지로 나타난다고 했습니다. 행동은 얼마나 차분한지, 일은 순서를 잡아 잘 처리하는지, 인내심이나 착심은 어느 정도나 되는지 등을 살펴보면 공부에 얼마나 공을 들였는지를 가늠할 수 있습니다.

일이 없을 때는 시간을 잘 관리하는 것이 중요합니다. 일이 없을 때 지금 내가 시간을 허송하고 있는 것은 아닌지 살펴볼 줄 알아야 하고, 또 내 마음이 어디로 흘러가는지 늘 대조해봐야 합니다. 대종사님께서는 교당 내왕시 주의 사항을 통해 감각된 바를 꼭 감정 받도록 하셨습니다. 독초를 약초로 알면 큰일이 납니다. 그래서 교당에 오고 보면 '지낸 일을 일일이 문답'하고 '지도인의 감정 얻기'를 '주의'하라고 하신 것입니다.

생활 속에서 일상 수행의 요법을 잘 실천하기 위해서는 상시 훈련을 잘 해야 하고 상시 훈련을 잘하기 위해서는 정기 훈련이 반드시 뒷받침되어야 합니다.

대종사님께서는 개교의 동기에서 사실적 도덕의 훈련에 대해 말씀해 주셨습니다. 사실적 도덕의 훈련에 대해 구체적으로 밝혀주신 부분이 바로 정기 훈련법과 상시 훈련법입니다. 혼자 공부하는 상시 응용 주의 사항 6

조와 타력을 빌려서 공부하는 교당 내왕시 주의 사항 6조로 물 샐 틈 없이 밝히어 누구든지 일단 실행만 하면 성공할 수 있도록 안내를 해 주신 것입니다.

일상 수행의 요법은 우리가 어떻게 살아야 하는지를 잘 밝혀 주신 법문입니다. 교의편에서 나는 어떤 보물을 가지고 있는지 가르쳐 주시고, 일상 수행의 요법에서 날마다 세우고 돌리는 법을 가르쳐 주시고, 이렇게 세우고 돌리기 위해서는 훈련을 하는 것이 빠르고 쉽다고 보셨습니다.

끊임없이 하고 또 하고, 하고 또 하고 반복하는 데서 힘이 생기고 조화와 능력이 생깁니다. 그래서 대종사님께서는 세우고 돌려서 나에게 값아 있는 보물을 찾아 길러 마음대로 활용할 수 있는 길이 있는데 그것이 바로 훈련이라고 하신 것입니다.

무시선법 無時禪法

무시선법을 보면 「선이라 함은 원래에 분별 주착이 없는 각자의 성품을 오득하여 마음의 자유를 얻게 하는 공부」라고 하셨습니다. 대종사님께서 생각하시는 선禪은 '견성' 만이 목적이 아니라 원래 분별 주착이 없는 성품의 원리를 알아서 '마음의 자유를 얻는 것' 입니다.

참회문 懺悔文

참회는 우리 마음 가운데 변화의 원리가 있기 때문에 누구나 참회를 하면 새롭게 변화할 수 있다는 가능성을 전제로 합니다. 무한한 시간 속에 천만가지 일을 운영하면서 살아가는 인간이 어찌 참회할 일이 단 한 가지도 없겠습니까?

대종사님께서는 참회의 방법에는 이참理懺과 사참事懺 두 가지가 있다고 하셨습니다. 그런데 '이참' 하나만으로도 능히 새롭게 출발할 수 있고, '사참'만 정성스럽게 해도 거듭날 수 있는데 대종사님께서는 왜 이 두 가지를 겸하라고 하셨을까요?

우리가 삼보 전에 잘못했다고 뉘우치고 선을 행하는 것을 사참이라고 한다면, 무의식 속에 저장되어 있는 모든 업인業因까지 다 털어버리는 것은 이참이라고 합니다. 대종사님께서 이참과 사참을 겸하라 하신 까닭은 상대에게 직접 참회를 한 후에도 마음에 찌꺼기가 남는다든지 또는 상대가 어떻게 생각할까 하는 등의 분별심이 생길 수가 있기 때문입니다.

심고와 기도 心告-祈禱

사람이 이 세상을 살아갈 때에 자력만으로는 살 수 없다는 것을 자각해야 심고와 기도를 잘 올릴 수 있습니다. 즉 인간은 자력만으로는 살 수 없다는 것을 깨달아야 어떠한 환경에서도 쉬지 않고 심고와 기도를 정성스럽게 올릴 수 있습니다.

불공하는 법 佛供一法

심고와 기도가 진리 전에 올리는 진리불공이라면 불공하는 법은 우주만유를 모두 부처로 알고 불공하는 실지불공법입니다. 실지불공이 힘들고 답답하다며 진리불공에만 매달려 해결하려는 사람들이 더러 있는데, 효과 면에서만 본다면 실지불공이 훨씬 더 빠를 수 있습니다. 우리는 대종사님께서 진리불공과 실지불공을 아울러 밝혀주신 점에 대해 주목할 필요가 있습니다.

계문과 솔성요론 戒文-率性要論

과거 성자들은 대부분 '하지 말라'고 하는 계문을 우리에게 주셨습니다. 진리를 깨닫고 세상을 보시니 장차 사람들이 받게 될 과보가 너무 크고 걱정이 되므로 우리들에게 계문을 내려주신 것입니다. 그런데 대종사님께서는 하지 말라는 조목을 주시되 평떼기를 할 수 있도록 단계별로 10조항씩을 주셨습니다.

30계문의 내용은 '입은 어떻게 사용하라, 먹을거리는 어떻게 먹어라,

옷은 어떻게 입어라, 잠은 어떻게 자라, 남녀 관계는 어떻게 해라, 마음은 어떻게 가져라.' 등으로 이루어져 있습니다.

특히 어떠한 사정이 있을 때에는 계문 앞에 '연고' 緣故를 붙여 서두르지 말고 조금씩 차근차근 공부를 해 나갈 수 있도록 배려해 주셨습니다. 그 속에서 우리는 어떤 방편으로든 중생을 구제해 주시려는 대종사님의 대자대비심을 느낄 수가 있습니다. 그러다가 차츰 인과를 알게 되면 스스로 '연고'를 떼어버리는 순간이 오게 됩니다.

계문 바로 뒤에 나오는 솔성요론을 조목조목 실천하다 보면 계문 떼기는 한결 쉬워집니다. 공부를 할 때 사람의 특성에 따라 '하지 말라'는 것을 챙기는 것보다 '하라'는 것을 지키는 것이 더 쉬운 사람은 솔성요론으로 공부하는 것이 더 좋습니다.

참회문부터 솔성요론까지는 인과보응의 원리를 잊지 않아야 실천을 잘 할 수 있습니다. 즉 인과보응의 원리를 명심하고 있어야 참회도 하고 불공도 할 수 있습니다. 계문도 자각적으로 지키게 되고, 솔성요론도 적극적으로 실행하여 진급이 되고 변화하게 됩니다.

최초법어 最初法語

최초법어는 우리 교리의 모체로 대종사님의 기본적인 경륜이 두루 포함

되어 있기 때문에 교리를 공부하는 데 있어 매우 중요한 부분입니다. 수신을 어떻게 해야 하는지 알고 싶으면 수신의 요법을, 자녀를 어떻게 교육시키고 가정을 어떻게 다스려야 하는지를 알고 싶으면 제가의 요법을 보면 됩니다. 또 나라와 세계를 다스릴 때 어떻게 해야 할지를 알고 싶으면 강자 약자의 진화상 요법을, 훌륭한 지도자가 되기 위해서는 지도인으로서 준비할 요법을 보면 됩니다.

그런데 대종사님께서 '지도인의 요법'이라 하지 않으시고 '지도인으로서 준비할 요법'이라고 하신 데에는 이 공부로 지금 당장 만점짜리 지도인이 되라는 것이 아니라 지도인이 되려면 적어도 이 정도는 꾸준히 준비해야 한다는 깊은 뜻이 담겨 있음을 알아야 합니다.

고락에 대한 법문 苦樂-法門

고락에 대한 법문도 최초법어와 마찬가지로 『정전』 편수 이전에 이미 발표된 법문입니다. 우리가 종교를 갖는 궁극적인 목적은 행복을 얻기 위함입니다. 그래서 누구나 좋아하는 '낙'을 버리고 왜 '고'로 들어가는지를 고락에 대한 법문에서 명확하게 진단해 주셨습니다. 우리가 참으로 낙원생활을 하고 싶다면 밥 먹는 일은 잊을지언정 이 법문만은 잊지 말아야 하겠습니다.

제15장 병든 사회와 그 치료법이나 제16장 영육쌍전법도 고락에 대한 법문과 마찬가지로 『정전』을 편수하기 이전에 나온 법문들이기 때문에 그 정신 면에서 본다면 앞에 나온 인생의 요도 사은 사요의 내용과 겹치는 부분이 많으므로 여기에서는 더 이상 말씀 드리지 않겠습니다.

법위등급 法位等級

만약 대종사님께서 수행편 마지막에 법위등급을 밝혀주시지 않았다면 지금 우리는 무엇을 표준으로 공부하고 있을까요? 대종사님께서 공부인의 수행 정도를 굳이 '등급'으로 구분지어 나타내 주신 것은 아마 우리에게 구체적인 수행 목표를 제시해 주시고 이를 단계적으로 밟아가도록 하기 위함일 것입니다.

법위등급을 표준삼아 공부를 하게 되면 자신의 변화에도 도움이 되고, 진급에도 원동력이 되며, 공부하는 재미도 얻을 수 있습니다. 법위등급은 일종의 결과입니다. 따라서 훈련법으로 공을 들이면 이런 정도는 보통급이고 이런 정도는 특신급이고 이런 정도는 법마상전급이란 의미입니다.

불교에도 이와 같이 수행 정도를 나눈 52계위가 있으나 우리가 표준삼기에는 너무 복잡하기 때문에 이를 간단하게 여섯 등급으로 정리해 주신 것 같습니다.

그런데 왜 법위가 올라갈 때마다 맨 먼저 '계문'으로 점검을 하게 하셨을까요? 그것은 바로 우리가 살아가고 있는 이 시대가 이론적이고 관념적인 시대가 아니라 사실적이고 실천적인 시대이기 때문에 실천을 통한 변화가 있어야만 법위가 올라갈 수 있다고 보신 것입니다.

우리가 자칫 성리만 강조하고 공 자리 대 자리만 중시하다 보면 계문을 소홀히 하기가 쉽습니다. 그런데 대종사님께서는 아무리 『정전』 해석을 잘하고 법문을 잘 설해도 계문을 지키지 않으면서 공부하면 법위 향상을 이룰 수 없다고 하셨습니다. 법위등급은 공부인의 수행 정도를 나타내는 등급입니다. 수행 정도라는 것은 삼대력을 얼마나 갖추었냐 하는 것이기 때문에 각 등급마다 삼대력을 대조하도록 내용이 되어 있습니다.

聖胎長養
無相報恩

法佗圜合掌

03

교리도
教理圖

    우리 교리를 도표로 일목요연하게 나타내 주신 것이 교리도입니다. 교리도는 대종사님께서 열반하신 해인 원기 28년 1월에 새로 발표되었습니다. 교리도를 보면 가운데 일원상이 있고, 그 아래 그려진 도표에 원불교의 교리가 모두 담겨 있습니다. 『정전』 교의편에 실려 있는 제1장 일원상, 제2장 사은, 제3장 사요, 제4장 삼학, 제5장 팔조, 제6장 인생의 요도와 공부의 요도, 제7장 사대강령이 다 그 안에 담겨 있습니다. 제6장 인생의 요도와 공부의 요도는 직접적으로 그 내용이 담겨 있지는 않지만, 인생의 요도와 공부의 요도를 신앙문과 수행문의 관계로 본다면 교의편 전체의 내용이 교리도 한 장에 모두 다 들어있다고 할 수 있습니다.

교리도를 공부할 때 하루 일과와 일상생활을 연결해서 연마를 해보면 공부를 하는 데 큰 도움이 됩니다. 우리는 매일 아침 법신불 앞에 심고를 올립니다. 그런데 조석 심고는 교리도 가운데 어디에 속할까요?『정전』 일원상 장을 보면「일원은 법신불이니 우주 만유의 본원이요, 제불제성의 심인이요, 일체중생의 본성」이라고 하셨습니다. 따라서 법신불 전에 올리는 심고는 전체불공에 속한다고 할 수 있습니다. 이와 같이 법신불이 어떤 존재인지 알고 심고를 올린다면 하감과 응감이 얼마나 잘 이루어지겠습니까?

우리는 아침에 일어나면 심고와 기도로 하루 일과를 시작합니다. 심고와 기도 장을 보면「자신할만한 타력을 얻은 사람은 나무뿌리가 땅을 만남과 같은지라.」라고 하셨습니다. 우리 신앙은 자타력 병진 신앙입니다. 심고란 원칙적으로 타력을 빌리는 것이지만 일체 중생의 본성이 또 법신불이기 때문에 그 가운데 자력도 포함이 됩니다.

심고와 기도가 끝나면 곧바로 좌선을 합니다. 좌선은 수행문에 속합니다. 수행 가운데서도 정신을 수양하는 시간입니다. 좌선을 할 때에도 온전한 생각으로 취사를 해야 삼학을 아우를 수 있습니다. 그다음 일과는 청소겠죠? 이렇게 저녁까지의 일과를 다 교리도와 연결시켜 연마를 해보시기 바랍니다.

예전에 교리도에 대한 시험을 보는데 한 학생이 정각정행正覺正行과 지은보은知恩報恩의 위치를 바꿔서 답안을 제출한 일이 있습니다. 아마 외워서 썼기 때문에 그런 일이 생겼을 것입니다. 하지만 원리를 먼저 알았다면 정각정행과 지은보은의 위치를 바꿔 쓰는 일은 절대 없었을 것입니다. 불법활용과 무아봉공도 마찬가지입니다. 원리를 알고 보면 서로 위치를 바꿀래야 바꿀 수가 없습니다.

새벽 좌선을 나가면 무엇부터 합니까? 먼저 일상 수행의 요법부터 외웁니다. 마음을 고요히 하는 시간이니까 그냥 조용히 좌선만 하면 될 텐데 왜 일상 수행의 요법을 먼저 외울까요? 선禪을 하는 목적이 선 그 자체에 있는 것이 아니라 일상 수행을 잘하는 데 있기 때문입니다. 그러므로 동정간불리선動靜間不離禪이 있는 곳에 불법활용佛法活用이 위치해야 하는 것입니다. 그런데 불법을 활용하는 데 선 공부가 도움이 될까요? 약도 효험이 있어야 먹어지듯이 선도 하면 할수록 일상 수행을 하는 데 도움이 되어야 합니다. 감사생활 하는 데도 도움이 되고, 범과를 하려는 마음을 멈추는 데도 도움이 되고, 요란한 마음을 가라앉히는 데도 도움이 되어야 합니다. 그래야 좌선에 정성을 들이게 됩니다. 처음에는 열심히 하려고 하다가도 재미를 찾지 못하고 공부길을 잡지 못하면 선은 자연히 멀어질 수밖에 없습니다.

지은보은은 우리가 왜 무아봉공無我奉公을 해야 하는가에 대한 대답이 될 수 있습니다. 은혜를 깨닫고 보니 천지의 은혜, 부모의 은혜, 동포의 은혜, 법률의 은혜를 입어서 내 삶을 유지하게 된다는 것을 알게 되고 그 은혜에 멋지게 보답하기 위해 보은봉공을 해야겠다고 하는 서원을 갖게 되는 것입니다. 전무출신은 물론이고 대종사님 제자라면 누구나 다 이러한 큰 은혜를 깨달아 무아봉공의 서원을 세워야겠습니다.

완도소남훈련원 뒤에는 '업진봉'이라는 큰 봉우리가 있는데 아마 '업이 다했다'는 의미에서 붙여진 이름 같습니다. 업이라고 하면 어렵게 생각되지만 육근동작이 반복을 해서 쌓이는 것이 업業입니다. 고집멸도苦集滅道의 집集이 바로 업인 것입니다. 따라서 '업이 다했다'는 것은 곧 '집이 다했다'는 것이고 '쌓였던 것이 다 소멸되었다'는 뜻입니다.

우리가 쌓인 업을 소멸해 나가기 위해서는 안으로는 더욱 선심禪心을 챙기고 밖으로는 더욱 보은報恩을 해야 합니다. 안으로 탐·진·치 삼독심을 제거하는 것이 이참이라면 밖으로 선업을 계속 짓는 것은 사참이라고 할 수 있습니다. 따라서 이참과 사참을 계속해 나가야 업진業盡도 할 수 있고 멸도滅度도 할 수 있습니다. 안으로 선심을 계속 챙기고 밖으로 무아봉공을 쉬지 않는 것이 바로 업진을 하는 길입니다.

표어해의
標語解義

'개교표어'는 『정전대의』를 교재로 삼아 공부하도록 하겠습니다.

개교표어는 '과거에도 많은 종교가 있었는데 왜 또나시 원불교를 열게 되었는가?'에 대한 대종사님의 대답입니다. 과거 불교를 어떻게 혁신해서 어떻게 사회화하고 어떻게 대중화할 것인가에 대한 대종사님의 답이 표어 정신에 담겨 있습니다.

『정전』을 펴면 제일 먼저 일원상이 나옵니다. 『정전대의』 18쪽 '일원상' 一圓相을 함께 살펴보도록 하겠습니다.

사은의 본원四恩之本源 여래의 불성如來之佛性

- 무생법인無生法印
- 삼세제불의 도본圖本, 천만경전의 근원
- 대적광전大寂光殿
- 무진장의 보고無盡藏寶庫
- 복혜의 원천福慧源泉
- 일념미생전 소식一念未生前消息

  부모출생전 소식父母出生前消息

  천지미분전 소식天地未分前消息
- 불여만법위려자不與萬法爲侶者
- 법신불法身佛 = 공空

  보신불報身佛 = 원圓

  화신불化身佛 = 정正

『정전대의』 '일원상'과 관련한 법문의 의미를 간단히 살펴보겠습니다. '사은지본원'은 사은의 본원이라는 말입니다. '여래지불성'은 제불諸佛의 심인心印을 말합니다. '무생법인'은 흔적이 없고 남生이 없는 법의 도장이란 뜻입니다. '삼세제불의 도본'은 삼세제불을 그림으로 그리면 원으로 그릴 수 있다는 말씀입니다.

그리고 '천만경전의 근원'이란 부처님께서는 깨달으신 진리에 근원해서 경전을 내기 때문에 그 깨달으신 진리를 의미합니다. 진리는 제불제성의 심인이기 때문에 대종사님께서 밝혀주신 경전만이 아니라 천만경전의 근원이 됩니다. '대적광전'이란 크게 고요하기 때문에 그 속에 빛이 깊어 있다는 뜻입니다. 사찰에서도 비로자나불을 모신 곳만을 대적광전이라고 합니다.

그다음 '무진장의 보고'란 한량이 없는 보고란 뜻입니다. 마치 도깨비 방망이와 같아서 복과 혜가 늘 풍족합니다. 믿기지 않지만 알고 보면 확실히 맞는 말씀입니다. '복혜의 원천'이란 자성에서 복과 혜를 캐낼 수 있기 때문입니다. '일념미생전, 부모출생전, 천지미분전 소식'이란 한 생각 내기 전, 이 세상에 태어나기 전, 천지가 나눠지기 전의 소식이란 말씀입니다. '불여만법위려자'에서 '려' 侶는 짝이란 뜻입니다. 만법으로 더불어 짝하지 아니한 자는 곧 절대자를 의미합니다. 절대자絶對者란 '대' 對가 끊어졌다는 뜻입니다. 상대가 없기 때문에 절대자이고 그래서 모든 것이 구족합니다. 또한 일원상은 법신불, 보신불, 화신불이 합해져 있는 자리입니다.

다음은 『정전대의』 '표어해의'를 살펴보도록 합시다. 이 부분은 대산 종사님께서 『교리실천도해』로 그림까지 그려서 설명해 주신 바 있으니 꼭 참고해서 살펴보시기 바랍니다.

물질이 개벽되니 정신을 개벽하자

○ 물질개벽 : 지벽地闢 = 과학문명 = 빈곤·질병·무지를 물리치고 의식주의 생활을 개선하자 = 일생의 신낙원身樂園 = 종從 또는 외外

○ 정신개벽 : 천개天開 = 도학문명 = 삼학 팔조로 마음을 개조하고 사은 사요로 세상을 건지자 = 영생의 심낙원心樂園 = 주主 또는 내內

• 선후천의 교역先後天交易
• 정신과 물질의 병진 : 도학과 과학의 병행
• 미래의 전망 : 원만 평등한 낙원의 세계

○ 우리의 두 가지 큰 과제 : 우리가 서로 합심 합력하여 영靈과 육肉 두 방면의 빈곤·무지·질병을 물리치자.

여기에서 '우리의 두 가지 큰 과제'란 무엇일까요? '육'의 빈곤·무지·질병만이 과제도 아니고 '영'의 빈곤·무지·질병만이 과제라고도 하지 않으셨습니다. 영과 육 두 방면의 빈곤·무지·질병을 해결해 가는 것이 우리의 두 가지 큰 과제이고 이 과제를 해결해야 광대무량한 낙원이 된다고 하신 것입니다.

지금 우리가 살고 있는 시대는 선후천이 바뀌는 교역시대입니다. 따라서 대종사님께서는 도학과 과학을 병진해야 원만평등한 세계가 될 것이라고 하셨습니다. 『대종경』 전망품에는 이와 관련된 많은 말씀들이 있습니다. '지금 이 시기가 진급기요, 봄春 도수度數요, 낙원의 도수이기 때문에 우리가 노력만 하면 사반공배事半功倍가 된다.'고 하셨습니다. 앞서 공부한 내용 가운데 '영'의 빈곤·무지·질병에 대해서는 각자 연마 해보시기 바랍니다.

다음은 『정전대의』 '처처불상 사사불공'을 살펴보겠습니다.

○ 일체처一切處 일체불一切佛에게 보은합덕報恩合德하는 산 불공법이다.
- 처처불상 = 견성見性 = 정각正覺 = 혜慧
- 사사불공 = 성불成佛 = 정행正行 = 복福
- 일원 즉 사은, 보은 즉 불공一圓即四恩 報恩即佛供
- 인내천人乃天, 사인여천事人如天, 대월상제對越上帝

○ 삼대 불공법三大佛供法
   불석신명불공不惜身命佛供
   금욕난행불공禁慾難行佛供
   희사만행불공喜捨萬行佛供

대산 종사님께서는 처처불상處處佛像을 아는 것이 곧 견성이라고 하셨습니다. 우주만유의 본원이 곧 사은의 본원입니다. 사은이 각각 행하고 있는 바를 깨닫고 보면 우주만유가 처처불상임을 알 수 있습니다. 따라서 천지·부모·동포·법률이 행하는 도를 깨닫게 되면 처처불상이 확실하게 손 안에 잡히게 됩니다.

대산 종사님께서는 '심신을 작용할 때에 사사불공事事佛供을 하는 것을 보면 견성을 했는지 못했는지를 알 수 있다. 사사불공이 곧 성불이다.' 라고 하셨습니다. 즉 일원상 법어에서 말씀하신 큰 원상의 내용을 알았다고 하더라도 참으로 깨달았는지의 여부는 그 사람의 심신작용을 보면 확연히 드러난다는 것입니다. 대산 종사님께서는 그래서 처처불상을 혜慧로 사사불공을 복福으로 연결지어 설명해 주셨습니다.

인내천人乃天 '사람이 곧 하늘'이란 동학의 말씀은 사람이 곧 부처라는 말씀입니다. 그리고 '사람 섬기기를 하늘같이 하라.'는 사인여천事人如天에서 '섬긴다'는 말씀은 불공을 의미합니다. '대하기를 저 상제 대하듯이 하라.'는 대월상제對越上帝 말씀도 마찬가지입니다.

마지막에는 삼대 불공법을 밝혀주셨는데 이는 불공을 하려거든 미지근하게 하지 말고 확실하고 뜨겁게 하라는 말씀입니다. 첫째는 불석신명불공不惜身命佛供 입니다. 계산하지 않고 오롯이 바친다는 의미입니다. 몸을 아끼지 않고 나를 죽여 버린다는 말입니다. 둘째는 금욕난행불공禁慾難行佛供 입니다. 먹고, 입고, 자고 싶은 욕구, 성욕, 재물욕, 명예욕 등을 참는 것입니다. 참기가 어렵기 때문에 난행이요 하기 싫은 것을 해야 하기 때문에 난행입니다. 금욕난행은 곧 자기불공입니다. 자기불공에 힘쓴 만큼 상대불공을 할 수 있습니다. 자기불공은 상대불공의 기초요 사사불공의 기점입니다. 셋째는 희사만행불공喜捨萬行佛供 입니다. 그런데 무엇을 희사하라는 것일까요? 그냥 있는 그대로 모두 다 희사를 하라는 것입니다. 이것은 하고 저것은 하지 않는 것이 아닙니다. '만행'이란 하다 말다 하는 것이 아니라 모두를 다 희사하라는 것입니다.

먼저 불석신명이 되어야 그다음에 금욕난행, 희사만행불공을 할 수 있습니다. 일단 불석신명불공이 전제되어야 합니다. '전무출신을 하려거든 30년간은 산송장 노릇을 하라.'고 하신 대산 종사님의 말씀도 바로 이 불석신명을 말씀하신 것입니다.

다음은 『정전대의』 '무시선 무처선' 無時禪 無處禪을 살펴보겠습니다.

○ 어느 때 어느 곳에서나 동정 간 정신을 성성적적惺惺寂寂 적적성성寂寂惺惺하게 하고 한결되게 하여 여의자재如意自在하게 만드는 산 선법禪法이다.

- 정력定力을 얻을 때까지 마음을 멈추자.
  (수호守護 = 검문소 설치)
- 혜력慧力을 얻을 때까지 생각을 궁글리자.
  (사색思索 = 탁마琢磨한 광석)
- 계력戒力을 얻을 때까지 취사하자.
  (실천實踐 = 부도 안 난 수표)

○ 삼대력三大力을 얻어 나가는 데 일분 일각도 간단없이
  일심으로 공부할 수 있는 바르고 빠른 길이다.

○ 동정간 불리선법動靜間不離禪法
  육근이 무사하면 잡념을 제거하고 일심을 양성하며,
  육근이 유사하면 불의를 제거하고 정의를 양성하라.

○ 동정간 보림保任
  여리박빙如履薄氷, 신기독愼其獨, 수심정기守心正氣, 사무사思無邪,
  무불경毋不敬, 불방심 부동심不放心 不動心, 일심불란一心不亂,
  면면밀밀綿綿密密, 평상심平常心, 화이불류和而不流 동정삼매動靜三昧.

스승님께서는 '산 선법'이라는 표현을 하셨는데 그 반대는 '죽은 선법'이겠지요? 무엇이 죽은 선법일까요? 장소와 시간에 구애되는 선법, 생활에 활용하지 못하는 선법이 죽은 선법입니다. 좌선만이 선은 아닙니다.

대산 종사님께서는 항상 '적적성성 성성적적 하라.'고 하셨습니다. 일이 없을 때는 적적성성이 주가 되고 일이 있을 때는 성성적적이 주가 되어야 합니다. 그래서 두 가지 표현을 해주셨다고 생각합니다. 글로 배우는 것이 아니라 눈을 감고 자기 마음을 대조해야 합니다.

또 마음에 검문소를 설치해서 정력定力을 얻고, 광석을 탁마하듯 혜력慧力을 얻고, 부도나지 않은 수표와 같은 계력戒力을 얻자고 하셨습니다. 마음을 멈추면 멈출수록 정력이 쌓이고 또 쌓입니다. 멈출 수 있도록 마음에 검문소를 설치하라고 하셨습니다. 대종사님 성탑을 보면 같은 돌인데도 유난히 더 광택이 나는 부분이 있습니다. 돌도 갈고 또 갈면 광이 나는 것처럼 지혜도 연마하고 또 연마해야 합니다. 계력은 수표와 마찬가지입니다. 부도가 나면 안됩니다. 수양력과 연구력이 있더라도 취사력이 뒷받침 되어야 부도가 나지 않습니다.

'동정간 불리선법'은 『정전』 무시선법의 결론을 그대로 옮겨 주신 것이니 각자 연마를 해 봅시다.

'동정간 보림'에서 보림保任은 보호임지保護任持의 줄임말입니다. 잊어버리거나 놓치지 않고 늘 챙겨서 편안하게 맡아 가지고 있다는 뜻입니다. 『정전대의』 중 '동정간 보림'과 관련한 법문의 의미를 간단히 살펴보겠습니다. '여리박빙'如履薄氷은 얇은 얼음 밟듯이 늘 조심하여 마음을 챙기라는 말씀입니다. '신기독'愼其獨은 홀로 있을 때 삼가란 뜻입니다. '수심정기'守心正氣는 마음을 지키고 기운을 바루라는 말씀입니다. 마음도 보이지 않고 기운도 보이지 않으니 여간 정성들여 찾지 않으면 안 될 것입니다. '사무사'思毋邪는 삿됨을 없애라는 말씀입니다. '무불경'毋不敬은 공경하지 않음이 없다는 뜻이니 늘 공경하라는 말씀입니다.

그리고 '불방심'不放心은 주로 일이 없을 때 방심하지 않는 공부이고, '부동심'不動心은 주로 일이 있을 때 동하지 않는 공부입니다. 일이 없다하여 때 아닌 때 잠을 자거나 망념을 일으키는 등 비생산적으로 시간을 보내면 안됩니다. 반면에 일이 있을 때는 그일 그일에 일심하고 다른 것에 끌리지 않아야 합니다. '일심분란'一心不亂은 흐트러지지 않는 한마음이라는 의미입니다.

그다음 '면면밀밀'綿綿密密이란 끊임없고 촘촘하다는 뜻이니, 그렇게 마음을 챙기라는 의미입니다. 비유하여 보자면 솜이 가늘어서 끊어질 듯 하면서도 끊어지지 않고 계속 이어져 있고, 구멍이 난 듯 하면서도 매우 촘촘한 것과 같습니다. 우리의 마음도 이와 같이 면면하고 밀밀하게 챙기라는 것입니다. '평상심'에 대해서는 『정산종사법어』 권도편 45장, 46장을 참조하면 좋습니다.

'화이불류' 和而不流는 조화를 이루되 휩쓸리지 않는다는 의미입니다. 어느 날 한 교무님이 문답 감정을 하러 온 적이 있습니다. 내용인즉 이웃 종교인들과 함께 하는 회식 자리에 동료 교무와 참석한 일이 있었는데 그때 그 자리에서 자신이 한 취사가 잘 된 것인지를 판단해 달라는 것이었습니다. 자리가 자리였던지라 술잔이 오고가는 분위기였는데 함께 간 다른 교무님은 술잔을 받았지만 자신은 끝내 사양을 했다며 자신이 심신작용을 잘한 것인지를 물어 왔습니다. 그래서 제가 그 자리에서 술을 마신 다른 교무에 대해 어떻게 생각하는지를 먼저 물었습니다. 그리고 "술을 마시지 않았으니 '불류' 不流는 잘 실천하였지만, 혹여 술을 마신 다른 교무를 질책하는 마음이 있었다면 '화' 和를 잘하지는 못한 것이다." 하고 감정을 해 주었습니다. 그러나 제가 그 자리에 참석을 했다가 술잔을 받은 교무님과 문답 감정을 했다면 '화' 하기는 했는데 '불류'를 잘 하였는지 못 하였는지를 물어 보았을 것입니다. '화' 하기 위해서 술을 마실 때 마음에 대중심이 있었다면 다행한 일이지만, '화'를 핑계 삼아 자신의 행위를 합리화한 것이라면 그것은 곤란합니다.

계문을 지켜 나갈 때 '연고'를 너무 남발하면 안 됩니다. 『정산종사법어』법훈편 6장에서는 「자신의 계행은 소승으로 지키고, 세상의 교화는 대승으로 하여, 소승과 대승을 병진하라.」고 하셨습니다. 여기에서 소승으로 하라는 말씀은 연고를 붙이지 말고 철저하게 하라는 뜻입니다. 이 법문은 출가나 재가 모두에게 적용되는 말씀입니다.

대종사님께서 보통급 십계문에 연고를 50%나 붙인 뜻은 문호를 열고 문턱을 낮추기 위함입니다. 법위가 높다하여 계문을 마음대로 해서는 안 됩니다. 사다리를 올라갈 때는 차근차근 올라가는 것이지 날아서 올라가는 것이 아닙니다. 설사 날아서 오른다 하여도 처음엔 땅을 의지해야 가능한 일입니다. 행여 보통급 계문이라 하여 소홀히 여기는 일은 절대로 없어야 합니다. '동정삼매' 動靜三昧는 동정 간에 삼매를 얻으라는 말씀입니다.

다음은 『정전대의』'동정일여'動靜一如를 함께 살펴보겠습니다.

○ 동하여도 분별에 착着이 없고 정靜하여도 분별이 절도에 맞는다.
　(나가대정那伽大定)
- 동動 : 유사시有事時 부동심 공부 ┐
- 정靜 : 무사시無事時 불방심 공부 ┘ 항상 챙기는 마음
○ 동정간 일심양성
- 동動 : 성성적적惺惺寂寂 = 동중선動中禪 = 일행삼매一行三昧
　　　 = 일직심一直心 = 무불경毋不敬 = 묘유妙有
- 정靜 : 적적성성寂寂惺惺 = 정중선靜中禪 = 일상삼매一相三昧
　　　 = 일정심一定心 = 사무사思無邪 = 진공眞空
○ 응무소주이생기심應無所住而生其心

'깨어 있다'는 말의 반대는 '취해 있다'입니다. 법문에서 동정일여動靜一如를 '항상 챙기는 마음'이라고 정의해 주셨는데 이는 취해 있는 마음이 아니라 깨어 있는 마음입니다. 그런데 어떤 경우에는 챙기는 마음이 오히려 방해가 되는 수도 있습니다. 그래서 응무소주이생기심應無所住而生其心입니다. 응무소주이생기심이란 마음을 내되 주착한 바 없이 내라는 말

씀입니다. '주착'住着이란 어디에 머물러 딱 붙어서 떨어지지 않는 마음입니다. 이 세상에는 마음이 먹을 것에 붙는 사람, 돈에 붙는 사람, 옷에 붙는 사람, 남녀욕 혹은 명예욕에 붙는 사람 등 다양합니다. 마음이 일단 어딘가에 주착하면 어두워지고 좁아집니다. 설사 그것이 '선'善이라 하여도 마찬가지입니다. 그래서 부처님께서는 『금강경』에서 '법상法相에도 주착하지 말라.'고 하신 것입니다.

다음은 『정전대의』 '영육쌍전'靈肉雙全을 함께 살펴보겠습니다.

○ 복과 혜를 아울러 갖추는 법이다.
　　정신의 생활은 계정혜戒定慧 ┐
　　　　　　　　　　　　　　　├ 육대강령 병행실천
　　육신의 생활은 의식주衣食住 ┘
　　정신과 육신을 함께 살리고 도학과 과학을 병진하는 법이다.

이 내용은 개교의 동기에서도 다뤄질 내용이니 여기서는 생략하겠습니다.

다음은 『정전대의』 '불법시생활·생활시불법'佛法是生活·生活是佛法을 함께 살펴보겠습니다.

- ○ 불법(佛法=眞理)을 생활화, 시대화, 대중화하여 불은佛恩 속에서 영생을 잘 살도록 하는 법이다.
- • 불법시생활 : 불법으로 생활을 빛내고 = 일심보은一心報恩
- • 생활시불법 : 생활 속에서 불법을 닦는다 = 보은일심報恩一心
- ○ 실생활에 부합되는 산 종교
- ○ 봉불奉佛의 의의(심불봉안 心佛奉安)
  봉불은 곧 시불侍佛이니, 시불을 하는 것은 생불生佛이 되자는 것이며, 생불은 다시 활불活佛이 되자는 것이다.

여기에서는 대산 종사님께서 특별히 '산 종교'를 역설해 주셨습니다. 종교가 생활을 무시하거나 소홀히 하는 것은 맞지 않다고 보신 것입니다. '봉불의 의의'도 마찬가지입니다. 시불侍佛이란 부처님을 모신다는 의미인데, 부처님을 모셔서 무엇을 하자는 것입니까? 생불生佛 즉 살아있는 부처가 되자는 것이요, 활불活佛은 활동하는 부처님이란 의미도 있고 보은하는 부처님이란 의미도 있습니다. 또 시불侍佛은 밖에 계신 부처님을 모신다는 의미도 있고, 안에 계신 부처님을 모신다는 의미도 있습니다. 우리가 시불을 하자는 것은 부처님을 모시자는 것만이 아니라 수행을 통해 힘을 얻어 내가 생불이 되자는 것이요, 생불이 되어서 가만히 앉아만 있는 것이 아니라 부지런히 활동하고 보은하는 활불이 되자는 것입니다.

교리표어의 의미를 종합하면 모든 종교는 다 생활과 연결되어야 한다는 말씀입니다. 또 종교가 영육을 쌍전해야지 영에만 중점을 두어서는 앞으로의 시대에는 맞지 않다는 뜻입니다. 공부하는 사람이 동과 정을 자꾸 나누고 가르면 안 됩니다. 동할 때나 정할 때나 한결같이 챙기는 마음을 놓지 않아야 합니다. 그리고 과거의 편벽된 선법을 개선하고 불공법도 더 넓혀야 합니다. 대종사님께서는 무시선법과 불공법으로 불교를 혁신해 주셨습니다. 동정일여 영육쌍전으로 생활과 종교가 하나가 되도록 연결시켜 주셨습니다. 기존의 많은 종교가 있지만 대종사님께서 다시 이 회상을 여신 뜻이 바로 여기에 있는 것입니다.

05

개교의 동기
開教-動機

제가 학창 시절에는 개교의 동기를 한 학기 동안 배웠습니다. 그때 『정전대의』를 공부하면서 새롭게 관심을 갖게 된 단어가 바로 '현하' 現下 입니다. 현하는 때를 나타내는 단어입니다. 지금 이때가 바로 새로운 성자가 나오셔야 하는 때라는 말씀입니다.

대산 종사님께서는 『정전대의』 '개교의 동기'에서 다음과 같이 말씀해 주셨습니다.

「그동안 물질문명만 발달됨에 따라 물질을 사용해야 할 사람의 정신은 갈수록 그 힘을 잃고 오히려 물질문명의 노예가 된지라 새 세상을 이끌어

갈 새 종교의 출현이 더욱 절실하게 되었다. 이때에 대종사님께서 대각을 이루시고 천지개벽의 일대 변역기一大 變易期가 다다랐음을 간파看破하사 정신문명의 터전으로서 진리적 종교의 신앙과 사실적 도덕의 훈련법을 내세우신바…」

저는 이 말씀에 깜짝 놀랐습니다. 우리는 '현하' 라는 단어 속에서 '일대 변역기의 개벽시대가 돌아왔음' 을 읽을 줄 알아야 합니다. '일대 변역기' 와 같은 뜻을 가진 내용은 『정전』 영육쌍전법 중 「이제부터는 묵은 세상을 새 세상으로 건설하게 되므로」라는 구절입니다. 대종사님께서 방언공사를 하면서 수지대조를 하도록 지도하신 것은 바로 영육쌍전, 이사병행을 할 수 있도록 인도하신 것입니다. '크게 새로운 때' 에 맞는 공부법을 내놓으신 것입니다.

『대종경』 전망품 30장에 「이 회상은 지나간 회상들과 달라서 자주 있는 회상이 아니요 원시반본原始反本하는 시대를 따라서 나는 회상이라 그 운이 한량없나니라.」하신 말씀이 있습니다. 이는 우주 변화의 주기인 성・주・괴・공 가운데 다시 '성'成의 시기가 돌아왔다는 말씀입니다.

『대종경』 변의품 6장에 「과거 부처님 말씀에 일대겁으로 천지의 한 진강급기를 잡으셨나니라.」 하신 말씀이 있습니다. 정산 종사님께서 쓰신

'원각성존 소태산 대종사 비명 병서'의 「다시 출현하시게 된 기연이다.」는 대목도 '때'가 되어서 대종사님께서 다시 이 세상에 오셨다는 뜻입니다. 그렇기 때문에 개교의 동기에 대한 공부를 통하여 시대에 대한 감각을 확실히 얻어야 합니다.

파란고해의 현상은 세상 각 분야의 전문가가 많이 이야기하고 있으니, 우리는 그 보다는 파란고해에 대한 대종사님의 처방에 대해 더 공부해야 합니다. 파란고해가 나의 삶 속에서 어떻게 전개되고 있는지 진단을 해 보고, 대종사님께서 내 주신 처방법을 정성들여 적용해 보려는 노력을 해야 하며, 그 과정에서 받게 되는 고통도 달게 감수할 줄 알아야 합니다. 이것이 바로 고락에 대한 법문에서 말씀하신 '정당한 고'를 수용하는 것입니다.

우리는 교단과 세상의 파란고해를 많이 걱정해야 합니다. 주인은 걱정이 많지만 손님은 아무 걱정이 없습니다. 대종사님께서는 우리가 파란고해에서 벗어나 광대무량한 낙원에서 생활하기 위해서는 진리적 종교를 신앙해야 하고 사실적 도덕으로 훈련해야 한다고 하셨습니다. 이것이 대종사님께서 내주신 처방입니다. 그런데 대종사님께서는 '일원상의 신앙'이라고 하지 않으시고 '진리적 종교의 신앙'이라고 하시고, '삼학 훈련'이라고 하지 않으시고 '사실적 도덕의 훈련'이라고 하셨습니다. 이처럼 누구나 쉽게 알 수 있는 보편적인 단어를 사용하신 점에 대해서도 우리는 깊은 관심을 가져야 합니다.

진리적 종교의 신앙이란 종교를 신앙할 때 진리적 종교이면 된다는 말씀이니 과거 성자들의 가르침도 다 수용한다는 뜻입니다. 지역에 따라 혹은 인지의 발달 정도에 따라 내용과 형식은 각각 다를 수 있어도 진리적 종교라면 모두 성리에 바탕한 법일 것이기 때문에 미신이 아니라면 어느 종교든 신앙을 해도 된다는 말씀입니다.

대종사님께서는 진리적 종교의 신앙 가운데서도 '법신불 일원상 신앙'을 우리에게 가르쳐 주셨습니다. 그리고 '사은'을 신앙의 강령으로 삼으셨습니다. 과거 성자들께서 주로 형이상학적 절대 자리인 '대'★자리를 신앙의 대상으로 삼으신 점과 비교해 볼 때 대종사님께서 가르쳐주신 이 '법신불 사은 신앙'은 가히 종교의 혁명, 신앙의 혁명이라고 할 수 있습니다.

우리는 심고와 기도를 올릴 때 '법신불 사은이시여!' 라고 합니다. 실지 불공을 할 때에는 사은 당처에 해야 하지만 진리불공을 할 때는 '법신불 사은이시여!' 라고 해야 맞습니다. 과거에도 처처불상 도리와 일원상 도리의 가르침은 있었습니다. 그러나 대종사님께서는 사은을 신앙의 강령으로 삼아주셨기 때문에 과거의 법신불 신앙과는 확실한 차이가 있습니다.

대소유무 가운데 '소'⼩자리를 응해서 사은 신앙을 밝혀주셨기 때문에 우리는 사은 당처마다 불공을 잘해야 합니다. 진리불공도 잘해야 하지만 실지불공도 잘해야 법신불 사은 신앙을 잘하는 사람입니다.

대종사님께서 우리에게 조석으로 심고를 올리게 하신 것은 전체 신앙을 하도록 하신 것입니다. 그리고 낮에는 실지불공을 하며 유무념 대조를 하게 하시고, 저녁에는 정기 일기를 기재하며 그날의 복과 혜를 점검하게 하셨으니 이는 전체 신앙에 소홀함이 없도록 보완해 주신 것입니다.

실지불공을 잘하는지 못하는지는 자기불공 하는 것을 보면 알 수 있습니다. 자기불공은 사사불공의 기본공식입니다. 심신을 원만하게 사용하는 것만이 법력이 아니라 심신을 원만하게 수호하는 것도 법력입니다.

진리적 종교 중에서도 법신불 사은 신앙을 확실하게 깨달아야 합니다. 법신불 사은 신앙은 모든 사람이 생활 속에서 복과 혜를 쉽게 얻을 수 있도록 한 신앙입니다. 대종사님께서는 법신불 사은 신앙과 '사실적 도덕의 훈련'을 겸하도록 하셨습니다. 그렇다면 대종사님께서 밝혀주신 사실적 도덕의 훈련은 과거 종교들의 훈련과 어떻게 다를까요? 사실적 도덕의 훈련은 정기 훈련과 상시 훈련으로 끊임없이 계속 훈련을 한다는 점에서 과거 종교의 훈련과 다릅니다.

대종사님께서는 사실적 도덕의 훈련을 위해 훈련 과목까지 구체적으로 정해 주셨습니다. 개인적으로도 자기 점검을 물 샐 틈 없이 할 수 있도록 해주셨고 공동으로도 점검하고 전문적으로도 점검할 수 있도록 밝혀주셨습니다. 언제 어디서나 어떤 상황 속에서도 훈련을 놓지 않도록 안내를 해주셨습니다. 직장인이라서 시간이 없어 못한다, 혹은 가정주부라서 살림을 하느라 못한다고 할 수가 없습니다. 이런 점이 과거 종교의 훈련과 크게 다른 점입니다.

『교리실천도해』 중 개교의 동기를 살펴보겠습니다. 원불교는 물질문명에 반대하는 것이 아니라 물질을 구하는 정신도 바로 세우고 물질을 사용하는 정신도 바로 세워서 물질문명과 정신문명이 함께 발전하도록 하자고 주장합니다. 『정산종사법어』 경의편 2장에 「본교의 설립 동기는 과학의 문명에 반대하는 것이 아니라, 모든 물질문명을 선용하기 위하여 그 구하는 정신과 사용하는 정신을 바로 세우자는 것이니라.」고 말씀 하셨습니다. 우리가 너무 편리만을 앞세워서는 안 됩니다. 지금 자연 환경이 죽어가는 이유가 무엇일까요? 아무리 물질이 개벽되어도 대종사님의 제자라면 물질을 구하는 데 있어서도 도로써 구할 줄 알아야 하고 사용하는 데 있어서도 도 있게 사용할 줄 알아야 합니다.

언젠가 교도님 한 분이 동대문시장에서 팔던 옷이 남아 필요한 교도님들이 활용할 수 있도록 봉공회에 희사를 한 일이 있습니다. 그런데 어떤 교도님 한 분이 주섬주섬 옷을 챙겨 가더니 얼마 지나지 않아 다시 돌아와서는 가져갔던 옷들을 제자리에 돌려놓는 것이었습니다. 그래서 왜 그러냐고 물었더니 자기는 평소에 욕심이 없는 줄 알았는데 공짜 옷을 보니까 욕심이 생기는 자신을 볼 수 있었고 그래서 도로 제 자리에 가져다 놓는다고 했습니다.

생각해보면 사람의 욕심은 한이 없습니다. 몸으로는 몇 킬로그램 밖에 들지 못하지만 마음으로는 지구도 들 수 있습니다. 마음공부를 하지 않으면 보고 듣고 느끼는 대로 욕심에 끌려가기가 쉽습니다. 정신개벽의 정신은 개교의 동기에만 머물러 있을 것이 아니라 우리 모두의 생활 철학이 되어야 합니다.

대산 종사님께서는 『교리실천도해』에서 정신개벽은 곧 「삼학 팔조로 마음을 개조하고 사은 사요로 세상을 건지는 것」이라고 설명하고 있습니다. 여기에서 우리는 '마음 개조' 라는 단어에 주목할 필요가 있습니다. 삼학 팔조로 무엇을 하자는 것이냐? 바로 마음을 개조하자는 것입니다. 마음 개조하는 데 타력을 빌리고 위력을 빌리자는 것입니다. 사은 사요로 무엇을 하자는 것이냐? 바로 보은으로 세상을 건지자는 것입니다. 따라서 마음 개조의 목적은 곧 '보은' 이라고 할 수 있습니다.

대종사님께서는 개교의 동기에서 자성 극락을 구한다고 하지 않으시고 광대무량한 낙원으로 인도하겠다고 하셨습니다. 대산 종사님께서는 자자손손이 전무출신 하기를 바라시고 결혼하려는 딸들에게는 정토라도 해서 공도에 헌신하기를 권장하셨습니다. 진리에 눈뜨고 보면 보은을 하지 않을 수가 없습니다. 나만을 위해 살 수가 없습니다. 그래서 정신개벽으로 마음을 개조해서 세상을 위해 보은하고 활동하도록 하신 것입니다.

우리는 개교의 동기를 공부하면서 주세성자가 나오지 않으면 안 될 이때의 특성을 알아야 합니다. 그리고 우리 각자가 겪고 있는 고통이 정당한 고인지 부정당한 고인지를 진단해 보아야 합니다.

전무출신專務出身은 '몸을 공중에 내놓고 오롯하게 힘쓴다.'는 뜻인데 이것이 무슨 뜻일까요? 또 거진출진居塵出塵은 '티끌 세상에 처해 있으나 티끌에서 벗어난다.'는 뜻인데 이것은 또 어떤 뜻일까요? 티끌 진塵을 집 가家의 의미로 바꾸어 생각해 보면 곧 가정에 머물러 살면서도 가정을 벗어나 공도에 헌신한다는 뜻이 됩니다. 전무출신이 지공무사至公無私라면 거진출진은 선공후사先公後私입니다. 재가교도가 거진출진으로서 불보살 사당인 영모전에 입묘되는 것은 그분들이 바로 선공후사를 했기 때문입니다.

그런데 아직 특별한 신심을 갖추지 못한 재가교도에게 선공후사를 실천하라고 하면 탈이 납니다. 육도사생 무량세계를 펼쳐놓고 기점을 잡을 수 있는 특신급 정도가 되어야 선공후사가 가능합니다. 진리적 기초가 부실하고 믿음이 확고하지 않으면 입교하자마자 일시적으로 신이 나서 선공후사를 할 수는 있지만 나중에는 탈이 나고 원망을 할 수가 있습니다.

총서편을 통해 진리관, 주세불관, 교법관, 회상관 등이 먼저 확실하게 세워져야 합니다. 교법의 총설을 통해 불교와의 관계도 확실히 알아야 합니다. 개교의 동기가 대강령의 처방이라면 교법의 총설은 이를 좀 더 구체화해서 말씀해 주신 것입니다. 교법을 짜실 때의 기본 정신을 밝혀주신 것입니다. 이 대목도 앞서 진리적 종교의 신앙을 설명하며 말씀드린 바와 같이 다른 성자들의 가르침을 수용할 수 있는 근거입니다.

교법의 총설에서 직접적으로 불교에 연원을 댄다는 말씀은 하지 않으셨지만 먼저 불교를 언급하시고 과거의 불교 그대로는 아니라는 말씀으로 미루어 불교와의 관계를 확실히 정리할 수 있습니다. 『대종경』 서품이나 변의품을 여러 번 읽으면 교법의 총설을 이해하는 데 큰 도움을 받을 수 있습니다.

『교리실천도해』 중 '교법의 선언'을 살펴봅시다. 교리실천도해의 표지를 보면 '실천의 종교, 세계의 광명'이란 말씀이 있습니다. 그래서 제목이 '교리도해'가 아니라 '교리실천도해'입니다. 대산 종사님께서는 이토록 실천을 강조하셨습니다.

대산 종사님께서 종법사로 계실 때 법위사정을 실시하여 처음으로 법위를 공개하고 영산성지에서 재가·출가 법사단 봉고식을 했습니다. 만고일월비 앞에서 식을 하는데 대산 종사님께서 중앙단원인 숭산 박광전 종사님께 마이크를 주시며 "삼학 팔조는 만생령 부활의 원리요 대도이다."라고 교법의 선언을 크게 외치게 하셨습니다.

여러분! 여러분은 지금 부활하셨습니까? 부활이란 거듭난다는 뜻입니다. 마음 개조 공부로 우리가 먼저 부활하고 나아가 만생령을 부활시켜야 합니다. 총서편을 공부하면서 진리관, 주세불관, 교법관, 회상관이 확실히 세워지고 사대불이 신심四大不二 信心이 세워져야 합니다. 그렇지 않으면 다음에 나오는 교의편이나 수행편을 공부할 때 헛수고를 하기 쉽습니다. 우리의 서원과 불퇴전의 신심을 가꾸는 데 꼭 필요한 공부가 바로 총서편 공부입니다.

『정전대의』 '개교의 동기'를 살펴보겠습니다.

「물질이 개벽되니 정신을 개벽하자.」는 것은 대종사님의 개교표어이신 바, 전래傳來로 천지개벽이 되면 전무후무한 새 세상이 된다는 말이 있으니 이것은 이 천지가 없어지고 새 천지가 열리는 것이 아니라, 천개天開는 곧 정신문명·도덕문명이 크게 융창隆昌하여 사람의 마음이 개조됨을 이름이요, 지벽地闢은 곧 과학문명·물질문명의 발달로 육신의 생활衣食住이 개선됨을 이름이다. 그러나 그동안 물질문명만 발달됨에 따라 물질을 사용하는 사람의 정신은 갈수록 그 힘을 잃고 오히려 물질문명의 노예가 된지라 새 세상을 이끌어 갈 새 종교의 출현이 더욱 절실하게 되었다. 이때에 대종사님께서 대각을 이루시고 천지개벽의 일대 변역기變易期가 다다랐음을 간파看破하사 정신문명의 터전으로서 진리적 종교의 신앙과 사실적 도덕의 훈련법을 내세우신 바,

첫째, 하늘만 높이던 사상을 땅까지 숭배하게 하시고, 아버지만 위하던 사상을 어머니도 같이 위하게 하시며, 선비만 숭상하던 정신을 농공상農工商도 아울러 평등하게 하시고, 입법자立法者만 숭배하던 정신을 치법자治法者까지 평등하게 할 뿐만 아니라, 천지·부모·동포·법률을 차등 없이 신봉하게 하셨으며, 의뢰 생활하던 정신을 자력 생활하는 정신으로, 불합리한 차별제도를 지우차별智愚差別로 돌리셨으며, 자기 자녀만 가르치던 정신을 남의 자녀까지 가르치는 정신으로, 자기만 잘 살려던 정신을 온 인류가 다 같이 잘 살 수 있는 공도주의公道主義 정신으로 돌리셨으며,

둘째, 과거의 편벽된 개체 신앙을 원만한 전체 신앙으로, 자력 편중이나 타력 편중을 자타력 병진 신앙으로, 또는 편벽된 일방적 수행을 삼학 병진의 원만한 수행으로 돌리셨으며, 신앙과 수행을 함께 밝히셨고, 영

육을 쌍전하게 하시며 공부와 생활을 아울러 닦게 하시고, 동과 정을 따라 공부를 여의지 않는 길을 밝히셨으니, 이것이 바로 병든 세상을 구출하여 광대무량한 낙원을 건설하는 대도요 천지개벽의 문을 열어 놓으심이니라.

　○ 세계 오대 성자의 근본정신
　　　불타　 = 대평등의 자비주의 = 대각주의大覺主義
　　　노자　 = 대해탈의 자연주의 = 무위주의無爲主義
　　　예수　 = 대희생의 박애주의 = 유화주의柔和主義
　　　공자　 = 대실천의 중도주의 = 인의주의仁義主義
　　　대종사 = 대원만의 일원주의 = 세계주의世界主義

　교법을 공부할 때는 대종사님의 성령을 비롯하여 역대 종법사님의 법신을 만나는 시간이 되어야 합니다. 그러기 위해서는 모든 것을 다 내려놓고 생각생각 걸음걸음마다 '어떻게 해야 대종사님의 경륜을 가까이 모시고 받들고 챙길 것인가?'를 늘 화두로 삼고 공부해야 합니다. 그러면 원문이 마음에 새롭게 와 닿을 것입니다.
　대종사님께서는 『정전』 정신수양의 목적에서 「유정물은 배우지 아니하되 근본적으로 알아지는 것과 하고자 하는 욕심이 있는데, 최령한 사람은 보고 듣고 배우고 하여 아는 것과 하고자 하는 것이 다른 동물의 몇 배 이상이 되므로…」라고 하셨습니다.

　최령한 사람은 근본적으로 하고자 하는 것과 얻고자 하는 것이 많아서 물질개벽에 따라 점점 육신은 편리 위주로 치닫게 되고 그에 따른 물질적 욕구도 한량이 없다는 것입니다. 이렇게 욕심이 계속되면 물질의 노예 생활을 면하지 못할 뿐 아니라 다른 생령들에게도 많은 피해를 주게 되고 결국 함께 살아가는 지구도 망치게 됩니다. 양계장을 가보면 밤낮없이 불을 밝혀두고 운동조차 할 수 없는 좁은 공간에서 닭을 키웁니다. 이것은 모두가 인간 본위의 사고에서 비롯된 일입니다.

　대종사님께서는 일체생령을 광대무량한 낙원으로 인도하겠다고 하셨지, 모든 인류를 광대무량한 낙원으로 인도하겠다고 하지 않으셨습니다. 처방의 목적이 인본주의가 아니라 전 생령주의입니다. 과거 부처님의 경륜도 전 생령주의입니다. 대종사님께서 과거 많은 성자 중에 부처님께 연원을 대신 것도 일체생령을 광대무량한 낙원으로 인도하려 하신 목적이 같기 때문입니다.

　모든 사람이 평등하다는 '인권 선언'을 했는데 '이 선언에는 권리만 있고 책임은 없다.'고 하여 1997년에 UN에서 다시 '범세계적 인간의 책임

선언'을 했습니다. 그때 좌산 종사님께서도 이 선언문에 원불교를 대표하여 서명을 하셨습니다. 인류에게는 '인류만의 공생공영'이 아닌 '전 생령의 공생공영'의 책임이 있습니다. 인류가 편리 위주로만 살다보니 바다가 죽고 산이 죽고 공기가 죽고 땅이 죽어갑니다.

당시만 해도 지금처럼 실감나지는 않았을 텐데 대종사님께서는 그때 이미 모든 것을 진단하시고 진리적 종교의 신앙과 사실적 도덕의 훈련이라는 두 가지로 일체생령을 구원할 처방을 내려주셨습니다.

천지은에서는 하늘만 높이던 사상을 넓혀 땅까지 높여 주셨고, 부모은에서는 아버지만 높이던 사상을 바꿔 어머니까지 높여 주셨고, 동포은에서는 선비만 높이던 정신을 벗어나 농공상까지 높여 주셨고, 법률은에서는 입법자만 높이던 생각을 바꿔 치법자까지도 높여 주셨습니다. 더구나 대종사님께서는 동포의 범위에 금수초목까지 다 포함시켜 주셨습니다.

보통 국가의 법이나 가정 다스리는 법에는 성현의 정신과 도덕이 반영되어 입법이 됩니다. 그러므로 과거에는 주로 입법자인 성현의 은혜만을 숭배하였으나 대종사님께서는 치법자의 은혜까지도 포함해 주셨습니다. 저는 젊은 시절 법률의 은혜를 잘 느끼지 못했습니다. 그런데 해방이 막 되고 나서 질서가 문란해지니 힘없는 우리는 버스를 타기도 어려웠습니다. 차례를 지키지 않고 힘으로 밀쳐버리니 때로는 다치기도 하였습니다.

그때 처음으로 '아! 법률의 은혜가 참으로 크구나!' 하고 느꼈습니다. 경찰총장이 된 알뜰한 교도 한 분이 처음 우리 경전을 보시더니 "다른 성자들 가운데도 이렇게 법률은을 말씀하신 분이 계십니까?"하고 질문을 했습니다. 그런데 그분이 밤낮도 없고 휴일도 없이 공무에 전념하는 모습을 보면서 저는 치법의 은혜를 다시 한 번 느낄 수 있었습니다.

대종사님께서는 『대종경』 변의품 23장에서 천지·부모는 하감지위로, 동포·법률은 응감지위로 하신 것에 대한 설명을 해주셨습니다.

「한 제자 여쭙기를 "사은에 경중이 있어서 천지·부모는 하감지위下鑑之位라 하고, 동포·법률은 응감지위應鑑之位라 하나이까." 대종사 말씀하시기를 "경중을 따로 논할 것은 없으나 항렬行列로써 말하자면 천지·부모는 부모 항이요, 동포·법률은 형제 항이라 그러므로 하감·응감으로써 구분하였나니라."」

대산 종사님께서는 대종사님께서 의뢰 생활 하던 정신을 자력 생활 하는 정신으로, 불합리한 차별제도를 지우차별로 돌려주셨다고 하셨습니다. 또 자기 자녀만 가르치던 정신을 남의 자녀까지 가르치는 정신으로, 자기만 잘 살려던 정신을 온 인류가 다 같이 잘 살 수 있는 공도주의 정신으로 돌려주셨다고 하셨습니다.

『정전』에서는 '진리적 종교의 신앙과 사실적 도덕의 훈련'이라고만 표현을 하셔서 구체적인 의미를 짐작하지 못하였는데 대산 종사님께서 『정전대의』를 통해「하늘만 높이던 사상을 땅까지 숭배하게 하시고…」와 같이 구체적으로 설명을 해주셔서 비로소 그 깊은 의미를 알 수 있었습니다.

『정전대의』개교의 동기 가운데「둘째, 과거의 편벽된 개체 신앙을 원만한 전체 신앙으로…」라는 말씀이 있습니다. 여기에서 말씀하신 '원만한 전체신앙'에 대해서는 교의편을 공부할 때 함께 공부하겠습니다. 그런데 바로 그 다음을 보면「자력 편중이나 타력 편중을 자타력 병진 신앙으로…」라는 말씀이 있습니다. 자력 편중 신앙, 타력 편중 신앙이란 어떤 신앙을 말하는 것일까요? 내가 곧 부처라고 해서 내 안의 자성만을 신앙하면 자력 편중 신앙이 되고, 반대로 내 안에 있는 보물은 놓아버리고 밖에 있는 타력에만 의존하면 타력 편중 신앙이 됩니다. 따라서 대종사님께서 밝혀주신 자타력 병진 신앙은 내 안에 값아 있는 위대한 보물을 믿고 계발하면서 밖의 충만한 힘을 믿고 의지하고 빌려오는 것입니다.

「일원의 위력을 얻는다.」는 것은 타력을 신앙하는 것입니다.「일원의 체성에 합한다.」는 것은 자력을 계발하는 것입니다. 이 두 가지를 병진하는 것이 바로 우리가 추구하는 일원상의 신앙입니다. 일원은 우주만유의 본원이기도 하지만 일체 중생의 본성이기도 하기 때문에 일원상의 신앙이 자타력 병진 신앙이 되는 것입니다.

대산 종사님께서는 「편벽된 일방적 수행을 삼학 병진의 원만한 수행으로 돌리자.」고 하셨습니다. 과거에는 편중된 수행을 했습니다. 선종, 염불종, 율종 등. 경전도 화엄종은 화엄경, 법화종은 법화경을 위주로 공부했습니다. 종파만이 아니라 종교들도 마찬가지였습니다.

전문화된 병원에서는 내과는 내과 진료만 하고 외과는 외과 진료만 해야 한답니다. 그러나 대산 종사님께서는 앞으로는 의학도 종합의학을 해야 한다고 전망하셨습니다. 이와 마찬가지로 과거에는 각 종교가 양성이나 견성이나 솔성 가운데 하나만 잘해도 되었으나 앞으로는 이 세 가지를 모두 아울러야 한다고 하셨습니다.

대종사님께서는 '삼학을 병진하지 않고 편수하면 내 제자는 아니다.'라고 하셨습니다. 그래서 편중된 수행을 삼학 병진의 원만한 수행으로 돌리셨고 신앙과 수행의 길을 함께 밝혀주셨습니다. 과거에는 신앙만 밝히신 성자도 계셨고 수행만 역설하신 성자도 계셨지만, 대종사님께서는 진리적 종교의 신앙과 사실적 도덕의 훈련을 아울러 밝히셨습니다. 뿐만 아니라 영육쌍전하고 이사병행하도록 해주셨습니다. 공부를 해서 생활을 빛나게 하고, 생활을 빛내기 위해서 공부를 하도록 하신 것입니다. 동과 정에도 구애받지 않고 공부를 여의지 않도록 해주셨습니다. 일이 있을 때에도 공부할 수 있고 일이 없을 때에도 공부할 수 있으며, 아플 때도 공부할 수 있고 잠잘 때나 밥 먹을 때도 공부할 수 있도록 해주셨습니다. 그래서 대산 종사님께서는 늘 '대종사님께서 천지개벽의 문을 활짝 열어주셨다.'고 말씀해 주셨습니다.

진리적 종교의 신앙이라고 할 때 '진리적'이란 의미는 성품의 원리를 근거로 한다는 뜻입니다. 따라서 성품의 원리를 근거로 한 신앙은 모두 진리적 종교의 신앙입니다. 그런데 대종사님께서는 같은 진리적 종교의 신앙 중에서도 특별히 과거와는 달리 편벽된 개체 신앙이 아닌 원만한 전체 신앙을 밝혀주시고 자력과 타력을 병진하는 신앙으로 안내를 해 주셨습니다.

『교리실천도해』 7쪽, '개교의 정신'을 봅시다. '개벽'은 한문이 '열 개' 開 '열 벽' 闢 으로 '연다'는 뜻입니다. 닫혀 있는 것은 폐쇄적이고 열려 있는 것은 개방적입니다. 문도 밤에는 닫고 낮에는 열며 겨울에는 닫고 봄에는 여는 것처럼 우주의 천기도 이와 같습니다. 정신적인 폐쇄와 개방도 이와 마찬가지입니다. 또 우주의 성주괴공으로 볼 때에도 다시 성의 주기가 되면 모두가 열리게 됩니다.

옛날에는 '천지개벽'이라고 하면 하늘과 땅이 딱 붙어서 맷돌 갈듯이 싹 갈아져서 부서져 버린다고 생각했는데 대산 종사님께서는 천지개벽은 그런 뜻이 아니라고 하셨습니다. 「천지개벽이란 천개지벽天開地闢으로 하늘이 열린다는 것은 정신문명·도덕문명이 열린다는 의미이고, 땅이 열린다는 것은 과학문명이 열린다는 의미이다.」고 하셨습니다.

따라서 '천지개벽'은 과학문명이 열려서 의식주 생활을 개선하고 빈곤·무지·질병을 물리치고, 도덕문명이 열려서 삼학 팔조로 사람의 마음을 개조하고 사은 사요로 세상을 건져서 정신의 세력을 확장하는 것이라 할 수 있습니다. 이것이 바로 광대무량한 낙원입니다.

그런데 우리가 구하고자 하는 낙원도 내외로 나누어 보셨습니다. 밖으로 구하고자 하는 것은 '일생의 신身 낙원'입니다. 의식주 생활을 개선하고 빈곤·무지·질병을 퇴치하면 되는데 이러한 신 낙원에 대한 인간의 욕구는 한량이 없습니다. 몸의 뜻을 받아 주면 끝이 없어서 결국 광대무량한 낙원이 되지 못합니다. 안으로 구하고자 하는 것은 '영생의 심心 낙원'입니다. 몸 낙원은 결국 100년 안에 무너지는 일생의 낙원이지만, 마음 낙원은 영원히 무너지지 않는 영생의 낙원입니다. 그래서 진리적 종교의 신앙과 사실적 도덕의 훈련으로 지상낙원을 건설하고자 하는 것이 대종사님의 개교의 동기입니다.

지상 낙원도 인간만이 누리는 낙원이 아니라 일체생령이 다 함께 누리는 낙원이어야 합니다. 인간 때문에 축생들이 얼마나 많은 고통을 받고 있습니까? 우리는 개교의 동기를 통하여 대종사님께서 때를 따라 오셨으며 시대와 민심을 진단하고 처방을 내주셨다는 대산 종사님의 말씀을 파악할 수 있어야 합니다.

대종사님께서 처방해 주신 선약은 선약仙藥도 되고 선약善藥도 됩니다. 이제 이 약을 먹기만 하면 됩니다. 어떻게 먹을까요? 신앙으로 먹고 수행으로 먹어야 합니다. 다시 한 번 말씀드리면 대종사님께서는 '일원상의 신앙'이라고 하지 않으시고 '진리적 종교의 신앙'이라고 하셨습니다.

첫 번째 처방은 '진리적 종교의 신앙'입니다. 성리에 바탕 했다면 모두 진리적입니다. 과거 성자들께서 성리의 한 부분을 주체 삼아서 시대와 인심에 따라 각각 다른 교법을 내놓으셨지만 결국 그 목적은 일체생령을 제도하기 위함입니다. 그러므로 진리적 종교라면 어떤 종교든 다 믿어도 됩니다.

우리가 믿는 법신불 신앙은 어떻습니까? 대산 종사님께서 우리의 신앙은 전체 신앙이요 자타력 병진 신앙이라고 부연해 주셨는데 이는 모든 성자의 가르침을 다 수용하신 것입니다. 그래서 우리는 다른 종교를 신앙하는 사람들에게 원불교로 오라고 권할 것이 아니라 자신의 종교를 더 잘 믿으라고 해야 합니다. 대산 종사님께서도 그렇게 말씀하셨습니다. 물론 자의적으로 오는 사람들을 막자는 말씀은 아닙니다.

그렇다면 미신이란 무엇일까요? 성리에 바탕하지 않으면 미신입니다. 『대산종사법어』 경세편 4장을 보면 「정도正道는 도명덕화하고 제생의세하며, 사도邪道는 혹세무민하고 기인취재欺人取財하는 것이니, 정도는 세상에 더욱 드러나고 사도는 세상에 바로 서지 못하리라.」하는 말씀이 있습니다. 대산 종사님의 이 말씀을 통해 미신을 정의해 본다면 '혹세무민 기인취재' 즉 세상을 미혹되게 하며 백성을 어리석게 하며 사람을 속여서 재물을 취하는 것이라고 할 수 있습니다.

우리 교법에 의하면 무종교인은 처방약을 하나도 먹지 않는 사람으로 비유할 수 있습니다. 통계에 의하면 우리나라 무종교인이 약 50%입니다. 그 비율을 줄여나가는 일이 우리가 해야 할 일입니다. 개교의 정신에 따라 정신의 세력을 확장하려면 일단 성자의 가르침을 믿어야 합니다. 인류는 성자들의 처방에 의해 구제를 받을 수 있기 때문입니다. 그중에서도 대종사님의 일원대도 품 안으로 인도하는 일은 바로 우리들의 책임입니다.

또 다른 처방은 '사실적 도덕의 훈련'입니다. 신앙도 필요하지만 훈련도 중요합니다. 신앙은 있는데 훈련이 없으면 다른 종교인이라도 훈련을 가르쳐줘야 합니다. 사실적 도덕의 훈련이란 곧 마음공부입니다. 마음공부를 가장 많이 가르쳐주신 분이 석가모니 부처님이시기 때문에 대종사님께서 부처님께 연원을 대신 것입니다. 과거 성자 가운데 마음을 찾아주신 분이 부처님이십니다. 하나님과 인간과의 윤기를 건네게 해주신 분이 예수님이라면 부처님은 마음을 찾아주신 분 가운데 가장 전문가이십니다. 신앙은 각자의 믿음대로 하되 훈련은 우리 원불교에 와서 해도 됩니다. 각자가 믿고 있는 성자혼에 바탕해서 더욱 잘 신앙하고 실천할 수 있도록 얼마든지 도와줄 수 있습니다. 우리가 훈련을 할 때는 잘 모르지만 지내고 보면 은연중에 자신이 변하는 것을 알 수가 있습니다. 좌선도 졸면서 하고, 심고도 잘했다 못했다 하고, 염불과 일기도 시원찮게 하지만, 빠지지만 않고 계속하면 자신도 모르게 달라지는 것을 느낄 수 있습니다. 사실적 도덕의 훈련을 하면 은연중 정신의 세력이 확장됩니다. 그리하여 필경은 삼학 팔조로 마음을 개조하여 영생의 마음 낙원을 얻고 사은 사요로 세상을 건지게 됩니다.

대종사님께서 신앙의 강령을 사은으로 하신 것은 가히 혁명적 사건입니다. 사은은 일원상의 진리인 대소유무의 이치 가운데 '소'의 원리를 주체로 하여 밝혀주신 법문입니다. 과거에는 형이상학적이고 절대적인 '대' 자리만을 신앙의 대상으로 삼았습니다. 그런데 대종사님께서는 '소'

의 원리를 바탕으로 신앙의 강령을 삼으셨으니 가히 혁명적이라고 하겠습니다.

　신앙만 혁신하신 것이 아니라 수행도 혁신해 주셨습니다. 사은으로 신앙의 강령을 삼고 훈련으로 물 샐 틈 없는 수행을 할 수 있도록 진리적 종교의 신앙과 사실적 도덕의 훈련을 인류 구원의 처방으로 내주신 것입니다. 이 처방으로 인류가 먼저 정신의 세력을 확장해 가고 낙원 생활을 하다 보면 자연히 일체생령도 함께 낙원을 누릴 수 있게 될 것입니다.

06

교법의 총설
教法-總說

　선진국일수록 시민 단체의 보은활동이 활발합니다. 사은 보은을 해야 세계 평화가 이뤄집니다. 평화로운 사람은 어디가나 평화롭지만 그렇지 못한 사람은 여기서도 평화가 없고 저기로 가도 평화가 기다려주지 않습니다. 평화란 내가 짊어지고 다니는 것입니다. 주위 환경이 나에게 평화를 가져다주는 것이 아닙니다. 보은에 충만 되어 있고 은혜에 감격해 있어야 평화로운 것입니다. 보은과 은혜의 반대는 원망과 불평입니다.

　어느 교무가 아프리카를 다녀오더니 아이들의 눈이 너무 맑아서 후일에 그곳에 가서 개척교화를 하고 싶다고 합니다. 눈이 깨끗하다는 것은 욕심이 없다는 것이겠지요. 그렇다면 욕심이 없고 마음이 깨끗하면 평화로울까요? 그러나 그것은 '무지의 평화'일 수 있습니다. 몰라서 평안하거나 혼자만 평안한 것은 진정한 평화가 아닙니다.

세계 평화는 개인의 평화를 넘어서 '광대 무량한 낙원의 평화'이어야 합니다. 인류 역사는 진화하고 있습니다. 우리 교법의 강자·약자의 진화상 요법을 보면 모두 다 사은 신앙입니다. 강자·약자의 진화상 요법은 바로 '평천하'의 내용입니다. 당시는 일제의 지배를 받았기 때문에 평천하라는 말을 쓰지 못하고 강자·약자라고 표현하신 것입니다. 그래서 『교리실천도해』에서는 강자·약자의 진화상 요법과 지도인으로서 준비할 요법을 '평천하'라고 표현해 주셨습니다.

'제가'는 '치국'과 같습니다. '가정'을 확대하면 '나라'가 됩니다. 『교리실천도해』를 보면 제가의 요법에 치국과 제가가 함께 포함되어 있습니다. 수신의 요법은 '수신' 修身, 제가의 요법은 '제가와 치국' 齊家-治國, 강자·약자의 진화상 요법과 지도인으로서 준비할 요법은 '평천하' 平天下를 의미합니다. 최초법어에서 '지도인으로서 준비할 요법'을 강조해 주신 대종사님의 뜻을 특히 유념해야 합니다. 앞으로는 교통 통신이 더욱 발달하여 모두가 넘나드는 시대라서 지도자의 영향력이 더 커질 것을 예견하시고 내주신 법문이기 때문입니다.

『교리실천도해』의 교법의 선언을 보면 '사요의 원만한 치국·치평'이란 법문이 있습니다. 그러면 사요가 강자·약자의 진화상 요법도 될까요? 그렇습니다. 자력양성, 지자본위, 타자녀 교육, 공도자 숭배를 하면 약자가 강자로 진급할 수 있습니다. 곧 사요가 사은 보은의 실천 덕목입니다. 그러므로 사요 실천은 세계 평등의 원리요 대도인 것입니다.

대산 종사님께서 영산성지에 있는 만고일월비 앞에서 교법의 선언을 하시면서 '일원의 원만한 진리는 만고의 대법이요 천하의 대도'라고 하실 때 그 분위기가 매우 엄숙하고 감격스러웠습니다. 그 당시 목이 메었던 기억이 납니다. 또 대산 종사님께서 '우리가 주인이 되어야 한다. 그래야 대종사님의 효자, 효녀, 심통 제자가 될 수 있다.'고 실천 덕목을 일러주시고 격려해 주셨던 기억도 생생합니다.

일원상 서원문
―圓相 誓願文

「말씀하시기를 과거에 모든 부처님이 많이 지나가셨으나 우리 대종사의 교법처럼 원만한 교법은 전무후무하나니, 그 첫째는 일원상을 진리의 근원과 신앙의 대상과 수행의 표본으로 모시고 일체를 이 일원에 통합하여 신앙과 수행에 직접 활용케 하여 주셨음이요, 둘째는 사은의 큰 윤리를 밝히시어 인간과 인간 사이의 윤리 뿐 아니라 천지 부모 동포 법률과 우리 사이의 윤리 인연을 원만하게 통달시켜 주셨음이요, 셋째는 이적을 말씀하지 아니하시고 오직 인도상 요법으로 주체를 삼아 진리와 사실에 맞은 원만한 대도로써 대중을 제도하는 참다운 법을 삼아 주셨음이라, 아직도 대종사를 참으로 아는 이가 많지 않으나 앞으로 세상이 발달하면 할 수록 대종사께서 새 주세불이심을 세상이 고루 인증하게 되리라.」

『정산종사법어』 기연편 11장 말씀입니다. 우리는 이 법문을 통해 대각하신 분들의 전유물처럼 된 일원상의 진리를 대종사님께서는 신앙의 대상과 수행의 표본으로 삼아 널리 드러내 주셨음을 알 수 있습니다. 삼학을 편수하지 않고 원만하게 아울러 닦는 공부를 말씀해 주신 것도 특징이지만 인생의 요도인 사은 사요를 강조해 주신 것도 큰 특징 중의 하나입니다. 삼학 공부를 통해 삼대력을 얻는 것으로 끝나지 않고 인생을 어떻게 살 것인지에 대해 그 방향을 제시해 주셨다는 점에 주목할 필요가 있습니다. 또 이적을 말씀하지 않고 우리 인생에 필요한 공부와 사업, 복과 혜를 아울러 증진할 수 있도록 참다운 종교와 도덕을 제시해 주신 것도 특별합니다. 때문에 정산종사님께서는 인지가 발달하면 할수록 대종사님께서 주세성자이심을 세상에서 더욱 인증하게 될 것이라고 하신 것입니다.

이번에는 『정산종사법어』 도운편 13장 말씀을 한번 살펴보겠습니다. 도운편 13장에는 대종사님께서 왜 불법에 연원을 대셨는지 그 이유가 잘 담겨 있습니다.

「말씀하시기를 한 몸의 주장은 마음이요, 교敎 가운데 주장은 마음 잘 밝힌 교라, 불법이 마음 법을 가장 잘 밝혀 놓았나니, 불법의 정맥을 올바로 살려낸 회상이 새 세상의 주교主敎가 되나니라.」

많은 성자들의 가르침이 있지만 불법이 마음을 가장 잘 밝혀 주었기 때문에 대종사님께서는 부처님께 연원을 대신 것입니다. 정산 종사님께서는 마음을 잘 밝힌 종교라야 주교가 된다고 하셨습니다. 앞으로의 시대는 땅이 넓고 돈이 많고 지하자원이 많은 게 중요한 것이 아니라 그것을 사용하는 마음이 제일 귀한 자본이 된다고 보셨습니다. 유형한 자본은 그것을 사용하는 마음이 바르지 못하면 빛나는 자본이 될 수 없습니다. 마음이 잘못되면 선진국이나 지도국이 될 수 없습니다.

　『정전』 가운데 '일원상' 장은 모두 6절로 되어 있는데 그 중심은 일원상 서원문입니다. 일원상 서원문을 중심으로 일원상의 진리, 일원상의 신앙, 일원상의 수행, 일원상 법어, 게송까지 공부해야 합니다. 대종사님께서 일원상 장과 관련해 교리를 발표하신 순서를 보면 일원상 서원문이 제일 먼저입니다.

　정산 종사께서는 『정산종사법어』 원리편 6장에서 '일원상'으로 공부하면 천여래 만보살이 가능하다고 하셨습니다.

「말씀하시기를 사람도 보지 못한 사람을 이름으로만 있다고 일러주면 허허해서 알기가 어려우나 사진으로 보여 주면 더 절실히 알게 되는 것 같이 대종사님께서는 일원상으로 진리 그 당체의 사진을 직접 보여 주셨으므로 학인들이 그 지경을 더우잡기가 훨씬 편리하게 되었나니라. 일원상은 곧 진리 전체의 사진이니, 이 진리의 사진으로써 연구의 대상을 삼고 정성을 쌓으면 누구나 참 진리 자리를 쉽게 터득할지라, 대종사께서 '과거 회상은 일여래 천보살 시대였으나 앞으로는 천여래 만보살이 출현하리라' 하셨나니라.」

대종사님께서 일원상의 진리 그 당체를 사진으로 직접 보여 주셨기에 쉽게 그 진리 자리를 터득할 수 있습니다. 공부길을 알면 닦지 않을 수 없고 쉴 수 없기에 천여래 만보살이 가능하다고 하신 것입니다. 천여래 만보살의 의미는 꼭 일천 여래 일만 보살이 아니라 수천 여래 수만 보살이라는 것이고 이는 일원상을 드러내 주셨기에 가능합니다.

일원상 서원문은 일원상 전에 올리는 서약과 원력이 주 내용입니다. 바라는 것이 타력을 주로 한다면 약속하는 것은 내 스스로가 하는 것이니 일원상 서원문은 기독교의 주기도문과는 좀 다른 면이 있습니다. 주기도문은 주로 기도문을 중심으로 이루어져 있지만 일원상 서원문은 성불을 이루고 불과를 얻자는 염원과 서약이 함께 뭉쳐져 있습니다. 대종사님께서는 모든 경전이 다 소실된다 하더라도 이 일원상 서원문 하나만 있다면 다시 회상을 펼 수 있다고 하셨습니다. 그리고 일원상 서원문을 내시고는

'나중에 서원문을 붙들고 통곡할 사람이 많이 있을 것이다.' 하시며 굉장히 기뻐하셨답니다. 따라서 우리가 그 본의를 잘 살펴야 합니다.

「일원은 언어도단의 입정처이요 유무초월의 생사문인 바」에서 일원의 진리는 입정처와 생사문 두 가지 속성이 공존해 있으므로 두 면을 모두 봐야 합니다. 입정처만 좋아하는 사람은 일은 하지 않고 육근문 닫는 그 자리만을 좋아하여 매달리는 경향이 있고, 또 생사문만 좋아하는 사람은 일을 벌이고 육근문 여는 것만을 좋아하는 경향이 있습니다. 입정처도 맛이 있고 생사문도 맛이 있지만 이 두 가지를 함께 가꾸어가야 대종사님의 제자이지 한 부분만 좋아하면 대종사님의 제자는 아닙니다.

과거는 어두운 시대이기 때문에 염불종, 선종, 교종, 정토종 등 여러 가지 중에서 한 부분만 단련을 해도 되었지만 앞으로 돌아오는 시대에는 한 가지만 편수를 해서는 안 될 것이라고 교의품 1장에서 밝혀 주셨습니다. 의료분야 역시 분업화, 전문화 되어 있지만 앞으로는 종합의학이 빛을 보기 시작할 것입니다. 진리를 활용하는 데 있어서도 진리의 전체를 다 활용해야지 일부분만 활용하는 것은 대종사님의 참된 제자는 아니라고 하셨습니다.

대종사님께서는 진리를 두 가지 면으로 대 전제하시고 「천지, 부모, 동포, 법률의 본원」이라는 말씀으로 진리와 우리의 관계를 말씀해 주셨습니다. 대종사님께서는 은혜를 내려주시는 우주만유의 종류를 네 가지로 나누어 주셨는데 그것이 곧 천지·부모·동포·법률입니다. 천지가 행하고 있는 도가 바로 모든 생령들에게 은혜를 주고 있고 부모, 동포, 법률의 도 역시 마찬가지입니다. 그런데 그 도에서 나오는 은혜는 똑같습니다. 일원상의 진리의 '일원은 우주만유의 본원'이나 일원상 서원문의 '천지·부모·동포·법률의 본원'이나 같은 내용입니다. 우주만유와 나와의 관계를 밝히는 것하고 나와 관계없이 그냥 우주만유의 본원이다 하는 것하고는 크게 다르지 않습니까? 여기서 은혜를 느끼면서 본원을 알 수가 있습니다. 그래서 일원상 서원문은 우리들에게 용기와 희망과 큰 기쁨을 알려주는 법문입니다.

그리고 일원상의 진리에서는 「제불제성의 심인이요 일체중생의 본성」이라는 표현으로 제불제성과 우리 중생의 촌수를 나누어 놓았지만, 일원상 서원문에서는 '제불조사 범부중생의 성품'이라는 표현으로 제불제성과 우리 범부중생의 촌수를 하나로 묶어 놓았습니다. 이는 부처님, 대종사님의 성품과 우리의 성품이 같다는 말씀으로 우리에게 희망과 용기를 주신 것입니다. 부처나 중생이나 성품은 본래 하나입니다. 원래 부처다 중생이다 구분할 수 없습니다. 다만 다름이 있다면 마음 쓰는 것이 다를 뿐입니다. 한 생각 나기 전이 성품이고 거기에서 한 생각이

나면 마음입니다.

예를 들면 누군가 이 방안에서 '불이야!' 하고 외치면 모두가 똑같이 경계를 당하지만 사람마다 발하는 한 생각은 각각 다를 것입니다. '불이야!' 할 때 한 생각 내는 것을 사진 찍어 놓으면 모두 다를 것입니다. 살려고 하는 그 마음은 같을 수 있지만 행동은 제 각각 다르게 나타납니다. 자기만 살겠다고 아우성치는 사람도 있을 것이고 옆 사람과 함께 나가려고 하는 사람도 있을 것입니다. 각각 챙겨서 가지고 나가려는 물건들도 다를 것입니다. 그래서 '일원상의 진리'에 보면 돈공한 자리로서 공적영지의 광명을 따라 맨 먼저 분별이 나온다고 하셨습니다. 이 분별하는 마음이 우리들의 행동을 가져 오고 결국 팔자를 만듭니다.

『정산종사법어』 원리편 12장에 「정신은 성품과 대동하나 영령한 감이 있는 것이며, 정신에서 분별이 나타날 때가 마음」이라는 말씀이 있습니다. 영령한 알음알이가 있기에 마음이 온갖 조화를 부리는 것입니다. 마음이 울었다 웃었다 좋았다 나빴다 미워했다 여러 가지 형태의 조화를 부릴 수 있는 것은 성품에 깊아 있는 영령한 알음알이의 정신 기운 때문입니다. 그래서 수양을 할 때 마음수양이라고 하지 않고 정신수양이라고 하신 것입니다. 그래서 일원상 서원문에서는 제불제성과 중생의 구분 없이 결국 하나라는 것을 말씀해 주신 겁니다.

「제불조사 범부중생의 성품으로」까지는 관계를 밝혀주신 것이고, 그 다음으로 '능이성유상'能以成有常과 '능이성무상'能以成無常을 말씀해 주셨는데, 이것은 입정처와 생사문을 다시 설명해 주신 것입니다. 유상하다는 것은 변하지 않는 것으로 입정처입니다. 그래서 입정처의 원리를 다시 상주불멸로 여여자연하다는 유상으로 표현해 주셨습니다. 그런가 하면 무상하다는 것은 변하는 것으로 생사문의 기능입니다. 바로 뒷부분에 변하는 걸 아주 자세히 설명하신 것입니다.

우주는 성주괴공으로 변화하는데 한 바퀴를 완전히 돌아 제자리로 오면 이를 일대겁一大劫이라고 합니다. 따라서 지금은 주세불이 나오신 도수로 공겁空劫의 마지막이요 성겁成劫의 시작입니다. 우주 안에 있는 만물도 생로병사로 변하는데 사가 있으면 반드시 다시 생이 옵니다. 이것은 순환을 의미하는데 믿어지나요? 믿어야 합니다. 결국 깨닫고 보면 잊을래야 잊을 수가 없고 버릴래야 버릴 수가 없고 놓을래야 놓을 수 없습니다. 그러나 깨닫지 못한 믿음은 경계 따라서 잊어버리기도 하고 형편 따라서 놓아버리기도 합니다. 믿음과 깨달음의 차이가 거기 있습니다. 어떤 일에 있어 입정처의 원리로 영원불멸하고 생사문의 원리로 순환무궁 하는 것을 확실히 손에 쥐어버리면 의식의 대변화가 올 수 있습니다.

만물은 생로병사로 변화한다고 설명을 하셔도 될 텐데, 만물 가운데 사생四生에 대한 부분을 자세히 언급하셨습니다. 사생은 태胎·란卵·습濕·화化를 말하는 것으로 만물 가운데 영혼이 있으면 이 네 가지 형태로 몸을 받게 됩니다. 그런데 사생은 심신작용을 따라 육도六道로 변화를 시킨다고 하셨습니다. 이는 조상이나 어느 신이 내 팔자를 좌지우지 하는 것이 아니라 각자 자신이 자기의 조물주임을 밝혀주신 말씀입니다. 또한 심신작용을 따라 진급 혹은 강급, 은생어해 혹은 해생어은으로 전개되기 때문에 업을 지을 때는 은혜를 심고 업을 받을 때는 달게 받아 감사하고 참회를 해야 합니다.

무량세계無量世界는 헤아릴 수 없는 세계로 두두물물頭頭物物의 모습, 빛깔, 기능이 서로 다른 각양각색의 세계입니다. 변하지 않는 유상으로만 보는 사람은 변하게 되면 슬퍼하고 또 변하는 무상으로만 보는 사람은 변하지 않는 이치를 몰라 무정물같이 되어 버립니다. 그러므로 무량세계를 볼 때 유상과 무상 양면으로 볼 줄 알아야 합니다.

일원상 서원문의 원래 제목은 '심불일원상내역급서원문'이었습니다. 그래서 대산 종사님께서는 『정전대의』에서 '일원상 서원문은 심불전心佛前에 불과佛果를 얻으려는 간절하고도 지극한 원으로써 법계에 서약을 올리는 글'이라고 설명을 해 주셨습니다. 그 말씀을 받들기 전에는 일원상 서원문을 그냥 노래하듯이 외우곤 했는데, 대산 종사님께 이 법문을 받들고 나서는 더욱 간절한 염원이 생기고 공부의 기점을 잡는 데도 도움이 되었습니다. 여러분들께서도 일원상 서원문을 공부할 때 참고하면 큰 도움이 될 것입니다.

제가 학교에서 일원상 서원문을 배울 때는 앞에서 이야기한 「일원은 언어도단의 입정처이요~무량세계를 전개하였나니」까지를 배우는데 한 학기가 걸렸습니다. 그런데 대산 종사님께서는 일원상 서원문을 강의하실 때 앞에서와 같이 제목을 간단하게 풀이해 주시고는 곧바로 '우리 어리석은 중생은 이 법신불 일원상을 체 받아서' 하는 부분으로 가서 가르쳐 주셨습니다.

「일원은 언어도단의 입정처이요~무량세계를 전개하였나니」까지는 한 마디로 일원상의 진리, 일원상의 신앙을 설명한 부분입니다. 이 부분을 알아야 체받는데 정성도 생기고 다른 길로 빠지지 않을 텐데 대산 종사님께서는 이 부분을 생략하시고 바로 일원상 수행에 대해 설명을 하셨습니다.

그럼 이제 「이 법신불 일원상을 체받아서」부터 살펴보도록 하겠습니다. 먼저 「우리 어리석은 중생은」이라고 말씀을 하셨지요? 여기에서 우리는 누구이고 중생은 누구를 가리키는 말일까요? 이 부분에 대해서는 여러분들 각자 스스로 생각 해보시기 바랍니다.

『정전대의』 '일원상 서원문' 수행修行 부분을 살펴보겠습니다.

○ 일원상으로 견성성불見性成佛의 화두를 삼고 늘 혜두를 단련하여 대지혜력으로써 청정법신불을 찾아 알 것이요. (견성見性) 불여만법위려자시삼마不與萬法爲侶者是甚麽
○ 일원一圓으로 일상 수행의 표본을 삼고 늘 수행에 적공(닮아가는 공부)하여 대정진력으로써 원만보신불을 이룰 것이요.(내 것으로 만듦)
○ 일원 즉 사은一圓卽四恩에서 죄복이 나오는 것을 실질적으로 신봉하고 늘 산 불공을 직접 올리는 대실천력으로써 백억화신불을 나툴 것이다.(베풀어 나타냄)

이 법문을 받들 때 생각보다 좀 싱겁기도 하고 일원상 서원문과도 잘 연결이 안 된다는 생각이 들어서 불평도 하고 의견을 내기도 했습니다. 그랬더니 대산 종사님께서 "교의품 8장을 봐라. 거기에 답이 다 나와있다. 한번 찾아서 봐라."하셨습니다.

「대종사 말씀하시기를 공부하는 사람들이 현묘한 진리를 깨치려 하는 것은 그 진리를 실생활에 활용하고자 함이니 만일 활용하지 못하고 그대로 둔다면 이는 쓸 데 없는 일이라, 이제 법신불 일원상을 실생활에 부합시켜 말해 주리라. 첫째는 일원상을 대할 때마다 견성 성불하는 화두話頭를 삼을 것이요, 둘째는 일상생활에 일원상과 같이 원만하게 수행하여 나아가는 표본을 삼을 것이며, 셋째는 이 우주 만유 전체가 죄복을 직접 내려주는 사실적 권능이 있는 것을 알아서 진리적으로 믿어 나아가는 대상을 삼을 것이니, 이러한 진리를 아는 사람은 일원상을 대할 때마다 마치 부모의 사진 같이 숭배될 것이니라.」

『대종경』 교의품 8장의 말씀입니다. 대산 종사님께서는 여기에 불교의 삼신불三身佛 교리를 더하여 설명을 해주셨습니다. 그런데 오히려 더 어려워진 느낌이 들었습니다. 불교학에 나오는 삼신불 교리가 상당히 복잡하다는 생각이 들었습니다. 그런데 알고 보니 우리 교리와 삼신불을 연결시켜 손에 확실하게 쥘 수 있도록 해 주신 말씀이었습니다. 나중에 불교사전을 다시 쓰라고 하면 쓸 수 있을 것 같다는 생각도 들었습니다. 예컨대 불교의 52계위는 우리의 법위등급에 해당한다고 할 수 있는데, 대종사님께서 이렇게 간명하게 해놓지 않으셨으면 우리는 마음이 부활이 되는지 강급을 하는지 알 수가 없어서 공부길 잡기가 힘들었을 것입니다.

청정법신불 자리란 한 생각 내기 이전 자리입니다. 바로 대 자리입니다. 그 자리를 보았다는 것은 깨달았다는 것입니다. 두두물물의 뿌리를 알았다는 것이고, 두두물물의 형형색색에 속지 않는다는 것입니다. 이 자리를 알면 곧 만법귀일의 이치를 알았다고 할 수 있습니다.

그러면 청정법신불을 깨닫고 대 자리를 본다는 것과 일원상 서원문에 나오는 '사리를 원만하게 아는 것'과는 어떤 관계가 있을까요? 청정법신불과 대 자리에는 왜 일 사事 자가 빠진 것일까요? 청정법신불에 바탕한 대소유무의 이치를 아는 것을 우리는 성리대전性理大全이라고 합니다. 그래서 대산 종사님께서 '성리대전의 의미로 받아들이라.'고 하셨습니다. 그렇게 되면 이 세상이 대소유무의 이치로 건설되고 시비이해로 운전해 가는 것이니 이무애사무애理無礙事無礙가 모두 토가 떨어집니다.

그러면 청정법신불을 표본으로 삼아서 원만보신불이 되었다는 것은 무슨 의미일까요? 그것은 3분의 1 보신불, 3분의 2 보신불이 아니라 3분의 3 보신불이 될 때 원만보신불이 되었다고 보신 것입니다. 이 법문은 대산 종사께서 내장산에 가셨을 때 하신 '내장삼신불'이라는 제목의 법문으로 『대산종사 법어』'법위편'에 잘 나와 있습니다.

「청정법신淸淨法身 비로자나불毘盧遮那佛은 시방세계에 꽉 차 있다. 화화초초개시청정불花花草草皆是淸淨佛인 것을 보면 견성이고 여래자리다. 그러므로 그 자리를 내가 내장해야 한다. 또 원만보신 노사나불圓滿報身盧舍那佛 이 있다. 우리의 법위가 삼급 삼위가 있는데 보통급의 입문入門을 거쳐 특신급에 가면 교선敎選으로 내장이 되고, 출가위에 오르면 원정사圓正師로 내장이 되며, 여래위에 오르면 대원정사大圓正師로 내장이 된다. 그와 같이 청정법신불을 원만히 갖추면 원만보신불이 된다. 그렇지 않으면 십분의 삼, 십분의 오, 십분의 팔 정도의 편화신불偏化身佛밖에 못된다. 원만보신불은 삼위 삼급이 꽉 차야 한다. 각자 생각해 보라! 또 백억화신불百億化身佛은 교무들이 대종사님께서 가르쳐 주신 바를 그대로 배워 교도들에게 그대로 나토는 것을 말한다. 그것이 교무화신敎務化身이고, 부처님화신이고, 대종사님화신이다. 그러므로 청정법신불을 보는 것은 견성이고, 원만보신불이 되는 것은 성불(成佛)이고, 백억화신을 나토는 것은 제중濟衆이다. 견성·성불·제중이 삼신불의 여래장如來藏을 살려냄이 된다.」

우리 교리 가운데는 얼마나 보신불이 되었는지 그 정도를 측정해 볼 수 있는 곳이 있습니다. 바로 법위등급입니다. 청정법신불을 표본으로 삼고 수행을 해서 얼마나 그 자리를 회복하고 얼마나 보신불이 되었는가 하는 정도를 가늠해 볼 수 있는 곳이 법위등급이라고 설명을 해주셨습니다.

일원상 서원문에서는 삼대력을 기점으로 삼으셨다면 『정전대의』에서는 견성·성불·제중을 기점으로 잡으셨습니다. 일원 즉 사은에서 죄복이 나온다는 것은 취사이며 심신작용입니다. 심신작용과 취사의 기점은 결국 보은에 두어야 합니다. 남을 괴롭게 해놓고도 자신은 편안히 있으면서 심신을 원만하게 사용했다고 착각하면 안됩니다. 심신을 원만하게 사용하는 것은 보은을 중심으로 생각을 해야 하고, 심신을 원만하게 수호하는 것은 자기 자신을 지키는 것을 중심으로 생각해야 합니다.

그동안 교단생활을 통해서 제가 경험한 바에 의하면 학생 시절에 희생심이 많고 봉사심이 남달랐던 사람들이 교화도 잘하는 것을 볼 수 있었습니다. 연단에서 설교하는 실력이 좀 모자라도 결국 교화현장에서는 실천이 더 중요합니다. 실천의 종교가 되려면 첫째도 둘째도 백억 화신불을 나투는 보은행을 해야 합니다.

예전에 그다지 설교를 잘하지 못하는 교무님 한 분이 있었습니다. 그런데 전해오는 이야기를 들어보니 신기하게도 그 교무님의 설교를 면장이나 국회의원도 좋아라하며 듣는다고 했습니다. 그러던 어느 날 그 교무님이 구타원님께 찾아와서 교당 신축불사에 도움을 주실 것을 간청했답니다. 그때 구타원님은 전해들은 이야기가 생각이 나서 시험을 해보려고 계문을 새기면 도와주겠다고 하셨답니다. 그랬더니 그 교무님께서는 불사를 이루려는 간절한 마음에 그 자리에서 계문을 새겼답니다. 마음에 사량 계교가 전혀 없었던 것입니다. 결국 구타원님이 그 마음에 감복해서 그 교무님에게 유례없이 많은 돈을 후원하셨답니다. 중구교당 불사 때도 신심 장한 교도님 한 분이 "누가 내 뺨 한 대 때리고 만 원을 준다고 하면 기쁘게 맞겠다."라고 했습니다. 교당을 짓겠다는 간절한 보은의 마음이 심신작용의 기점이 된 것입니다.

다음은 『정전대의』 '일원상 서원문' 중 '합일'과 '결어'에 대해 살펴보도록 하겠습니다.

○ 합일合一
  마음에 사사邪私가 끊어지면 일원의 위력을 얻고, 마음에 망념이 쉬면 일원의 체성體性에 합일한다.(일원과 둘이 아님)
• 여천지합기덕與天地合其德 여일월합기명與日月合其明
• 여사시합기서與四時合其序 여귀신합기길흉與鬼神合其吉凶
○ 결어結語
  이 서원은 자신과 법신불 간에 불과佛果를 서약한 것이니 그 지극한 원력이 시방에 충만하면 대불과大佛果를 얻게 되어 결국 천지 같은 무궁한 도덕을 갖아서 한량없는 광명과 수명과 덕행을 갖추게 된다. 그러므로 삼세제불이 다 최초 서원 일념으로 부처를 이룬 것이며, 이 서약문이 바로 불조佛祖가 되려는 서약서인 것이다.

바쁠 때는 일원상 서원문 제일 마지막 부분인 「일원의 위력을 얻도록까지 서원하고 일원의 체성에 합하도록까지 서원함」만 읽기도 했습니다. 저는 대산 종사님께서 「일원의 위력을 얻는다.」는 것을 '사사私邪가 끊어지면 위력을 얻는다.'고 설명해 주시니까 간단명료하게 이해가 되었습니다. 기도를 욕심으로 하면 위력을 얻을 수가 없습니다. 사 없는 보은만큼 큰 기도가 없습니다. 위력을 얻는 가장 빠른 길은 보은입니다. 보은하지 않으면서 성불하게 해달라고 기도하고 위력을 얻게 해달라고 기도만 한다면 지름길을 놔두고 멀리 둘러가는 것입니다.

예전에 대산 종사님을 가까이 모시고 있을 때의 일입니다. 어느 날 대산 종사님과 함께 담 쌓는 일을 하는데 "이 일의 공덕이 조금이라도 있으면 그 공덕을 어머니 천도를 위해 올리겠습니다." 하고 기도를 하신 뒤 작업을 하셨습니다. 우리는 이처럼 보은을 하면서 위력을 원해야 합니다.

「사사가 끊어지면 위력을 얻는다.」는 가르침을 확실히 체험해야 합니다. 그러면 생활의 기점이 달라집니다. 주어진 자기 팔자대로 사는 사람은 못난 사람입니다. 일원의 위력으로 살아야 합니다. 교운을 타고 산다는 것은 바로 위력을 얻고 사는 것입니다. 전무출신을 하면서도 사사롭게 살면 샛길로 빠지고 맙니다. 어느 곳에 가든지 사 없이 살면 가는 곳마다 위력을 얻을 수 있습니다. 교무님들이 교화현장에서 기적 같은 일을 많이 이뤄내는 이유가 바로 여기 있습니다. 만일 위력이 얻어지지 않는다면 사사로움이 있는 것은 아닌지 점검을 해봐야 합니다. 「망념妄念이 쉬면 체성에 합한다.」는 것은 아침 좌선을 해보면 알 수 있습니다. 아침 좌선을 해보면 망념이 얼마나 많은지를 알 수 있습니다.

'결어' 1번부터 10번까지의 내용은 일원상 서원문 가운데 「일원은 언어도단의 입정처이요~무량세계를 전개하였나니」까지의 내용을 설명해 주신 것입니다. 마지막 10번 '원상圓相의 이명異名' 인 법신불法身佛, 신여眞如, 여래如來, 하나님, 무극無極, 상제上帝, 법왕法王, 심군心君, 본심本心, 천지모天地母가 모두 일원의 다른 이름임을 한 손에 탁 쥐도록 쉽게 알려주신 것입니다. 특히 신神을 해석해 주시면서 둘이 아니라 하나라는 의미에서 '하나님' 이라고 말씀해 주셨습니다. 하늘에 계신 존재로서의 '하느님' 이 아니라 둘이 아닌 하나라는 의미에서의 하나님으로 표현해 주신 것입니다.

『대종경』 요훈품 45장을 보면 「그 마음에 한 생각의 사私가 없는 사람은 곧 시방 삼계를 소유하는 사람이니라.」는 법문이 있습니다. 『정산종사법어』무본편 48장, 공도편 15장에도 같은 내용이 나옵니다. 망념이 쉰다는 것이 원만구족의 체가 된다면 사사가 끊어진 것은 지공무사의 체가 됩니다. 즉 육근을 사용할 때에 원만구족 지공무사가 표준이 된다는 것은 망념이 쉬고 사사가 끊어진 생활을 한다는 것입니다.

일원상 서원문 마지막 부분을 보면「위력을 얻도록까지 서원하고 일원의 체성에 합하도록까지 서원함.」이라는 구절이 있습니다. 물러서지 않고 부지런히 정진하면 됩니다. 위력을 얻는다는 것은 은혜를 입는 것, 타력을 빌리는 것을 말합니다. 또 체성에 합한다는 것은 본래 내 본원에 계합하는 것으로 자력을 계발하는 것을 말합니다. 위력을 얻고 체성에 합하면 자신할 만한 자력과 타력을 얻게 되어 심신을 마음대로 수호하고 사용할 수 있습니다. 사사가 끊어지면 위력을 얻게 되고 망념을 쉬면 체성에 합할 수 있습니다. 그런데 과연 우리에게 그 위력을 얻고 그 체성에 합하는 날이 오긴 올까요? 출가위는 불퇴전이라고 했는데 불퇴전이란 물러나지 않는다는 말씀입니다. 또 출가위를 다른 말로 '부지런 딴딴' 이라고도 하셨습니다. 의식이 바뀌면 행동이 달라지고 행동이 달라지면 생활이 바뀌게 됩니다.

그래서 일원상 장에서는 '아! 이렇게 살아야지! 과거와 같이 살아서는 안 되겠구나!' 하는 한 생각만 일으키고 그 다음은 지극한 정성만 들이대면 됩니다.

08

일원상법어
一圓相 法語

○「이 원상圓相의 진리를 각覺하면 시방 삼계가 다 오가吾家의 소유인 줄을 알며, 또는 우주 만물이 이름은 각각 다르나 둘이 아닌 줄을 알며, 또는 제불·조사와 범부·중생의 성품인 줄을 알며, 또는 생·로·병·사의 이치가 춘·하·추·동과 같이 되는 줄을 알며, 인과보응의 이치가 음양상승陰陽相勝과 같이 되는 줄을 알며, 또는 원만구족圓滿具足한 것이며 지공무사至公無私한 것인 줄을 알리로다.」

이 내용 가운데 가장 자신 있게 아는 부분이 무엇인가요? 생각해 보시기 바랍니다. 「시방 삼계가 다 오가의 소유인 줄을 알며」라고 하셨습니다. 시방 삼계를 다 오가의 소유로 할 만큼 큰 살림을 하려면 그냥 다 놓아버려야 합니다. 모든 사람과 한 가족, 한 형제, 한 몸이 되려면 사사私邪를 모두 놓아버려야 합니다. 우주만물이 하나라는 것을 알려면 두두물물의 뿌리를 모두 알아야 합니다. 뿌리를 알면 처처불상 공부가 참 쉽습니다.

또 「제불조사와 범부중생의 성품인 줄을 알며」라고 하셨습니다. 여러분들께서는 이 말씀을 생활 속에서 실천할 자신이 있나요? 이 말씀은 우리에게 큰 희망을 가져다 주는 말씀입니다. 내 성품과 제불조사의 성품이 같은 줄 안다면 나를 포기할 수 있겠습니까? 자기불공을 쉴 수가 없습니다. 자기불공을 하다보면 과거의 업장을 절감할 때가 많지만 이 법문은 우리에게 언제나 큰 희망과 용기를 갖게 합니다. 우리의 뿌리를 꿰뚫어 볼 수 있게 해주기 때문입니다.

「생·로·병·사의 이치가 춘·하·추·동과 같이 되는 줄을 알며」라고 하셨습니다. 이것은 또 무슨 뜻일까요? 하루가 일생입니다. 아침에 눈 뜨면 사는 것이고 밤에 눈 감으면 죽는 것입니다. 매일 죽는 연습을 하는 것입니다. 잠 잘 때는 옆에서 욕을 해도 모릅니다. 고막이 터진 것도 아닌

데 못 들으니 반죽음 상태입니다. 하루를 일생으로 보듯이 생로병사를 춘하추동으로 보면 됩니다.

또 「인과보응의 이치가 음양상승과 같이 되는 줄을 알며」라고 하셨습니다. 여러 가지로 표현해 주신 것 가운데 하나를 자신 있게 잡아서 육근을 작용하는 데 표준삼아 활용한다면 나머지도 모두 해결할 수 있습니다. 잊었다가 가끔 생각했다가 하면 아직 내 것이 안 된 것입니다. 어떤 내용이든 하나를 확실하게 잡아서 씨름을 해야 합니다. 여기까지가 견성의 내용이라면 그 다음 작은 원상의 내용은 성불의 모습입니다.

○ 이 원상은 눈을 사용할 때에 쓰는 것이니
원만구족한 것이며 지공무사한 것이로다.

○ 이 원상은 귀를 사용할 때에 쓰는 것이니
원만구족한 것이며 지공무사한 것이로다.

○ 이 원상은 코를 사용할 때에 쓰는 것이니
원만구족한 것이며 지공무사한 것이로다.

○ 이 원상은 입을 사용할 때에 쓰는 것이니
원만구족한 것이며 지공무사한 것이로다.

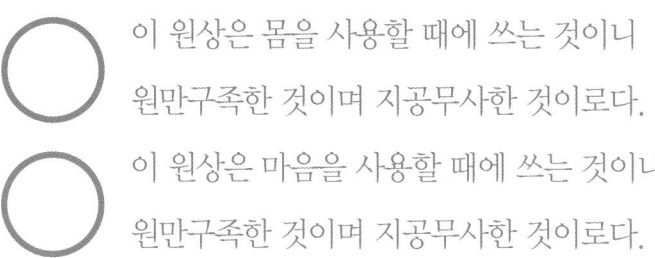
이 원상은 몸을 사용할 때에 쓰는 것이니
원만구족한 것이며 지공무사한 것이로다.
이 원상은 마음을 사용할 때에 쓰는 것이니
원만구족한 것이며 지공무사한 것이로다.

『정전대의』에서는「원만한 눈이라야 다 볼 수 있고, 원만한 귀라야 다 들을 수 있고, 원만한 입이라야 다 말해줄 수 있고, 원만한 코라야 냄새를 다 분별할 수 있고, 원만한 몸이라야 다 응應 할 수 있고, 원만한 마음이라야 다 사랑할 수 있나니라.」고 하셨습니다. 이 말씀은 바로 견성한 분의 원만한 육근활용을 표현한 것입니다.

예컨대 몸이 불편하면 계단이 있어도 이용할 수 없습니다. 응할 수가 없는 것입니다. 몸도 원만해야 다 응할 수 있고 마음도 원만해야 다 사랑할 수 있습니다. 왜 사랑이라고 하셨을까요? 유행가에 흔하게 나오는 그런 사랑일까요? 일체가 다 자기 것이기 때문에 사랑하지 않을 수 없다는 것입니다. 자기를 학대하면서 다른 사람을 사랑하자는 것이 아닙니다.

대산 종사님께서는 '정사正邪, 공사公私의 표준' 이란 법문을 통해서 지공무사의 표준을 말씀해 주셨습니다. 공정公正을 선공후사先公後私, 지공무사至公無私로 풀어주셨습니다. 지공무사는 '내 본위' 가 아니라는 것입니다.

어떤 일을 하고 나서 반조해 보면 '나'란 것이 조금 들어 있을 때가 있습니다. 그렇기 때문에 출발할 때부터 지공무사로 나를 놓고 시작하라고 하신 것입니다.

'전무출신'專務出身에서 출신은 '몸을 벗어난다.'는 뜻입니다. 몸을 벗어난다는 것은 곧 '나를 놓고 비우라'는 말씀입니다. 그런데 나를 놓고 비운다는 것이 생각보다 쉽지 않습니다. 무슨 일을 해놓고 그럴 듯하게 설명을 하지만 '나'라는 상이 들어 있을 때가 많이 있습니다. 지공무사는 '나'가 없다는 것인데 그러기 위해서는 아상이 떨어져야 가능합니다. 그런데 아상을 떼기가 가장 어렵습니다. 중생상, 수자상, 법상, 비법상, 비비법상 중 가장 깊은 곳에 아상이 있습니다. 아상, 중생상, 수자상의 순서로 말하니까 아상을 가장 극복하기 쉽다고 생각하는 사람이 많습니다. 그러나 아상은 모든 상을 일으키는 근본적인 상이기 때문에 가장 극복하기가 어렵고 아상을 극복해야 나머지 상을 극복할 수 있습니다.

어떻게 하면 아상을 뗄 수 있을까요? 공심이 있으면 내가 놓아집니다. 『정산종사법어』 법훈편 17장에서는 「탐貪 진瞋 치痴를 대치하는 데 염廉 공公 명明 세 가지가 필요하나니, 청렴은 탐심을 대치하며, 공심은 진심을 대치하며, 명심은 치심을 대치하나니라.」고 하셨습니다.

또 『정산종사법어』 공도편 32장에서는 「사심私心이 공空하여야 공심公心

이 나고, 공심이 나야 단합이 되며, 단합이 되어야 시방을 화하는 참 주인이 되나니라.」고 하셨습니다.

09
게송
偈頌

「유有는 무無로 무는 유로

돌고 돌아 지극至極하면

유와 무가 구공俱空이나

구공 역시 구족具足이라.」

　게송도 대소유무로 나눠볼 수 있어야 합니다. 대 자리를 응해서 자성을 회복하고, 소 자리를 응해서 불공에 정성을 들이고, 유무 자리를 응해서 나를 변화시키고 개선시켜 나갈 수 있어야 합니다.

　구공은 대 자리, 구족은 소 자리로 볼 수 있습니다. 대종사님께서 성리품 31장에서 게송에 대해 말씀하시기를 「유有는 변하는 자리요 무無는 불변하는 자리나, 유라고도 할 수 없고 무라고도 할 수 없는 자리가 이 자리며, 돌고 돈다, 지극하다 하였으나 이도 또한 가르치기 위하여 강연히 표현한 말에 불과하나니, 구공이다 구족하다를 논할 여지가 어디 있으리오. 이 자리가 곧 성품의 진체이니 사량으로 이 자리를 알아내려고 말고 관조로써 이 자리를 깨쳐 얻으라.」고 하셨습니다.

이것은 묵식심통默識心通 즉 관조觀照로써 깨쳐 알라는 말씀입니다. 우리는 문자에 얽매이지 말아야 하고 실천이 중요하다는 것을 알아야 합니다. 강을 건넜으면 배를 버리라는 『금강경』 말씀과 같습니다. 게송을 화두 삼아서 진리를 체득하고 내 것 만드는 데 공을 들여야 합니다.

성주聖呪의 '만세멸도 상독로'萬世滅度常獨露는 유아독존 하는 그 자리를 새롭고 빠르게 분석해 주신 법문입니다. 그리고 '거래각도 무궁화'去來覺道無窮花는 '생로병사의 이치가 춘하추동의 이치' 와 같다는 내용과 상통합니다. 만세멸도 상독로는 만세에 다 멸도 되고도 멸도 되지 않고 홀로 딱 드러나 있는 그 한 물건을 표현하신 것입니다. 그래서 대산 종사님께서는 '성주의 뜻을 알면 성리를 본 사람이다.' 라고 말씀하셨습니다.

10 사은
四恩

공부의 요도가 내 안의 부처님께 공들이는 것이라면 인생의 요도는 바깥의 부처님께 공들이는 것입니다. 대종사님께서는 내 안의 부처에게 공들이는 것이 수행길이요, 바깥 부처에게 공들이는 것이 신앙길이라고 가르쳐 주셨습니다.

과거 부처님께서는 오랜 기간 동안 '인과'因果에 대한 말씀을 해주셨습니다. 그 내용이 『현자오복덕경』과 『업보차별경』에 잘 담겨져 있습니다. 그런데 대종사님께서는 사은 장에서 더욱 간단하게 인과에 대해 밝혀주셨습니다. 그것이 바로 보은을 하면 보은의 결과를 얻고 배은을 하면 배은의 결과를 얻는다는 말씀입니다.

『정산종사법어』원리편 40장에「음양상승의 도가 곧 인과의 원리인 바 그 도를 순행하면 상생의 인과가 되고 역행하면 상극의 인과가 되나니, 성인들은 이 인과의 원리를 알아서 상생의 도로써 살아가시나 중생들은 이 원리를 알지 못하고 욕심과 명예와 권리에 끌려서 상극의 도로써 죄업을 짓게 되므로 그 죄고가 끊일 사이 없나니라.」하신 말씀이 있습니다.

사은 신앙을 하기 위해서는 인과보응의 이치에 대해 토가 떨어져야 합니다. 잊으려고 해도 잊을 수 없고, 버리려고 해도 버릴 수 없고, 부정하려고 해도 부정할 수 없는 인과의 원리가 늘 내 마음과 내 손에 쥐어져 있어야 합니다. 그래야 사은 신앙을 깊이 이해할 수 있습니다.

사은에 대해 처음 공부할 때 은혜를 알고 느껴야 보은을 할 것 같아서 '피은의 강령'과 '피은의 조목'을 늘 외웠습니다. 그런데 『정전대의』를 공부하고 나서는 '피은의 도'를 아는 것이 참으로 중요하다는 것을 더욱 크게 느낄 수 있었습니다. 대종사님께서 보은을 하려면 먼저 피은된 도를 체 받아서 실행하라고 하셨기 때문입니다.

천지, 부모, 동포, 법률 보은의 강령을 보면 그 도를 체 받도록 하셨습니다. 사은의 도를 체 받는 것이 바로 '보은'이라는 말씀입니다. 즉 천지에 대한 도통을 해야 천지 보은을 잘할 수 있고, 부모에 대한 도통을 해야 부모 보은을 잘할 수 있습니다. 이러한 말씀은 대종사님께서 대오분상大悟

分上에서 해주신 법문이라고 생각됩니다. 당위성에 의해서 그렇게 하지 않으면 안 되니까, 혹은 그렇게 하면 이익이 있으니까 그렇게 하라고 하신 말씀이 아닙니다. 근본적인 도를 깨닫고 보면 보은을 하지 않을 수 없기 때문에 '도를 체 받으라'는 것입니다.

저는 도를 체 받는다는 말씀을 『정전대의』를 공부하면서 비로소 자각했습니다. 그래서 도를 체 받는다는 법문을 대산 종사님께서 해주신 줄 알았는데, 후에 『정전』을 보니 사은 모두 도를 체 받게 되어 있었습니다. 그 뒤로 도를 체 받으라는 부분에 밑줄을 긋고 공부를 했습니다.

솔직히 말하면 우리는 도통부터 해야 합니다. 도통을 하면 인과보응의 진리를 알 수 있습니다. 저는 도통을 하기 위해서 '피은의 강령'과 '피은의 조목'을 모두 외웠습니다. 외우느라 애는 좀 썼어도 다 외우고 나니까 사은의 은혜를 실감할 수 있었습니다.

사은 사요 삼학 팔조는 대종사님께서 변산에 계실 때 원기 5년에 내려주셨습니다. 일원상 장보다 훨씬 먼저 내려주신 법문입니다. 그중에 사은은 외우기 좋고 이해하기 쉽게 피은의 강령, 피은의 조목, 보은의 강령, 보은의 조목, 배은, 보은의 결과, 배은의 결과 이렇게 7가지로 나눠서 설명을 해주셨습니다.

먼저 피은의 강령을 보면 '대범'으로 시작되는 단락이 나오는데 그 부분을 유념해서 잘 살펴보시기 바랍니다. 네 가지 은혜의 강령을 알고 보은하기 쉽도록 잘 설명을 해 주셨습니다.

천지 피은의 강령에서는 우리가 천지에서 피은된 은혜를 천지 8도로 자세히 밝히고 있습니다. 한 교도님이 기독교인과 하느님에 대해 대화를 하던 중 "우리는 하느님의 은혜를 여덟 가지로 자세히 밝히고 있다."고 하셨답니다. 천지 8도는 바로 이 하느님의 은혜를 아주 구체적으로 설명해 주신 내용이기 때문입니다.

부모 피은의 강령에서는 우리가 부모님께 입은 은혜를 크게 세 가지로 밝혀주셨습니다. 그 첫째는 낳아 주신 은혜입니다. 그런데 낳아주신 은혜는 '자연의 공도'라고 하셨습니다. 인간만이 아니라 사생이 다 그렇다는 것입니다. 오히려 더 큰 은혜는 무자력할 때 길러 주시고 가르쳐 주신 은혜라고 보신 것입니다. 부모가 행한 도 가운데 가장 큰 도를 '무자력자無自力者 보호의 도'로 밝혀주신 것입니다.

동포 피은의 강령에서는 '자리이타'自利利他를 가장 큰 도로 보셨습니다. 동포들이 자리이타의 도를 행하는 가운데 덕이 나와서 그 은혜로 우리가 살게 된 것이라고 보신 것입니다. 법률 피은의 강령에서도 마찬가지입니다. 인도정의의 공정한 법칙으로 우리가 입법하고 치법을 하니 그 도로써 우리가 덕을 입게 되고 그 은혜로 살게 된 것이라고 보신 것입니다.

이러한 천지의 도, 부모의 도, 동포의 도, 법률의 도를 잊어버리지 않으면 도통한 것이고, 책을 봐야 알 정도면 아직 도통은 못한 것입니다. 이처럼 사은님이 근본적으로 행하는 도를 따라 나오는 덕으로 우리가 살고 있으므로 일상생활 속에서 우주만유 일체에 감사해야 합니다. 내가 좋아하는 사람에게만 감사하는 것이 아니라 천지, 부모, 동포, 법률, 일체 우주만유 무량세계에 다 감사를 해야 합니다.

　심고와 기도는 법신불 사은 전체에 불공하는 것입니다. 하감과 응감을 기원하고 당처 당처에 불공하는 것입니다. 그러면 오만할 수 없습니다. 겸손할 수 밖에 없습니다. 감사 잘하는 사람이 불공 잘하는 사람입니다. '감사합니다. 감사합니다.' 하고 입으로라도 자꾸 하면 행동으로 보은하게 됩니다. 뼛속 깊이에서 나오는 감사는 보은을 하지 않을 수 없게 합니다.

　그런데 우리가 왜 보은을 해야 합니까? 사은님 좋으라고 보은을 합니까? 내가 복 받고 낙을 수용하기 위해 보은하는 것입니다. 그러므로 우주만유와 무량세계는 전부 복전입니다. 그래서 개체 신앙에서 전체 신앙으로, 타력 신앙에서 자타력 병진 신앙으로 가자고 말씀하신 것입니다. 그러므로 보은의 도를 확실하게 손에 잡아야 하고, 보은의 조목을 늘 잊지 않아야 합니다.

다윈의 적자생존이라는 생물학적 진화론은 정치적으로 이용되어서 식민 지배를 정당화 하는 도구가 되기도 했습니다. 반대로, 상부상조하는 원리를 아주 자세히 밝힌 학자도 있습니다. 그러나 우리 대종사님처럼 천지, 부모, 동포, 법률에 이르기까지 그 은혜의 관계를 자세히 밝히지는 못하였습니다.

법률 피은의 조목, 세 번째 조항을 보면 「시비이해를 구분하여 불의를 징계하고 정의를 세워 안녕질서를 유지하여 우리로 하여금 평안히 살게 함이니라.」라고 하셨는데, 이 말씀은 결국 불의를 제거하고 정의를 세우는 것을 '인도정의의 공정한 법칙'으로 보신 것이라고 할 수 있습니다.

또 부모 보은의 조목, 두 번째 조항을 보면 「부모가 무자력할 경우에는 힘 미치는 대로 심지의 안락과 육체의 봉양을 드릴 것이요.」라고 하셨습니다. 그런데 여기에 '부모가 무자력할 경우'라는 전제 조건이 달려 있습니다. 왜 그럴까요? 부모의 자력, 부모의 능력을 사장시킬 수 있기 때문입니다. 이 또한 대종사님의 자비 방편입니다.

부모 보은의 조목, 네 번째 조항에서는 「부모가 열반하신 후에는 역사와 영상을 봉안하여 길이 기념할 것이니라.」고 하셨습니다. 자녀가 부모님을 기리며 보은의 도리를 하라는 의미지만 더 깊이 생각해 보면 부모 스스로도 자신의 사후를 생각하여 자신의 인생을 더 귀하게 여기라는 말씀입니다.

  부모 보은의 조목에서는 '부모가 무자력할 경우'라고 하신 뜻을 깊이 새겨보아야 합니다. 또 부모 보은의 조목, 첫 번째 조항에 「공부의 요도 삼학 팔조와 인생의 요도 사은 사요를 빠짐없이 밟을 것」이란 조목을 넣어주신 것도 유념해야 합니다.

  동포 보은의 조목에서는 「초목금수도 연고 없이는 꺾고 살생하지 말 것」이라고 하셨습니다. 동포 간 은혜의 내역을 생각할 때 그럴 수밖에 없는 것입니다. 내 기분 따라 살생하고 꺾는 것이 아니라 특별한 연고가 있는 경우에만 부득이 해야 하는 것입니다. 이것은 일체 유정 무정 간에 다 적용해야 하는 말씀입니다.

  법률은의 경우에도 마치 체육 경기에서 규칙을 잘 지켜야 하는 것처럼, 개인이나 가정·사회·국가·세계를 다스리는 법률이 있으니 이를 잘 지켜야 한다는 말씀입니다. 그리고 이 법률은 인도정의의 공정한 법칙에 뿌리를 두고 있어야 합니다. 그렇기 때문에 법률을 지키는 것이 보은이 됩니다. 입법과 치법의 은혜에 보은을 하려면 먼저 법률을 배우고 그대로 실천해야 합니다.

  대종사님께서는 『정전』에 천지·부모·동포·법률에 대한 보은의 결과를 아주 자세히 밝혀주셨습니다. 그래서 이 보은의 결과만 읽어봐도 보은할 마음이 나도록 되어 있습니다. 대산 종사님께서는 『정전대의』에서 보은의 결과를 「지은보은의 도를 알아서 사은에 보은하면 불과를 얻는 동시에 자타간 천생만생千生萬生의 복문福門이 열린다.」고 하셨습니다.

응용무념하면 불과를 얻는 데 무슨 도움이 되고, 무자력자 보호를 하면 불과를 얻는 데 무슨 도움이 되는지, 자리이타의 불공을 하고, 법을 잘 지키고 보은을 잘하면 불과를 얻는 데 무슨 도움이 되는지, 즉 부처님의 인격을 갖추는 데 무슨 도움이 되는지 연마해 보시기 바랍니다.

대종사님께서는 보은의 결과만 밝히신 것이 아니라 배은의 결과도 밝혀 주셨습니다. 보은의 강령과 보은의 조목, 보은의 결과까지만 넣으셔도 되는데 왜 '배은의 결과'까지 넣어 주셨을까요? 대산 종사님께서는 『정전대의』에서 배은의 결과를 「사은의 지중한 은혜를 알지 못하고 살거나 설사 안다 할지라도 보은의 실행이 없으면 배은망덕이 되는 동시에 천사만사千死萬死의 화문禍門이 열린다.」고 하셨습니다. 참 무서운 말씀입니다. 금생에 짓지 않았는데 부모님의 은혜가 적거나 동포와의 인연이 좋지 않은 등 우연히 돌아오는 죄복은 다 배은에서 왔음을 알아야 합니다.

배은은 「피은·보은·배은을 알지 못하는 것과 설사 안다 할지라도 보은의 실행이 없는 것」이라고 하셨습니다. 배은의 결과는 보은의 결과와 반대겠지 하고 생각할 수 있는데 '배은의 결과'를 일일이 짚어주신 것은 우리가 아주 중요하게 새겨야 할 부분이라고 생각합니다. 우리가 천지 배은을 하면 어떤 벌을 받게 되고, 천지 보은을 하게 되면 어떤 보호를 받게 되는 지를 마음에 새기고 산다면 배은 보다는 보은을 더 하려고 노력할 것입니다. 그러므로 사은 장은 모두 다 외워야 합니다. 계문도 일단 외워야 더 유념해서 실천을 하게 되듯이 사은 장도 반드시 다 외워야 실천하기 쉽습니다.

그런데 저의 경우에는 사은 중에서 천지, 부모, 동포에게서 피은된 것은 알겠는데 법률에서 피은된 것은 체감이 잘 안 되었습니다. 우리들은 대체로 법률이라고 하면 국가 법률이나 성현들께서 내주신 도덕으로만 생각하기 쉽습니다. 그런데 대종사님께서는 법률을 「인도정의의 공정한 법칙」으로 보셨습니다. 그리고 법률에 보은하는 조목으로 수신하는 법률, 가정 다스리는 법률, 사회 다스리는 법률, 국가 다스리는 법률, 세계 다스리는 법률을 배워 행하라고 하셨습니다. 이렇게 말씀을 해 주시니 우리가 어떻게 법률에 피은이 되었는지가 확연해졌습니다. 우리들이 지키고 있는 계문도 법률 보은의 차원에서 지키라고 하면 좋을 것입니다. 이처럼 사은이면 안 녹는 것이 없는 것 같습니다.

『정산종사법어』 경의편 8장에 「대종사께서는 이 우주의 진리 가운데 상생의 도를 주로 드러내시사 우리가 네 가지 큰 은혜를 입고 사는 것을 밝혀 주시었나니, 그대들은 대종사의 상생 대도인 사은의 교리가 만 생령을 제도하는 가장 큰 길이며 사중보은의 도리가 이 세상을 평화롭게 하는 가장 큰 원동력임을 깨달을지니라.」하신 말씀이 있습니다. 사은은 세계 평화의 대도로서 세계 평화는 이 사은을 실천해야 가능하다는 말씀입니다.

『교리실천도해』'사중보은' 가운데 피은 부분을 보면「천지는 대시주은, 부모는 대자비은, 동포는 대협동은, 법률은 대보호은」이라고 표현해 주셨습니다. 그런데 보은은 어떻게 해야 할까요? 천지은에 보은을 하려면 무념보시를 하면 되는데 그 결과는 덕화만방이 된다고 하셨습니다. 부모은에 보은을 하려면 약자를 보호하면 되는데 그 결과는 삼세부모에게 보은이 된다고 하셨습니다. 동포은에 보은을 하려면 상부상조를 하면 되는데 그 결과는 공생공영하게 된다고 하셨습니다. 법률은에 보은하려면 준법지계를 실천해야 하는데 그 결과는 자유세계가 온다고 하셨습니다.

『정전대의』'사은 실천의 요지'를 살펴보겠습니다.

- 천지는 만물에게 응용무념으로 덕을 입혀주신 대시주大施主이시니 우리도 그 도를 체 받아서 무념보시를 하면 보은이 되는 동시에 우리가 곧 천지와 합일하여 덕화德化가 만방에 미칠 것이다.

- 부모는 우리가 무자력할 때에 자력을 얻게 하여 주신 대자비불이시니 우리도 그 도를 체 받아서 무자력한 약자(노유·병약)를 보호하면 보은이 되는 동시에 우리가 곧 사생의 부모가 되며 삼세의 대효大孝가 될 것이다.
- 동포는 우리에게 자리이타로써 대협동이 되었으니 우리도 그 도를 체 받아서 서로 돕고 북돋우면 보은이 되는 동시에 내가 곧 사생의 지친至親이 되며 일체 동포는 자연 공생공영할 것이다.
- 법률은 우리에게 지공무사한 법도로써 질서를 유지하여 편안히 살게 하여 주시니 우리도 그 도를 체 받아서 법규(法規=戒文)를 잘 지키면 보은이 되는 동시에 우리가 곧 세계의 법주가 되며 대자유세계가 될 것이다.

대산 종사님께서는 사은 보은의 결과를 단적으로「불과佛果를 얻는다.」고 밝혀주셨는데, 사은 실천의 요지를 보면 바로 불과를 얻는다는 말씀의 의미를 조금이나마 짐작해 볼 수 있습니다. 천지 보은을 하면 천지와 합일하여 덕화가 만방하니 곧 불과요, 부모 보은을 하면 사생의 부모가 되며 삼세의 대효大孝가 되니 곧 불과요, 동포 보은을 하면 사생의 지친이 되며 일체 동포가 공생공영을 하니 곧 불과요, 법률에 보은을 하면 세계의 법주가 되며 대자유세계가 되니 곧 불과입니다. 그래서 대산 종사님께서는 보은의 결과를 불과를 얻는다고 표현해 주신 것입니다.

⑪ 사요
四要

　대종사님께서는 『대종경』 부촉품 16장에 「나의 교법 가운데 일원을 종지로 한 교리의 대강령인 삼학 팔조와 사은 등은 어느 시대 어느 국가를 막론하고 다시 변경할 수 없으나, 그 밖의 세목이나 제도는 그 시대와 그 국가에 적당하도록 혹 변경할 수도 있나니라.」고 하셨습니다. 그런데 대종사님께서 말씀하신 변경할 수 없는 교리에 사요는 들어 있지 않습니다. 왜 그러셨을까요? 각자가 연마해 보시기 바랍니다.

　사은은 우주자연의 정칙입니다. 우주자연의 정칙은 변할 수 없습니다. 그 은혜를 입고 있는 인간이 올바르게 보은할 수 있도록 안내하는 것이 사요입니다. 사요의 사상은 한 마디로 평등사상입니다. 『교리실천도해』

10쪽 사요 실천을 보면 아래쪽에 '전반세계'氈盤世界 라는 말씀이 있습니다. 전氈자는 담요 전자이고, 반盤자는 소반 반자입니다. 소반은 반듯해야 합니다. 만일 한쪽으로 기울어져 있으면 국물이 엎질러지든지 접시가 미끄러집니다. 전반세계란 담요같이 푹신푹신하면서도 평평한 세계를 의미합니다. 전반세계는 대종사님께서 평등세계를 표현하기 위해 만드신 단어입니다.

『교리실천도해』 9쪽 '사중보은四重報恩의 결과'를 보면 '정의의 세계'情誼-世界라고 밝혀주셨습니다. 사중보은은 처처불상 사사불공 하는 것입니다. 그렇게 하면 정의의 세계가 된다는 말씀입니다. 다시 말해서 은혜를 느껴 보은하려고 애쓰면 정의가 넘치게 됩니다. 또한 사요실천을 통해 건설하려는 세계는 전반세계입니다. 모든 인류를 푹신푹신하고 평등한 세계에서 살게 하려면 '정의'가 함께 해야 합니다. 그래서 사은 사요는 인생의 요도입니다.

『교리실천도해』 10쪽 '사요실천'四要實踐 이라는 제목 아래 「자력 타력 아울러서 평등세계 이룩하자. 그래서 전반세계를 만들자.」고 되어 있습니다. 대종사님께서 생각하신 전반세계는 바로 이상적인 복지세계입니다. 즉 복지가 제대로 발달되고 구현된 세계라고 할 수 있습니다. 대종사님께서는 사요를 실천하면 인권, 복지, 도덕 등 모든 문제를 해결할 수 있다고 보셨습니다.

　하지만 사요 실천에서 유념해야 할 점이 있습니다. 대종사님께서 평등사상에 기반을 두고 보은하라고 하신 뜻은 원래 성품의 원리가 평등하기 때문이고, 우리가 은혜를 입을 때도 평등하게 입었기 때문입니다. 빈부·귀천·유무식·남녀·노소의 분별조차 없는 자리를 볼 줄 알아야 사요 실천이 됩니다. 그래야 누가 보든 말든 내 여건이 좋든 나쁘든 실천하지 않을 수 없게 됩니다.

　사요의 구성을 보면 강령, 과거의 결함된 점, 실천 조목 순으로 되어 있습니다. 먼저 강령을 밝히신 후 과거의 결함 조목과 미래 지향적인 실천 덕목으로 이루어져 있습니다. 그런데 자력양성만 '자력자로서 타력자에게 권장할 조목'이 하나 더 있습니다.

자력양성 自力養成

　자력양성의 강령은 그 핵심이 무엇일까요?「어리거나 늙거나 병들지 않았다면 자력을 공부 삼아 양성하라.」는 것입니다. 공부 삼으라는 말씀을 잊으면 안 됩니다. 개인이나 집단이나 자력을 공부 삼아 양성하도록 구조적 장치나 프로그램을 만들고 운용해야 합니다.

　대산 종사님께서는『교리실천도해』에서 '자력'을 세 가지 방면으로 말씀해 주셨습니다. 그 세 가지가 정신·육신·물질적 자력으로 다시 말하면 정신의 자주력, 육신의 자활력, 경제의 자립력입니다. 정신적인 자력에만 치중을 하면 자칫 나머지를 도외시하기 쉽기 때문에 분명하게 세 방면을 다 말씀해 주셨습니다.

사요 중 자력양성과 공도자 숭배의 지향점은 같습니다. 자력양성은 자력을 양성해서 힘 미치는 대로 다른 사람에게 베풀자는 것이고, 공도자 숭배는 공도자를 숭배하는 것은 물론이고 나도 공도 정신을 본받아서 공도에 헌신하자는 것이기 때문입니다.

그리고 일상 수행의 요법에도 「타력생활을 자력 생활로 돌리자.」는 조목이 있어서 일상 속에서 자력을 기를 수 있도록 해주셨습니다. 의뢰 생활을 자력 생활로 돌리자는 것입니다. 의뢰 생활을 하면 편안합니다. 그런데 거기에 맛을 붙이면 안 됩니다. 인과의 원리를 알면 의뢰 생활을 할 수가 없습니다. 보은의 도리를 생각해서도 의뢰 생활을 하면 안 됩니다.

사요를 실천할 때 인과의 원리에 기점을 두고 실천하면 훨씬 쉽습니다. 대종사님께서 원래 사요를 보은 도리로 안내하신 것이고 그래서 인과보응의 신앙문에 포함시킨 것입니다. 자력양성을 실천해갈 때 개인적으로는 의뢰 생활을 하지 않아야 합니다.

부모 보은의 조목을 보면, 「부모가 무자력할 경우에는 힘 미치는 대로 심지의 안락과 육체의 봉양을 드릴 것이요.」라고 하셨습니다. 부모도 자력이 있을 때에는 의뢰 생활을 하지 말라는 뜻입니다. 자력양성의 강령에서 「자력이 없는 어린이가 되든지, 노혼한 늙은이가 되든지, 어찌할 수 없는 병든 이」만 의뢰 생활을 해도 된다고 하셨습니다. 우리에게 자력이 없으면 타력을 빌릴 수밖에 없지만, 자력이 있는데도 의뢰 생활을 하면 자신의 복, 자신의 보물을 뺏기는 것과 같습니다. 사생 중 인간으로 태어난 우리는 무한한 가능성을 가지고 태어났습니다. 그래서 대종사님께서는 의뢰 생활을 지양하고 자력을 양성해서 모두가 평등하고 공생공영하는 행복한 낙원을 이루자고 하신 것입니다.

과거의 타력생활 조목을 보면 형제간의 상속, 장자와 차자의 차별도 말씀하셨지만 남녀차별에 대해서 상당히 많은 말씀을 하셨습니다. 그런데 남녀차별도 성리에 바탕해서 변화시켜야지 오기로 없애려 한다면 바람직하지 않은 결과를 낳을 수 있습니다. 성리로 풀어야 합니다. 무한한 가능성과 잠재력을 인정하고 접근해야지 투쟁적으로 해결하려고 하면 오히려 반발이 생겨서 해결이 어렵습니다.

대종사님께서 남녀차별이 심하던 그 시대에 전무출신 권장부인 정토에게 그 지위와 역할을 부여해 주신 것은 대단한 혁신입니다. 의무와 책임을 지지 않는 외형의 평등은 혼란만 일으키고 질서를 흐트러뜨립니다.

지자본위 智者本位

　대산 종사님께서는 '지자본위'를 실천하면 지식평등이 된다고 하셨습니다. 대종사님께서는 어떤 처지에 있든지 지자는 가르쳐야 할 의무와 책임이 있다고 하셨고, 배울 사람은 어떤 처지에 있든지 나보다 나은 사람에게 배워야 한다고 하셨습니다. 대종사님께서는 철저한 신분사회였던 시대에 양반이나 권력자를 본위로 한다거나 학벌이나 권위를 본위로 하지 않으셨습니다. 오직 지자를 본위로 한다고 하셨으니 놀라운 혁신입니다.

　『교리실천도해』 10쪽을 보면 스승을 도덕의 스승, 정사의 스승, 학술의 스승, 생활의 스승, 상식의 스승으로 밝혀 주셨습니다. 그렇다면 지자智者란 어떤 사람일까요? 늘 배우는 사람이 지자입니다. 대종사님께서는 '나의 스승은 너희들이다.'라고 하셨습니다. 마음의 스승을 많이 모시고 있는 사람은 늘 향상합니다. 대산 종사님께서도 만나는 사람마다 배우셨습니다. 정치인이 오면 정치에 대해서 배우고 과학자가 오면 또 과학에 대해서 배우셨습니다.

　공자님도 배우기를 좋아하셔서 아랫사람에게 배우는 것도 마다하지 않으셨다는 내용이 『논어』에 나옵니다. 지금은 혼자 책을 읽고 배우는 시대가 아닙니다. 늘 묻고 배우는 생활을 해야 합니다. 솔성요론에도 「사생 중 사람이 된 이상에는 배우기를 좋아할 것이요.」라는 조항이 있습니다. 대산 종사님께서는 지자본위를 잘하기 위해서 '오늘은 모르는 것을 배워서 알고 살았는가?'를 대조해야 한다고 하셨습니다.

『정산종사법어』경의편 9장에 「지자본위는 지와 우가 근본적으로 차별이 없으나 지자가 선도하게 하자는 것이 그 주지요.」라고 하신 말씀이 있습니다. 지자와 우자를 근본적으로 차별하자는 것이 아닙니다. 지우무별智愚無別인 성품의 원리에 따라 차별이 없지만 그때그때 지자를 선도자로 삼자는 것입니다.

현실을 보면 일시적으로 지자본위가 되지 않을 때가 있지만 길게 보면 결국 개선의 기회가 오고 지자본위로 가게 됩니다. 대중은 어리석지 않고 인지가 계속 발달하기 때문에 지자본위의 시대로 변화해 가면서 묵은 시대가 점차 새 시대가 되어 가는 것입니다.

『정전』지자본위의 조목을 보면 과거 불합리한 차별 제도를 5가지로 말씀해 주셨습니다. 지금도 그런 차별이 있습니까? 능력이 있는데도 기회를 주지 않는다면 차별이라고 할 수 있습니다. 남녀·노소·적서·종족의 차별이 없이 배울 것이 있는 사람은 다 스승이라고 하셨습니다.

여러분은 스승이 많으신가요? 가는 곳마다 배우기를 좋아하십니까? 솔성요론을 보면 배움에 관련된 조목이 3분의 1입니다. 인간은 무한한 가능성을 가진 동물이라고 할 수 있기 때문에 지자를 본위로 해서 도덕, 상식,

학문, 기술 등을 배워야 합니다. 가령 도자기 가마에 가면 흙은 어떻게 만지는가, 불을 땔 때는 어떻게 때는가 등을 배워야 합니다. 물론 우리가 불 땔 일도 없고 도자기 빚을 일도 없겠지만 대종사님께서는 당하는 곳마다 지자를 본위해서 배우라고 하셨기 때문에 배우기를 즐겨해야 합니다. 지자를 본위해서 계속 배워나가면 늘 깨어있을 수 있습니다. 그래야 개인과 사회가 늘 발전할 수 있습니다.

그러나 지자본위를 실천할 때 우리가 주의해야 할 점이 있습니다. 지자본위를 하라는 것은 무조건 많은 스승을 마음으로 모시라는 것도 아니고 족보에 올리라는 것도 아닙니다.『정전』지자본위의 조목을 보면,「이상의 모든 조목에 해당하는 사람을 근본적으로 차별 있게 할 것이 아니라 구하는 때에 있어서 하자는 것」이라고 하셨습니다. 즉 배우는 데 있어서 지자를 본위로 하라고 하신 것입니다. 이 부분을 유념해야 합니다.

타자녀 교육 他子女 敎育

대산 종사님께서는 타자녀 교육을 잘하면 교육평등이 된다고 하셨습니다. 타자녀 교육은 장학 사업에 협력도 하고 다른 사람의 자녀도 자신이 낳은 폭 잡고 가르치는 등 교육 진흥에 큰 밑받침이 되도록 하자는 것입니다. 개인적으로는「가르칠 줄 모르는 사람을 잘 가르치는 사람으로 돌리자.」는 것입니다. 모르는 사람은 아는 사람이 책임을 져야 합니다. 모른다고 야단을 칠 일이 아닙니다. 그런데 우리는 대체로 가르칠 때 야단부터 치고 가르치는 경우가 많습니다. 그것은 잘못된 방법입니다.

그러므로 대종사님께서는 일상 수행의 요법에 「가르칠 줄 모르는 사람을 잘 가르치는 사람으로 돌리자.」는 조목을 두어서 개인적으로 타자녀 교육을 할 수 있는 길을 제시해주셨습니다. 사실 우리는 가르치면서 많이 배우게 됩니다. 저도 이 시간을 위해 얼마나 연마했는지 모릅니다. 가르치는 것에는 글만이 아니라 일과 이치, 마음 쓰는 것 등이 다 포함됩니다.

그리고 사회적으로는 교육기관을 널리 확장하여 자타의 국한을 벗어나 모든 후진을 두루 교육함으로써 세상의 문명을 촉진시키고 일체 동포가 다 같이 낙원생활을 하자고 하셨습니다. 장학사업은 대종사님 당대부터 하나의 문화로 자리를 잡았습니다. 교단 초창기 어려운 시절에도 학원부터 세웠고 장학제도를 마련해 인재를 양성했습니다. 교단의 경제 수준과 비교를 해 볼 때 교육사업과 장학사업에 많은 투자를 했습니다.

과거에 교육기관이 편소했다는 것은 지역적으로나 양적으로 편소했다는 것으로 이해할 수 있습니다. 그런데 자타의 국한을 벗어나려면 어떻게 해야 할까요? 혈연이 어떻게 인연이 되는지를 알아야 하고 성리를 깨쳐야 합니다. 인과의 이치와 차별 없는 성리의 이치를 알아야 국한을 스스로 벗어날 수 있습니다.

원광학원 뿐만 아니라 원창학원도 사요정신에 바탕해서 교육사업을 하고 있습니다. 지금은 장학제도가 보편화되었지만 교단에서는 일찍부터 타자녀 교육을 했습니다. 따라서 우리도 누구나 힘 미치는 대로 장학회원이 되어야 합니다.

교단의 장학회원 1호, 2호, 3호가 모두 영산교당 교도입니다. 농촌교당의 교도들이 무슨 돈이 있어서 장학회원에 가입을 했을까 하고 알아보니 영산에 장학과수원이 있었는데 일을 하고 품삯을 받지 않으면 그 품삯이 장학회비로 송금되도록 한 것이었습니다. 노동으로 장학사업을 하신 것입니다.

공도자 숭배 公道者 崇拜

대산 종사님께서는 공도자 숭배를 잘 하면 생활평등이 실현된다고 하셨습니다. 공도자는 정신적인 공도자, 물질적인 공도자, 신체적인 공도자로 나눠볼 수 있습니다. 이 세 가지 방면을 다 갖춘 공도자도 있을 것입니다.

공도자 숭배의 강령을 보면 세계·국가·사회나 종교계에서 공도자 숭배를 잘하면 결국 세계·국가·사회나 종교를 위한 공도자가 많이 나오게 되리라고 하셨습니다. 그러므로 어느 조직이든 이기주의가 팽배하고 개인주의가 무성하면 그 조직이 공도자를 잘 모시지 않았다는 것을 알 수 있습니다. 인심은 자연히 권장하는 곳으로 흐르기 마련입니다.

그럼 공도자 숭배는 어떻게 해야 할까요? 『정전』의 공도자 숭배의 조목을 봅시다. 「첫째, 공도 사업의 결함 조목이 없어지는 기회를 만난 우리는 가정 사업과 공도 사업을 구분하여, 같은 사업이면 자타의 국한을 벗어나 공도 사업을 할 것이요.」라고 하셨습니다. 의식이 깨어 있으면 공도 사업을 하지 말라고 해도 아무도 모르게라도 하려고 할 것입니다.

공도 사업을 한 결과는 어떻게 될까요? 공도자 숭배의 조목 두 번째를 보면 알 수 있습니다. 「둘째, 대중을 위하여 공도에 헌신한 사람은 그 노력한 공적에 따라 노쇠하면 봉양하고, 열반 후에는 상주가 되어 상장喪葬을 부담하며, 영상과 역사를 보관하여 길이 기념할 것이니라.」고 하셨습니다. 대중을 위해 헌신한 사람을 그 공적에 따라 노쇠하면 봉양하고 열반 후에는 상장도 부담하고 길이 기념해야 합니다.

우리 교단은 현재 공도자 숭배 제도가 잘 정비되어 있는 편입니다. 원로들이 생활하고 있는 공간이나 식사, 의료 서비스 등이 아주 잘 갖추어져 있어 늘 감사합니다. 또 공도자의 열반 후에는 씨족, 종족, 남녀, 노소, 유무식을 물론하고 누구나 그 공적에 따라 똑같이 모시고 있습니다. 아울러 법강항마위 이상의 법력을 갖춘 공도자의 부모를 희사위에 올려서 숭배하고 있습니다.

　개인적으로는 일상 수행의 요법 9조에 밝혀주셨듯이 공익심 없는 사람을 공익심 있는 사람으로 돌리기 위해 노력하고, 체제적으로도 공도자를 숭배하는 제도적 정치를 마련해야 합니다. 그리하여 공도자를 숭배하는 정신이 전 지구촌으로 확산될 때 상없는 공도 헌신자가 많이 나오게 될 것입니다.

　대종사님께서 과거의 사당 제도를 과감히 개선하여 '영모전' 제도로 바꾸신 것은 대혁신입니다. 강하게 얽혀 있던 씨족 중심의 사회를 다 무너뜨리고 공도 헌신자를 사당에 다 같이 모셨습니다. 그리고 인종, 국가, 종교의 구별도 없이 일체생령까지 다 모십니다. 제사 지낼 때 모두 인연이 되고 업장이 소멸되어 진급하라고 그러신 것이 아닐까 생각합니다.

　공도자를 숭배하자는 것은 늙어서 자력이 없을 때만 숭배하자는 것이 아닙니다. 나이와 관계없이 공도에 헌신하는 사람을 숭배하자는 것입니다. 작은 보시라도 하신 분의 마음을 높이 사야 합니다. 당연한 것으로 여기면 공도자가 나오는 것을 막게 됩니다. 작은 보시심布施心을 키워서 좀 더 큰 보시심으로 발전할 수 있도록 도와야 합니다. 전무출신도 적은 용금이지만 공도사업에 보시해야 합니다. 자칫 내가 하루 종일 공도에 헌신한다는 생각으로 베푸는 것에 소홀할 수 있습니다. 조심해야 합니다.

『정산종사법어』 도운편 19장에 「물질 위주로 균등사회가 되겠는가. 공도정신이 골라져야 균등사회가 되고, 투쟁 위주로 평화 세계가 되겠는가. 은혜를 서로 느껴야 참다운 평화 세계가 되나니라.」라고 하신 말씀이 있습니다.

정산 종사님께서는 왜 이런 말씀을 하셨을까요? 두 딸을 동시에 결혼시키며 재산을 균등하게 나눠주었다고 합시다. 그러면 재산이 과연 균등하게 지속될까요? 그렇지 않을 것입니다. 시간이 갈수록 재산을 불리는 딸이 있는가 하면 소진하는 딸도 있을 것입니다. 지혜가 다르고 복이 다르기 때문입니다. 나눠줄 때 그 순간만 균등 할 뿐입니다.

도운편 19장 말씀은 많이 가진 사람은 될 수 있는 대로 나눠주려고 힘을 쓰고, 적게 가진 사람은 될 수 있는 대로 신세를 지지 않으면서 자기보다 더 적게 가진 사람에게 주려는 마음을 가져야 한다는 뜻으로 여겨집니다.

비록 공사라고 해도 지나치면 안 됩니다. 아무리 좋은 일이라도 과하면 안됩니다. 원중불이圓中不二라, 중도가 원만이고 원만이 중도입니다. 비록 공익심에서 발로한 것일지라도 중도를 잃지 않아야 공도정신이 구현되고 균등사회가 될 것입니다.

『정산종사법어』 경의편 9장에서도 「공과 사를 결함 없이 쌍전하되 공도를 우선하라.」고 하셨습니다. 자리이타 정신과 비슷합니다. 타자녀 교육도 내 자녀 교육을 그만두고 하라는 것이 아닙니다. 내 자녀와 타자녀를 같이 교육하되 국한 없이 교육하고 융통을 하자는 것입니다.

공도정신도 마찬가지입니다. 공도정신이 소비의식으로도 실현되어야 합니다. 식사도 과식하지 않으면 절약이 되고 결국 내가 절약한 만큼 다른 사람에게 베풀어집니다. 대종사님께서는 공익정신이 희미해진 이 시대에 이 땅에 오시어 구인선진님에게 자결까지 요구하시며 스스로를 포기하고 더 큰 자아를 발견하도록 하셨습니다. 성리에 바탕한 실천으로 모두를 광대무량한 낙원세계에서 더불어 살아갈 수 있도록 해주셨습니다.

우리는 인생을 어떻게 살아가야 할까요? 대산 종사님께서는 사은의 은혜를 깨달아 전 생령과 더불어 낙원을 수용하고 사요를 실천하여 전 인류가 공생공영하는 전반세계를 이룩하라고 하셨습니다. 사은 사요에 대해 좀 더 깊이 공부를 하려면 『대종경』 교의품 9장부터 17장까지, 『정산종사법어』 경의편 4장부터 12장까지를 참조하면 도움이 될 것입니다. 일생을 잘 사는 사람이란 사은에 보은하고 사요를 잘 실천하는 사람, 즉 전 인류와 함께 공생공영하는 사람이라고 할 수 있습니다.

우리가 추구하는 균등사회는 복지사회와는 좀 다른 측면이 있습니다. 복지로 물질적인 균등은 이룰 수 있을지 몰라도 정신적인 균등과 신체적인 균등을 이루기 어렵습니다. 대종사님께서는 그래서 자력양성을 말씀하셨습니다. 지자본위에서 지자의 범위도 도덕성만을 기준으로 하지 않으시고 일상의 시비이해에 이르기까지 그 기준을 넓혀서 말씀해 주셨습니다. 타자녀 교육도 자타의 국한을 벗어나 모두가 다 내 자손이라고 생각하고 교육을 하도록 하셨습니다. 균등사회도 서로 공도정신을 발휘해서 이뤄가야지 강제로 균등사회를 만드는 것은 일시적이라고 하셨습니다.

우리가 지향하는 낙원 사회, 낙원 국가, 불보살 도량이란 이 사요의 강령이 잘 실천되는 곳입니다. 지금 내가 일하는 일터가 불보살 도량인지 점검해 보아야 합니다. 사요는 자기가 직접 몸담고 있는 곳에서 불공을 하는 것입니다.

사은이 금수초목까지 보은의 대상으로 삼고 있다면 사요는 철저히 인간을 보은의 대상으로 한 불공법입니다. 사요란 사은 중 동포 보은불공이라고 할 수 있는데, 왜 동포 가운데 금수초목을 제외한 것일까요? 사요의 내용을 보면 하나같이 다 사람에게 보은불공하는 것입니다. 금수는 영혼만 있지만 사람은 각혼覺魂이 하나 더 있습니다. 각혼이 있기 때문에 깨달을 수 있습니다. 각혼은 민족이나 빈부나 지능에 따라 있거나 없는 것이 아닙니다. 인간이라면 누구나 다 가지고 있습니다. 성품이 정신으로 나타날 때 각혼이 역할을 합니다. 그런데 탐심·진심·치심이 들어 각혼의 회복을 방해하고 정신 기운을 흐립니다. 그래서 가려진 것만 치우면 각혼을 온통 회복할 수가 있습니다. 성품자리에서 보면 금수초목이나 사람이 다 같지만 알음알이가 온통 그대로 나타나는 것은 인간입니다.

삼학 팔조
三學 八條

    인생을 잘 사는 사람은 진리불공도 잘하고 실지불공도 잘하는 사람입니다. 따라서 자기불공은 불공의 기본이 되는 것입니다. 그런데 공부길을 잘 모르고 불공을 하게 되면 일시적일 수 있고 적중하지 않을 수도 있으며, 역효과를 낼 수도 있습니다. 대종사님께서는 개교의 동기에 밝혀주신 바 모든 중생이 파란고해를 면하고자 하면 진리적인 종교와 그에 따른 신앙이 있어야 한다고 하셨습니다. 그리고 사실적인 훈련이 뒷받침되어야 일체생령을 낙원으로 인도할 수 있다고 하셨습니다. 이렇게 원불교의 모든 교리는 개교의 동기로 이어지고 있습니다.

    먼저 삼학에 대해 살펴보도록 하겠습니다. 대종사님께서는 일체생령을 극락 보다는 낙원으로 인도하시고자 하셨습니다. 극락과 낙원은 의미가 다릅니다. 극락은 고와 낙을 초월한 자성극락을 의미하고 낙원은 영육쌍전 이사병행을 하며 혼자 즐기는 것이 아닌 일체생령과 함께 즐기는 공간을 말합니다.

사은 사요 신앙으로 불공을 잘하여 복을 증진하고 낙원의 인생길을 갈 수 있는데 이렇게 하려면 먼저 공부길이 바탕이 되어야 합니다. 이러한 공부길을 밝혀주신 부분이 바로 삼학입니다. 우리나라 속담에 '업은 애기 3년 찾는다'는 말이 있습니다. 이 말씀을 우리 공부와 연관시켜 생각해 보면 '자기 안에 보물이 있는데 이를 보지 못하고 밖에서 오랫동안 찾는다'는 뜻과 통할 것입니다. 우리가 찾는 공부길은 밖에 있는 것이 아니라 바로 내 안에 있음을 알아야 합니다.

대종사님께서는 『대종경』 불지품 20장에서 땅에 일원상을 그려 보이시며 「이것이 곧 큰 우주의 본가이니 이 가운데에는 무궁한 묘리와 무궁한 보물과 무궁한 조화가 하나도 빠짐없이 갖추어 있나니라.」하시며 우리의 마음에 무한한 것들이 갖추어 있다고 말씀하셨습니다. 보물은 모아서 쌓아두는 것도 의미가 있지만 활용을 해야 더 가치가 있습니다. 우리 몸은 '만사만리의 근본'이라고 하셨습니다. 그러니 마음을 잘 찾아 단련해서 몸을 잘 사용하면 온갖 복과 혜가 가득하게 나오기 때문에 마음이 복혜의 원천입니다. 아울러 무궁한 조화도 마음에서 나옵니다. 바로 그 마음을 찾아서 닦아가고 알며 사용하는 공부가 삼학입니다.

과거 부처님께서도 계정혜 삼학을 말씀해 주셨습니다. 삼학은 세 가지를 공부한다는 뜻으로 원래 부처님과 다름없는 우리들의 마음 안에 갊아 있는 보물인 본래 마음을 알고 기르며 사용하는 법을 배우는 것입니다.

삼학은 일원상의 진리에 근거한 가르침입니다. 일원상 서원문에 밝혀 주신 심신을 원만하게 수호하는 공부, 사리를 원만하게 아는 공부, 심신을 원만하게 사용하는 공부가 삼학입니다. 이는 일원상의 진리인 텅빈 돈공, 밝은 광명, 무궁한 조화의 속성에 바탕한 것입니다. 대종사님께서는 때로는 일원상의 진리를 입정처와 생사문, 유상과 무상, 불생불멸과 인과보응이라는 두 가지 모습으로 설명해 주시기도 했습니다.

정신수양 精神修養

『정전』 정신수양의 요지에 「정신이라 함은 마음이 두렷하고 고요하여 분별성과 주착심이 없는 경지를 이름이요, 수양이라 함은 안으로 분별성과 주착심을 없이하며 밖으로 산란하게 하는 경계에 끌리지 아니하여 두렷하고 고요한 정신을 양성함을 이름이니라.」고 하셨습니다.

『정산종사법어』 원리편 12장에서는 성품과 정신과 마음과 뜻을 분석하여「성품은 본연의 체요, 성품에서 정신이 나타나나니, 정신은 성품과 대동하나 영령한 감이 있는 것이며, 정신에서 분별이 나타날 때가 마음이요.」라고 말씀하셨습니다. 대산 종사님께서는 이를 성품은 할아버지요, 정신은 아버지이며, 마음은 아들이라고 촌수로 비유해 주셨습니다.

마음수양이 아닌 정신수양이라고 합니다. 굳이 마음수양이라고 하려면 일원상의 수행에서 밝혀주신 바대로「원만구족하고 지공무사한 각자의 마음」이 전제 되어야 할 것 같습니다. 하늘을 예로 들면 하늘 바탕이 성품이라면 하늘에 뜬 빛은 정신이고 가고 오는 구름이나 바람은 마음의 상태입니다.

정신은 원만구족하고 지공무사한 마음이 깔아 있는 그 알음알이 기운을 의미합니다. 마음이 오고 가며, 나빠지고 착해지며, 좋아하고 싫어하며, 밝아지고 어두워지고, 가라앉고 들뜨는 것을 지켜보며 아는 그것이 정신기운이며, 분별성과 주착심이 없는 바탕입니다. 그래서 경계 따라 밝게 분별할 수 있고 정신수양을 오래오래 하다보면 분별성과 주착심이 없는 경지를 찾아가서 머물 수도 있습니다. 공적영지의 광명은 태양보다 밝은 대반야지인 위대한 빛이 깔아 있기에 두렷하고 온전한 그 정신을 기르는 수양을 하자는 것입니다.

『정전』 정신수양의 목적에서는 천지만엽으로 벌여가는 이 욕심을 제거하고 온전한 정신을 얻어 자주력自主力을 양성하기 위하여 수양을 하자고 하셨습니다. 욕심을 제거하는 것이 바로 수양의 목적입니다. 수양력이 있다는 것은 욕심 경계에 끌려가거나 물들지 않는 것을 의미합니다. 일이 없을 때에는 염불·좌선·기도·주송을 하고, 일이 있을 때에는 온전한 생각으로 취사하는 무시선 공부 등을 하도록 확실한 수양의 방법까지 자세히 안내해 주셨습니다.

『정산종사법어』 법훈편 23장에 「서원과 욕심이 비슷하나 천양의 차가 있나니, 서원은 나를 떠나 공公을 위하여 구하는 마음이요, 욕심은 나를 중심으로 사私를 위하여 구하는 마음이니라.」 하신 말씀이 있습니다. 그 욕심이 자기 중심인지 공익 중심인지에 따라 욕심과 서원을 분명하게 구분해 주신 것입니다. 어떤 경우라도 견물생심이나 욕심에 끌리지 않을 힘이 생길 때까지 하고 또 해야 합니다. 대산 종사님께서는 『교리실천도해』에서 '억만 번 또 억만 번 하라.' 하셨고, '적공 적공 또 적공 적공 하라' 고 하셨습니다. 이는 반복을 계속하라는 것으로 훈련을 의미하는 말씀입니다.

사리연구 事理研究

사리연구는 왜 해야 할까요? 『정전』 사리연구에서 「우리에게 우연히 돌아오는 고락이나 우리가 지어서 받는 고락은 각자의 육근六根을 운용하여 일을 짓는 결과이니~우리는 천조의 난측한 이치와 인간의 다단한 일을 미리 연구하였다가 실생활에 다달아 밝게 분석하고 빠르게 판단하여 알자는 것이니라.」고 그 목적을 분명히 밝혀주셨습니다.

어리석은 사람은 원망을 잘합니다. 원망 전문가입니다. 그 까닭은 고락의 원인을 알지 못하기 때문입니다. 아는 것 같아도 확실히 모르기 때문에 원망을 하는 것입니다. 끝까지 감사 생활하는 사람을 대단하다고 하는 것은 바로 이것 때문입니다. 고통을 면하고자 하면 반드시 고락의 원인을 알아야 합니다.

사리연구의 목적에 「생각이 단촉하고 마음이 편협하다.」는 말씀이 있습니다. '생각이 단촉하다'는 것은 시간적인 표현입니다. 젊어서는 젊음 밖에 모르고 늙어서는 내생이 있는 줄을 모른다는 것입니다. 결국 젊을 때나 늙을 때나 영생 준비를 하면 차근차근 해나가는 수밖에 없습니다.

그렇게 해야 영생의 눈이 떠지고 대 자리인 불생불멸의 이치를 알아서 생각이 단촉하지 않게 됩니다. '마음이 편협하다'는 것은 공간적 표현입니다. 마음이 편협한 사람은 넉넉한 세상이 있음에도 이치에 어두워 다 내 것인 줄도 모르고 가난하고 옹색하게 살아갑니다. 이치에 눈을 떠야 육도사생의 모든 생령이 사는 넓은 공간을 발견할 수 있습니다. 전 인류가 한 형제다 하는 마음만으로도 마음이 넉넉해질 수 있습니다. 육도 사생의 전 생령을 넓게 동기연계로 볼 줄 아는 그런 넓은 마음의 안목은 바로 사리연구를 통하여 나옵니다.

이 세상은 대소유무의 이치로써 건설되어 있다고 하셨는데 이는 무량세계 곧 모든 것이 다 대소유무로 건설되어 있다는 것을 의미합니다. 대라 함은 우주만유의 본체를 이르는데 무량세계의 뿌리를 뜻하는 것이고, 소라 함은 만상이 형형색색으로 구별되어 있음을 이르는데 우주만물이 형상을 가지고 공간을 차지하고 있음을 뜻하고, 유무는 변화를 의미합니다. 이러한 대소유무의 이치에 대한 정의를 확실히 알고 보면 '아! 이 세상이 전부 대소유무의 이치로써 건설되어 있다는 말씀이 맞구나!' 하고 깨닫게 됩니다. 그러므로 우주만물 전체를 대소유무 이치로 분석할 줄도 알고 직관할 줄도 알아야 합니다.

우리의 마음을 대소유무로 나누어보면, 한 마음 내기 전이 대요, 경계를 대하여 한 마음이 생겨나는 것이 소요, 그 마음이 가만히 있지 않고 시간과 공간 속에서 이리 저리 변하는 것이 유무입니다. 화가 난 마음이 변하지 않고 그대로 있으면 큰일입니다. 변화되는 이치가 있기에 기다리다 보면 오래가지 않아 화가 풀리게 됩니다. 그러므로 인내가 필요한 것입니다.

이 세상은 대소유무의 이치로 건설되어 있습니다. 그러나 우리는 주로 나타나 있는 소만 보고 그 뿌리인 대는 볼 줄 모릅니다. 삼동윤리의 동원도리, 동기연계, 동척사업은 대소유무로 이루어진 세계의 공통점을 말씀해주신 것입니다. 『게송』을 보면 「유는 무로 무는 유로 돌고 돈다.」는 말씀은 유무, 즉 변화의 진리를 설명하신 것입니다. 대소유무라는 단어는 대종사님께서 새롭게 만들어주신 단어로, 대종사님께서는 이치를 설명함에 있어 대소유무라는 표현을 쓰시고 『정전』에 그 각각에 대한 정의를 자세히 밝혀 주셨습니다.

이 세상은 대소유무의 이치로 건설이 되지만 시비이해의 일로써 운전해 가기 때문에, 이치만을 연구할 것이 아니라 그 운전법인 시비이해의 일도 함께 연구해야 합니다. 사실 일을 안 하면 시비가 없습니다. 일을 하다보면 시비가 따라붙기 마련입니다. '인과가 무서워서 일을 하지 않는 사람은 인과를 모르는 사람만 못하다.'고 하셨습니다. 중요한 것은 일을 하고 난 뒤 시비가 따르면 어떤 점이 잘못되었고 어떤 점이 부족한가를 스스로 살피고 정성스럽고 겸허한 마음으로 충고를 받아들일 줄 아는 것입니다.

이치에 눈이 떠지면 일을 할 때에 항상 그 이치를 생각하면서 일을 하게 됩니다. 그래서 때와 장소 그리고 사람에게 맞는 만능을 겸비할 때 성자가 됩니다. 시비이해를 잘 운전해야 합니다. 그래야 발전하는 계기가 되어 목적을 달성할 수 있게 됩니다. 시비이해로 운전한다 하는 것은 웬만한 사회학자나 지식이 있는 사람은 이해를 하겠지만 대소유무의 이치로 건설이 되어 있다는 것은 깨친 사람이 아니면 알 수가 없습니다.

작업취사 作業取捨

정신수양, 사리연구, 작업취사의 삼학을 공부하다 보면 공통의 목적이 있는데 그것은 고통에서 하루빨리 벗어나 낙원생활을 하자는 것입니다. 일반적으로 작업은 노동이라고 생각하기 쉬운데 작업취사에서 말하는 작업은 심신을 활동하는 것을 말합니다. 심신을 사용할 때에 취할 것과 버릴 것을 알아서 실천하는 것을 작업취사라고 하셨습니다.

작업취사의 목적을 보면 '수양력을 얻었고 연구력을 얻었다 하더라도 실제 실행하지 못하면 수양과 연구가 수포로 돌아간다' 하시며 '꽃과 잎은 좋은 나무에 결실이 없는 것과 같다.'고 예를 들어 주셨습니다. 꽃이나 잎은 그 자체로도 아름답고 각각의 역할이 있지만 앞으로의 시대에는 결실을 맺는 것이 더 중요하다는 말씀입니다. 수양력이 있어 항상 자성극락을 누릴 수 있고, 또 연구력이 있어 부처님의 훌륭한 알음알이를 알았다 하더라도, 역할을 하지 않고 보은활동을 하지 않으면 결실 없는 나무와 같다고 하셨습니다. 이렇게 취사取捨를 중요시 하셨습니다.

예전에 대산 종사님께서 "10점 만점 중 취사 점수는 몇 점이나 되겠느냐?"하고 물으신 적이 있습니다. 수양·연구·취사 가운데 취사는 몇 점이나 되어야 할까요? 10점입니다. 취사를 위한 수양, 취사를 위한 연구가 되어야 한다는 말씀입니다. 교법이 인생살이에 도움이 되어야 합니다. 따라서 영육쌍전이요, 이사병행이요, 생활경전입니다. 또한 견성 허가도 문답으로 하신 것이 아니라 심신작용 즉 취사하는 것을 보고 하셨습니다.

삼학 전체를 함께 연마해 봅시다. 대종사님께서는 작업취사의 목적에서 '우리 인류가 선이 좋은 줄은 아는데 왜 실천이 되지 않는가? 악이 그른 줄 알면서 악을 끊지 못하여 평탄한 낙원을 버리고 험악한 고해로 들어가는데 그 이유가 무엇인가? 왜 낙원 생활보다는 고해 생활하는 사람이 더 많은가?' 물으시고 다음과 같이 답하셨습니다.

첫째는 몰라서 그러하거나 설사 알았다 하더라도 불같이 일어나는 욕심을 제어하지 못하기 때문이라고 하셨습니다. 둘째는 철석같이 굳은 습관에 끌려서 그렇다고 하셨습니다. 아는 것은 연구와 관련되고 불같이 일어나는 욕심은 수양과 관련되며 철석같이 굳은 습관은 취사와 관련됩니다. 결국 삼대력이 부족하기 때문에 누구나 다 싫어하는 고를 받게 된다는 것입니다. 좋아하고 싫어하는 것은 사람마다 각각이어서 불같이 일어나는 욕심 또한 사람마다 다릅니다. 아울러 철석같이 굳은 습관이라는 것은 업력을 말하는 것입니다. 똘똘 뭉쳐있는 업력입니다.

업력을 해결하기 위해 우리는 참회를 합니다. 참회는 혼자 하기보다는 스승의 지도와 동지의 충고를 보감삼아 해야 합니다. 스승의 지도와 동지의 충고를 달게 받으려는 마음의 준비가 되어 있어야 업력을 소멸할 수 있습니다. 아무리 어렵고 힘들더라도 스승의 지도와 동지의 충고를 받아들이게 되면 시간이 걸릴 뿐이지 반드시 해결이 됩니다. 교당 내왕시 주의 사항을 통해서 일일이 문답하고 감정과 해오를 얻어야 업력을 소멸하고 또 업력을 예방할 수 있습니다.

삼학은 심전계발, 즉 마음병을 고쳐 고해에서 낙원으로 인도하는 세 가지 공부길입니다. 이 삼학을 훈련하는 방법으로는 정기 훈련과 상시 훈련이 있습니다. 정기 훈련으로는 일이 있을 때 하는 공부와 일이 없을 때 하는 공부 11과목을 일과 속에 넣어 주셨습니다. 또 상시 훈련으로는 상시 응용 주의 사항 6조와 교당 내왕시 주의 사항 6조를 가르쳐 주셨습니다. 상시 응용 주의 사항 6조는 혼자 하는 공부라면 교당 내왕시 주의 사항 6조는 함께 하는 공부입니다.

상시 훈련 12조목의 공통점은 '주의' 공부를 하라는 것입니다. 그리고 주의는 정기 훈련 과목으로 취사 훈련 과목에 해당합니다. 주의가 그만큼 중요합니다. 주의를 하라는 것은 대중이 있어야 한다는 것으로 마음이 살아있다는 것을 의미합니다. 멍하니 있는 것이 아니라 반짝반짝하는 마음입니다.

유념은 대중이 있는 것이고 무념은 대중이 없는 것입니다. 대중이라는 것은 챙기는 마음을 의미합니다. 주의는 한자로 '쏟을 주'注에 '뜻 의'意를 쓰는데 직역을 하자면 '뜻을 쏟는 것'이라고 할 수 있습니다. 인생에 괴로움이 생기면 삼학 가운데 무엇이 부족해서 그 괴로움이 왔는지 살펴야 합니다. 불같은 욕심에서 왔는지 또는 은근히 일어나는 욕심에서 왔는지, 무지에서 왔는지 또는 어리석음에서 왔는지, 습관에서 왔는지 또는 업력에서 왔는지 진단해보면 답을 얻을 수 있습니다. 각자 스스로를 살펴보고 어느 부분이 부족한지 진단을 해서 채워가도록 노력해야 합니다.

『교리실천도해』삼학공부 기2其二를 살펴보겠습니다. 그림 양쪽으로 무시선 무처선이 배치되어 있습니다.『교리실천도해』사은에는 양쪽에 처처불상 사사불공이 있고, 아래쪽에는 '정의의 세계'가 있습니다. 사요에는 양쪽에 「자력타력 아울러서 평등세계 이룩하자.」고 되어 있고 그 아래에는 '전반세계'가 있습니다.

대산 종사님께서 수위단회 개회사에서 하신 '천화天花가 만건곤하니'라는 법문이 있습니다. 「천화天花가 만건곤하니 평화는 오리, 평화는 오리,

무상행의 대봉공인과 무등등한 대각도인 많이 나오리니 우리는 대적공, 대적공, 대적공 하자.」하시는데 처음에는 몇 번 하시다가 마실 줄 알았습니다. 그런데 대적공, 대적공, 대적공 숨이 가쁠 때까지 열 번이나 대적공을 반복하셨습니다. 그 모습을 바라보며 대중이 모두 숙연해졌습니다. 지금도 그 말씀을 생각하면 눈물이 납니다. 또 교단 2대말 행사를 마치고 교단 100주년을 위한 '대적공실'大積功室 법문을 해주셨습니다. 부처님과 대종사님, 정산 종사님과 대산 종사님이 내려주신 의두와 성리 공부를 화두로 주시며 적공하고 또 적공을 하라고 하셨습니다. 이것이 모두 삼학 공부입니다.

　삼학공부 기2其二 법문 밑에도 '대적공'이라고 해주셨습니다. 적공하면 계발이 되고 적공하지 않으면 계발이 안 됩니다. 과거에는 근기가 정해져 있었지만 돌아오는 세상은 그렇지가 않습니다. '하는 사람은 되는 근기'이고 '안 하는 사람은 안 되는 근기'입니다. 이제는 각자가 알아서 대적공을 해야 합니다.

　대산 종사님께서는 정신수양을 「마음을 닦고」라고 풀이해 주셨습니다. 정신수양 하는 공부길을 마음을 닦는다고도 할 수 있고, '정할 정'定즉 '마음을 안정시킨다.'고도 할 수 있습니다. 또 '성품을 기른다'養性고도 할 수 있고, '온전하게 한다'穩全고도 할 수 있고, '텅 비운다'空고도 할 수 있고, '공을 기른다'養空 고도 할 수 있고, '해탈공부'라고도 할 수 있고, '일심을 모으는 공부'라고도 할 수 있습니다.

정신수양은 안으로는 나가는 마음을 찾아 들이는 내불방심內不放心 공부이고, 밖으로는 마음이 흔들리지 않는 외부동심外不動心 공부입니다. 사람마다 흔들리는 경계가 다릅니다. 남녀 문제에 많이 흔들리는 사람이 있고, 돈 문제에 많이 흔들리는 사람이 있고, 만나는 사람에 따라 흔들리는 사람이 있고, 위신이나 명예에 흔들리는 사람도 있습니다. 계문도 수월하게 지켜지는 계문도 있고 지키는데 애를 먹는 계문도 있습니다. 각각 다릅니다. 하여튼 끌리고 집착되는 마음을 수양력으로 맑히라는 것입니다.

『교리실천도해』 '정신수양' 마지막 부분을 같이 읽어보겠습니다.

「선을 하고 염불을 하고 기도를 올리고 주문을 외우는 것은 다 좁은 마음을 넓히고 흩어진 마음을 모으자는 공부인바 극치에 이르면 천지대기天地大氣에 합일하게 된다. 그러나 합일한 뒤에도 다시 함축하여 보림하는 공부로써 일념을 더 길러야 할 것이다.」

함축含蓄의 뜻이 무엇인가요? 모은다는 것이죠. 흩어버리면 가난해집니다. 그렇지 않아도 보잘 것 없는데 자꾸 흩어버리면 어떻게 되겠습니까?

쓰고 나서는 다시 모아야 합니다. 그런데 언제 흩어진 마음을 다시 모으죠? 밤에 모으고 아침에 모아야 합니다. 낮에는 쓰는 시간이 많으니 유념해야 합니다. 낮에 쓸 때는 어떻게 모으나요? 챙기는 마음으로 모아야 합니다. 그일 그일에 일심으로 집중해서 밖으로 새나가지 않게 해야 합니다. 그것이 활용 삼대력 공부입니다. 저축 삼대력과 상대되는 공부입니다.

대산 종사님께서는 사리연구를 「마음을 알고」라고 풀이해 주셨습니다. 마음을 모르면 어떻게 마음을 닦겠습니까? 한 학생이 성품은 못 봤어도 마음은 보았다고 하더군요. 누구나 자기 마음은 볼 수가 있습니다. 성내는 마음, 좋아하는 마음, 시기하는 마음 등 자기의 마음을 볼 수가 있습니다. 그런데 자기 마음뿐만 아니라 다른 사람의 마음도 볼 수 있어야 합니다.

제가 예전에 영산에 있을 때 하루는 스승님께서 "이현이는 오늘 쟁투경爭鬪經 봤나?" 하고 물으셨습니다. 그날 할머니 두 분이 서로 싸우셨거든요. 저는 중간에서 싸움을 말리는 데만 신경을 썼는데, 스승님의 쟁투경 봤냐는 말씀에 깜짝 놀랐습니다. 경전으로 봐야 하는데 저는 그렇지 못했거든요. 쟁투하는 것을 경전으로 봤다는 것은 그 마음을 봤다는 것입니다.

'산 경전'이 무엇입니까? 우주만물 두두물물이 다 마음이 나타난 바입니다. 그런데 그 마음이 나오는 뿌리, 즉 성품은 어떻게 생겼나요? 대종사님께서는 누구라도 쉽게 알 수 있도록 요란함도 없고 어리석음도 없고 그름도 없는 텅 빈 자리라고 말씀을 해주셨습니다. 또한 그렇게 텅 비어 있기 때문에 요란함도 어리석음도 그름도 무진장 나올 수 있는 자리라고 말씀해 주셨습니다. 이렇게 쉽게 표현을 해주셨는데 더 이상 어떻게 알려주겠습니까? 이제 깨닫고 깨닫지 못하는 것은 각자의 책임입니다.

「마음을 알고」란 혜를 닦는다는 것입니다. 우리들에게는 본래 태양보다 밝은 반야지가 있습니다. 휴휴암좌선문을 보면 '촉유즉명유일월' 燭幽則明逾日月이란 말씀이 있습니다. 한마디로 일월보다 더 밝다는 말입니다. 해와 달이 아무리 밝아도 엎어놓은 그릇 안까지는 밝히지 못합니다. '촉유즉' 다시 말해서 보이지 않는 깊은 곳까지 비춘 즉, '명유일월' 이라, 일월보다 더 밝다는 것입니다. 지혜 광명은 그릇을 엎어놓아도 그 속까지 다 비출 수 있습니다. 마음은 나타난 것만 보는 게 아니라 안 보이는 것까지 다 알 수 있습니다. 견성은 성품을 보았다는 것입니다. 마음이 나오는 본적을 보았다는 것입니다.

「온전한 생각으로 취사하자.」는 말에서 '생각' 에 해당되는 것이 바로 혜이고 사리연구입니다. 두루 아는 것이고 공 자리를 관하는 것, 관공 觀空입니다. 관觀이란 눈으로 보는 것이 아니라 마음으로 보는 것입니다. 수양의 목적이 해탈이라면 연구의 목적은 대각입니다. 또 '연도치지'研道致知 일과 이치를 늘 연구해서 대 연구력을 얻어야 합니다. 수양이 일심을 모으는 공부라면 연구는 지혜를 연마하는 공부입니다. 여기에서 지혜는 이치뿐 아니라 일까지도 포함을 합니다.

안으로는 진리를 연마하는 공부, 내연진리內硏眞理요, 밖으로는 견문을 넓히는 공부, 외학지식外學知識입니다. 이 부분이 대종사님 교법의 독특한 점입니다. 대종사님께서는 수신의 요법 1조에서 「시대를 따라 학업에 종사하여 모든 학문을 준비할 것」이라고 하셨습니다. 그러면 2, 3, 4조는 뭐죠? 삼대력을 말씀한 내용입니다. 삼대력을 갖추는데 앞서 시대에 따른 학문을 연마하라고 하셨습니다. 안으로 진리 연마도 하지만 밖으로 견문을 넓히는데도 힘쓰라고 하셨습니다. 그래야 일과 이치 간에 밝아지는 사리연구의 목적을 달성할 수 있습니다.

『교리실천도해』 '사리연구' 마지막 부분을 같이 읽어보겠습니다.

「경전 연습經典 練習을 하고 회화 강연會話 講演을 하며 성리 청법性理 聽法 정기 일기定期 日記 의두 연마疑頭 硏磨를 하는 것은 다 지혜를 단련시켜서 어두운 마음을 밝히고 반야지를 솟아나게 하는 공부인 바 극치에 이르면 법신불, 하나님, 무극 등의 이치가 모두 하나인 것을 알게 된다. 그러나 안 뒤에도 다시 매매하지 않도록 늘 연마研磨의 공공功을 쌓아야 퇴전退轉하지 않을 것이다.」

출가위가 되어야 불퇴전이라고 하셨습니다. 그래서 출가위가 되면 더 이상 공부를 안 해도 되는 것으로 알고 스승님께 여쭤 보았습니다. 그랬더니 "출가위의 별명이 무엇인 줄 아느냐? 부지런 딴딴이다."라고 말씀해 주셨습니다. 아무리 쉬려고 해도 쉴 수 없는 자리가 출가위입니다. 쉬지를 않으니 불퇴전입니다. 한번 대각을 하였으면 더 이상 연마를 하지 않아도 될까요? 그렇지 않습니다. 끊임없이 연마해야 합니다. 상시 응용 주의 사항 6조는 모두 다 끊임없이 연마하기를 주의하라는 말씀들입니다. 2조에서는 「응용하기 전에 응용의 형세를 보아 미리 연마하기를 주의하라.」고 하셨고, 3조에서는 「노는 시간이 있고 보면 경전, 법규 연습하기를 주의하라.」고 하셨고, 4조에서는 「경전, 법규 연습하기를 대강 마친 사람은 의두 연마하기를 주의하라.」고 하셨습니다. 이 공부들을 항상 끊임없이 해야 합니다. 상시 응용 주의 사항은 법위등급에 따라 다르게 적용을 해야 할까요? 그렇지 않습니다. 의두는 무엇입니까? 대소유무의 이치, 시비의 일, 과거 불조의 화두 등입니다. 우리는 일 속에서 살고 이치 속에서 살기 때문에 끊임없이 연마를 하지 않을 수 없습니다. 대종사님께서는 이 세상이 대소유무의 이치로 건설되었다고 하셨습니다. 이 세상이 다 이치 아님이 없다는 말씀입니다. 우주만물과 두두물물이 다 도를 행하고 있다는 말씀과 통합니다. 처처불상과도 통합니다. 또 세상이 대소유무의 이치로 건설되었지만 운전은 시비이해로 한다고 하셨습니다. 그러니까 끊임없이 깨쳐야 하고 끊임없이 연마를 해야 합니다. 그래야 퇴전하지 않습니다.

대산 종사님께서는 작업취사를 「마음을 잘 쓰고」라고 풀이해 주셨습니다. 마음을 닦고 알아서 무엇을 하자는 것입니까? 잘 쓰자는 것입니다. 과거 계·정·혜 삼학 가운데 계戒에 해당하는 내용입니다. 마음을 바루자는 것은 정심正心입니다. 또 성품을 잘 거느리자는 것은 솔성率性입니다. 「온전한 생각으로 취사하자.」는 말에서 취사에 해당합니다. 정의를 취하자는 것입니다. '공·원·정'에서는 정입니다. 행공行空, 공을 행하는 것입니다. 지공무사의 무사無私, 무아봉공의 무아無我, 살신성인의 살신殺身입니다. '빌 공' 空자를 행하는 것입니다. 이 빌 공자를 실행으로 나툴 때에는 공심 있다는 뜻의 '공변될 공' 公이 됩니다. 그 다음에는 중정中正을 행하는 것입니다. 중도를 바르게 행하는 것입니다. 그리고 수덕지선修德至善이라, 덕을 닦아서 지선을 한다는 것입니다. 지선은 무엇인가요? 휴휴암좌선문에 '수달호지선' 須達乎至善이라는 말씀이 있습니다. 지선은 악의 상대적 개념이 아닙니다. 선악을 초월한 것입니다. 지선은 악을 수용합니다. 지선은 악을 용서할 수 있습니다. 지선은 상을 내지 않습니다. 흔적이 없습니다. 일반적인 선善과는 그런 차이가 있습니다.

그 다음에 '실천하는 공부'라고 하셨습니다. 안으로는 계율을 지키는 공부, 내수계율內守戒律, 밖으로는 정의를 행하는 공부, 외행정의外行正義입니다. 이것이 다 법맥을 일러주시는 말씀들입니다. 계율을 무섭게 지키도록 안내를 하고 있습니다. 재가·출가 간에 함부로 합리화해서 적당히 자기 식으로 수행을 하면 법맥에서 벗어나게 되고 해찰을 하다가 지각을 하게 됩니다. 해찰이란 앞을 똑바로 보고 가지 않고 둘레둘레 옆을 봐가면서 가는 것을 말합니다. 그래서 지각을 하게 됩니다.

그런데 법강항마위나 출가위에 오른 분들은 계문을 범해도 될까요? 법위등급을 보면 승급을 하기 위해서는 주어진 계문을 지키고 난 뒤에야 다음 단계로 올라가도록 되어 있습니다. 그렇게 해주신 본의를 우리가 잘 생각해야 합니다. 무애행을 한다고 계문을 소홀히 하면 안 됩니다. 안으로는 계율을 지키는 공부요, 밖으로는 정의를 행하는 공부입니다. '정의'란 쉽게 말하자면 자기 양심, 모든 사람의 양심, 그리고 이타행을 가리키는 말입니다.

『교리실천도해』 '작업취사' 마지막 부분을 같이 읽어보겠습니다.

「상시 일기常時 日記를 하고 주의 조행住意 操行을 갖고 참회를 하는 것은 그른 마음을 바꿔서 모든 선을 행하자는 공부인 바 극치에 이르면 대중도행大中道行을 하게 된다. 그러나 행한 뒤에도 늘 계속 정진해야 상없는 무위이화의 덕화가 나타날 것이다.」

고도의 심리학입니다. 극치에 이르러서 대중도행을 하게 된다 하더라도, 힘쓰지 않고도 절로 행해진다 하더라도, 다음에 또 남는 것이 있으니 더 정진하고 더 정진하라는 것입니다. 그래서 무위이화의 덕화까지 되도록 정진해야 한다는 말씀입니다. 상相을 지적하신 것입니다.

팔조 八條

『정전대의』에서는 팔조를 다루지 않으셨고 『교리실천도해』에서 자세히 설명하셨기 때문에 교리실천도해를 가지고 공부하도록 하겠습니다. 삼대력은 고苦를 물리치고 낙樂을 생산하는 힘입니다. 고를 좋아하는 사람은 하나도 없습니다. 때문에 삼대력은 누구나 다 좋아합니다. 그런데 이 삼대력의 소유자는 과연 누가 될까요? 신·분·의·성의 주인공이 바로 삼대력을 소유하는 사람이 됩니다.

『교리실천도해』 16쪽 아래를 보면 '정진' 精進 이란 단어가 있습니다. 양쪽 기둥에는 '헌심영부 허신사계' 獻心靈父 許身斯界 즉 마음은 영부님께 바치고 몸은 이 세계에 허락한다는 말씀과 '법륜상전 영겁불휴' 法輪常轉 永劫不休 즉 법륜을 끊임없이 굴리기를 영겁토록 쉬지 않겠다는 말씀입니다. 이것이 무슨 의미입니까? 법륜을 상전해서 영겁불휴한다는 말씀은 공부와 사업을 상전한다는 뜻입니다. 내 몸을 위해서 법륜상전도 하고, 또 다른 사람을 위해서 법륜상전도 하고, 법 장사도 하고 법의 옷을 입기도 하는 것을 영겁불휴 하겠다는 말씀입니다. 이 글이 어느 분 글이죠? 주산 종사님의 글입니다. 대산 종사님께서 이 팔조 법문에 주산 종사님의 글을 수용하셨습니다.

'신' 信에 대해 함께 읽어봅시다.

- 정신正信 : 진리를 바르게 믿는 것(正法正師)
- 미신迷信 : 진리에 어긋나게 믿는 것
- 자력신信 타력신信 병진
- 전신전수全信全受, 전탈전여全奪全與
- 대신근大信根 : 결정의 원동력

『정전』에서는 「신이라 함은 믿음을 이름이니, 만사를 이루려 할 때에 마음을 정하는 원동력原動力 이니라.」고 하셨습니다. 믿음에는 정신과 미신이 있습니다. 그러니 정신을 하려면 정법 정사를 만나야 한다는 것입니다. 정법 정사를 만나지 못해 헤매는 사람을 보면 참으로 안타깝습니다. 앞으로의 신앙은 자타력 병진 신앙이 되어야 한다고 하였습니다. 그렇게 하려면 전탈전여 전신전수의 원리를 알아야 합니다. 대산 종사님께서는 「전부를 뺏고 전부를 주는 것이다. 전부 믿으면 전부 받아가는 것이다. 온통 믿어야 온통 받아가고 온통 빼앗겨야 온통 주시는 것이다.」라고 하셨습니다.

건강을 빼앗길 때 진리가 온통 다 가져가시니 온통 주실 것이라 믿고, 돈을 빼앗기거나 인연을 빼앗길 때 또 다른 것을 주시려 한다는 것을 이치로 알고 믿어야 합니다. 건강도 돈도 인연도 다 빼앗아 갈 때가 있죠? 도를 아는 사람은 이 때를 더 큰 진급의 계기로 압니다. 전탈하면 전수하는 것을 알기 때문입니다. 그 대신 전신全信을 해야 합니다. 오롯이 믿어야 합니다. 그러면 진리께서는 믿는 만큼 주시고 뺏은 만큼 주십니다.

신이 있는 만큼 분忿이 납니다. '야, 이렇게 좋은 때를 만났는데, 횡재를 만났는데 가만히 있을 수 없구나.' 하는 마음이 바로 분이 난 것이고 대 용맹심, 대 정진심이 생긴 것입니다.

'분'忿에 대해 함께 읽어봅시다.

- 정분正忿 : 정당한 법으로 용맹정진하는 마음
- 객분客忿 : 철없이 날뛰는 혈기의 용勇
- 대분지大忿志 : 촉진의 원동력

용맹 정진을 해봐야겠다고 두 주먹을 불끈 쥐는 사람이 참으로 무섭습니다. 그래서 『정전』에서는 「분이라 함은 용장한 전진심을 이름이니, 만사를 이루려 할 때에 권면하고 촉진하는 원동력」이라고 하셨습니다. 수도문중에 들어와서 이 법을 수많은 사람들에게 반드시 전해야겠다는 '용장한 전진심과 촉진력'이 없다면 세상이 슬퍼할 일입니다.

다음은 의심疑心입니다. 이렇게 용장한 전진심으로 공부를 하다보면 자꾸 의심이 나기 시작합니다. 좌선을 해도 염불을 해도 경전을 봐도 다 의심이 납니다. 이러한 의심이 나지 않으면 걱정을 해야 합니다. 왜 의심이 나지 않을까 하고 걱정이라도 해야 합니다. '신信이 100이면 분忿이 100, 분이 100이면 의疑가 100, 의가 100이면 성誠이 100'이라는 말씀이 있습니다. 그래야 대각의 열쇠가 된다고 하셨습니다.

'의'疑에 대해 함께 읽어봅시다.

- 정의正疑 : 사리 간에 바른 의심을 일으키는 것
- 사의邪疑 : 정당한 일을 믿지 아니하고 저울질 하는 것
- 대의단大疑團 : 대각의 열쇠

의심은 대각의 열쇠가 된다고 대종사님께서도 명확하게 말씀하셨습니다.

'성'誠에 대해 함께 읽어봅시다.

- 정성正誠 : 정당한 일에 바치는 한결같은 정성
- 우성愚誠 : 그른 일에 여리로 바치는 정성
- 대정성大精誠 : 성공의 어머니

신·분·의·성의 반대는 불신不信·탐욕貪慾·나懶·우愚입니다. 신·분·의·성으로 추진을 하면 불신·탐욕·나·우는 자연히 치료가 됩니다. 불신·탐욕·나·우가 자리를 잡지 못합니다. 신·분·의·성의 동반자가 될 수 없습니다. 돈이 있어야 신·분·의·성을 준비할 수 있나요? 학력이 높아야 신·분·의·성의 추진이 가능한가요? 그런 것과

는 아무 상관이 없습니다. 근기로 보자면 중근기보다 하근기가 신·분·의·성의 추진이 빠릅니다. 물론 상근기가 더 빠르겠지요. 그래서 중근기에 오래 머물면 안 됩니다. 신·분·의·성을 동지 간에 서로서로 건네며 잘 가꾸어 나가면 좋겠습니다.

『정전』 '인생의 요도' 人生-要道 와 '공부의 요도' 工夫-要道 를 읽어봅시다.

「사은 사요는 인생의 요도요, 삼학 팔조는 공부의 요도인 바, 인생의 요도는 공부의 요도가 아니면 사람이 능히 그 길을 밟지 못할 것이요, 공부의 요도는 인생의 요도가 아니면 사람이 능히 그 공부한 효력을 다 발휘하지 못할지라. 이에 한 예를 들어 그 관계를 말한다면, 공부의 요도는 의사가 환자를 치료하는 의술과 같고, 인생의 요도는 환자를 치료하는 약재와 같나니라.」

의사에 비유를 해서 법문을 해주셨습니다. 의사가 의술을 공부하는 것을 자기 안에 있는 무한한 보물, 능력을 계발하는 공부의 요도라고 한다면, 의술을 익힌 의사가 약재를 활용해서 환자를 치료하는 것은 인생의 요도와 같다고 비유를 하셨습니다. 우리가 얻은 삼대력은 결국 인생의 요도, 즉 보은불공, 무아봉공, 살신성인의 지극히 정성스러운 불공으로 효력이 나타나게 되는 것입니다. 효과를 보려면 그렇게 해야 합니다.

고생스럽게 공부를 해서 의사가 된 이유가 무엇일까요? 의사가 되었다고 자랑하기 위해서일까요? 환자를 고치는 것이 목적입니다. 우리 공부의 목적도 삼대력을 갖췄다고 자랑하기 위함이 아닙니다. 인생의 요도로 이 세상을 위해서 보은불공하는 것이 목적입니다. 이 가르침에 의하면 무시선 무처선이 목적이 아니라 결국은 사사불공이 목적이 되어야 합니다. 지혜를 갖추고 가만히 있으면 안 됩니다.

대종사님께서는 『수양연구요론』에서 「수양의 목적은 연구에 있고, 연구의 목적은 취사에 있고, 취사의 목적은 복과 혜를 구하는 데 있다.」고 하셨습니다. 따라서 지혜의 목적을 다시 생각해봐야 합니다. 개교의 동기의 관점에서 보자면 지혜의 목적은 역시 광대 무량한 낙원입니다. 아무리 정보화 시대가 되어도 도덕이 주도하는 시대가 되어야 합니다. 정보화 시대란 지혜가 무한히 발전하는 시대라고도 할 수 있는데 이때에도 지혜는 낙원을 건설하는 데 활용되어야 합니다. 물론 우리가 앞서 말한 지혜는 반야지여서 정보화 시대의 지식과는 구별이 됩니다.

⑬ 사대강령
四大綱領

『정전』 교의편은 우주의 근본 원리와 우리의 자성 원리를 해결하는 데 큰 도움이 됩니다. 특히 교의편 제일 마지막 부분에 있는 '사대강령'은 교의편을 매듭짓고 있는 실행 강령이라는 점에서 매우 중요합니다.

「정각정행正覺正行은 일원의 진리 곧 불조 정전正傳의 심인을 오득悟得하여 그 진리를 체 받아서 안·이·비·설·신·의 육근을 작용할 때에 불편불의不偏不倚하고 과불급過不及이 없는 원만행을 하자는 것이며」

대종사님께서는 '정각정행'에 대해 말씀해주시면서 일원의 진리를 불조정전의 심인이라고 하셨습니다. 대종사님께서는 왜 수많은 표현 가운데 '불조정전의 심인을 오득하여'라고 하셨을까요? 우주만유의 본원을 오득하여, 또는 일체중생의 본성을 오득하여 라고 해도 되었을 텐데 말입니다.

정각의 목적은 어디에 있을까요? 정각의 목적은 바로 정행을 하는 데 있습니다. 따라서 정행에 도움이 되는 오득을 해야 합니다. 심인을 오득하면 성품도 오득이 되고, 우주자연의 본원을 오득하면 심인도 오득하게 되어 있습니다. 그런데 왜 심인을 오득하면 정행을 하는 데 더 큰 도움이 될까요? 각자 연마해 보시기 바랍니다. 무시선법에서는 '각자의 성품을 오득하여'라고 해서 표준을 '성품'에 두었습니다. 그런데 사대강령 중 정각정행에서는 '불조정전의 심인'을 표준삼아 주셨습니다. 여기에 대종사님의 깊은 뜻이 있다고 생각합니다.

대종사님께서는 각자의 성품을 오득하여 그 진리를 체 받아 육근을 사용할 때에 불편불의하고 과불급이 없는 원만행을 하자고 하셨습니다. 정각정행을 일원상 법어에 비추어 살펴본다면 '정각'은 큰 원상이요, '정행'은 작은 원상입니다. 따라서 정각정행은 곧 원만구족하고 지공무사하게 육근을 사용하는 것을 말합니다.

「지은보은知恩報恩은 우리가 천지와 부모와 동포와 법률에서 은혜 입은 내역을 깊이 느끼고 알아서 그 피은의 도를 체받아 보은행을 하는 동시에, 원망할 일이 있더라도 먼저 모든 은혜의 소종래를 발견하여 원망할 일을 감사함으로써 그 은혜를 보답하자는 것이며」

대종사님께서는 '지은보은'을 설명하시면서 「우리가 천지와 부모와 동포와 법률에서 은혜 입은 내역을 깊이 느끼고 알아서 그 피은의 도를 체받아 보은행을 하는 동시에」라고 하셨습니다. 이 말씀은 일월이 대명하고, 사시가 순환하고, 풍·운·우·로·상·설로 변화하는 가운데 보이지 않게 작용하는 도의 소식을 먼저 알아야 지은보은을 할 수 있다는 말씀으로 해석할 수 있습니다.

영산성지에 사는 제비들을 보면 영모전 처마 밑에 집을 못 짓게 해도 어떻게 해서든 집을 짓고 새끼들을 키웁니다. 당위적으로 하는 것이 아니라 그냥 하는 것입니다. 남녀가 행하는 도, 동물과 식물들이 행하는 도와 같은 우주만유의 도를 대종사님께서 깨달으신 것입니다.

「은혜의 소종래所從來를 발견하라.」는 말씀은 곧 그 은혜가 어디서 왔는지 내력을 알아야 한다는 말씀입니다. 도를 행함으로 은혜가 온 것이므로 그 도를 찾아야 은혜를 발견할 수 있습니다. 그래야 원망할 일이 있더라도 감사할 수 있고 보은할 수 있습니다.

「불법활용佛法活用은 재래와 같이 불제자로서 불법에 끌려 세상일을 못 할 것이 아니라 불제자가 됨으로써 세상일을 더 잘하자는 것이니, 다시 말하면 불제자가 됨으로써 세상에 무용한 사람이 될 것이 아니라 그 불법을 활용함으로써 개인·가정·사회·국가에 도움을 주는 유용한 사람이 되자는 것이며」

'불법활용'은 개인도 잘 되도록 해야 하지만 먼저 가정, 사회, 국가, 세계에 유용한 사람이 되는 것에 초점을 두신 법문입니다. 나 혼자만 극락을 누리는 것은 불제자의 도리가 아니라고 보신 것입니다.

「무아봉공無我奉公은 개인이나 자기 가족만을 위하려는 사상과 자유 방종하는 행동을 버리고, 오직 이타적 대승행으로써 일체 중생을 제도하는 데 성심성의를 다하자는 것이니라.」

'무아봉공'의 서원을 지속해 나가는 일은 쉽지 않습니다. 그것은 노력을 해야 하고, 은혜를 깨달아야 하고, 성품의 원리와 영생의 이치를 알아야 가능합니다. 인과의 이치를 깨달아 영생이 확실히 손에 잡혀야 서원이 지속될 수 있습니다.

출가를 했다고 하더라도 그 서원을 지속해 나가기란 쉽지 않습니다. 지금 여러분이 출가를 한 것은 과거 대종사님과의 인연으로 마치 봉사가 문고리 잡은 것과 마찬가지입니다. 깨달음이 바탕이 되어 서원이 깊어지지 않으면 무아봉공의 전무출신이 될 수 없습니다.

대산 종사님께서는 『정전대의』에서「사대강령은 교리의 네 가지 줄거리요, 교단의 네 가지 큰 목표이다.」라고 말씀하셨습니다.

○ 정각정행 : 바르게 알아서 바른 실행을 하자.
- 정각 = 견성 = 무란無亂 · 무치無痴 · 무비無非하고
  원만평등한 자성을 알아야 불일佛日이 증휘增輝되고
- 정행 = 원만행(항마) = 무란 · 무치 · 무비의
  지공무사한 행이 되며 법륜法輪이 상전常轉된다.
- 바르게 깨달아야 바른 행이 나오며
  원만구족하고 지공무사한 인격을 이룬다.

무란 · 무치 · 무비란 일상 수행의 요법 1조, 2조, 3조와 같습니다. 요란함도 없고, 어리석음도 없고, 그름도 없는 자성을 깨달아야 지공무사한 행이 된다고 보신 것입니다.

지공무사란 무엇이 표준이 되는 행위일까요? 자기 본위가 아니라 공公이 본위가 되는 것입니다. 원만평등한 성품을 깨닫게 되면 은혜도 함께 깨닫게 되어 지공무사한 행을 하지 않을 수 없습니다. 그래서 성자들의 살림을 하게 되는 것입니다.

○ 지은보은 : 사중은四重恩을 발견해서 크게 보답하자.
- 천지의 피은됨을 알아서 배은은 하지 않고 보은을 하되
  그 강령으로서는 '응용무념의 도'를 체받아 실행하는 것.
- 부모의 피은됨을 알아서 배은은 하지 않고 보은을 하되
  그 강령으로서는 '무자력자 보호의 도'를 체받아 실행하는 것.
- 동포의 피은됨을 알아서 배은은 하지 않고 보은을 하되
  그 강령으로서는 '자리이타의 도'를 체받아 실행하는 것.
  (뜻과 같지 않으면 양보 = 不如意讓步)
- 법률(입법, 치법)의 피은됨을 알아서 배은은 하지 않고 보은을 하되
  그 강령으로서는 '불의를 제거하고 정의를 세우는 도'를 체받아 실행하는 것.
- 피은됨을 참으로 느끼고 확실히 알아야 보은행이 나오고 사은과 윤기가 통하는 동시에 합덕合德이 된다.

그런데 여기서 '뜻과 같지 않으면 양보'라는 말씀은 무슨 뜻일까요? '자리이타'自利利他가 되도록 노력하되 부득이한 경우에는 '자해타리'自害他利를 하라는 말씀입니다. 과거 성현들께서는 주로 자해타리를 말씀하셨는데 대종사님께서는 자리이타를 말씀하셨습니다.

인과의 이치로 볼 때 상부상조로 서로 주고받으며 어울려 사는 것이 가장 좋습니다. 내가 지금 해를 입었다고 해도 변화의 이치를 따라 언젠가는 상대방에게 해가 가게 될 것이니, 어느 한 쪽이 해를 입는 자해타리보다는 자리이타가 좋은 것입니다. 하지만 자리이타를 실행할 수 없는 부득이한 상황이라면 자신이 해를 받는 쪽으로 취사를 하는 것이 좋습니다. 인과의 이치를 안다면 설사 자해타리를 하더라도 미안한 마음으로 상없이 해야지 저 사람에게 이로움을 주었다는 상으로 하면 복이 감해집니다.

○ 불법활용 : 불법을 잘 알아서 널리 활용하자.
• 불법을 믿고 수행함으로써
• 생멸 없는 영생의 진리를 깨쳐서 생사에 해탈할 것이요.
• 제가 짓고 제가 받는 인과의 진리를 깨쳐서 스스로 악을 제거하고 선을 실행하여 세상에 유용한 사람이 될 것이다.
• 불법(진리)을 잘 살려 써야 대중의 종교, 생활의 종교, 시대의 종교가

되고 불법은 널리 활용해야 크게 살아나는 것이다.

　불생불멸의 진리를 깨치면 무엇에 도움이 될까요? 불생불멸의 진리를 깨치게 되면 생사해탈을 하게 됩니다. 생사해탈이란 유무를 초월하는 것입니다. 즉 '있고, 없고'에 해탈을 하는 것입니다. 생사해탈을 꼭 죽어봐야 할 수 있는 것은 아닙니다. 살아있는 현재 생활 속에서 내가 유무초월을 할 수 있는가를 보면 됩니다. 돈이 있을 때와 없을 때, 건강할 때와 건강을 잃었을 때, 우리가 얼마나 해탈할 수 있는가를 보면 실력을 알 수 있습니다. 유무초월의 유무란 변화하는 자리이니 불생불멸의 진리를 깨치면 변화를 해탈하는 데 도움을 받을 수 있습니다.

　인과의 이치를 깨치면 내 삶에 무슨 도움이 될까요? 인과의 이치를 깨치면 선인선과 악인악과의 진리를 알게 되니 악은 어떻게 해서든 행하지 않게 되고 선은 반드시 행하게 될 것입니다. 이것이 바로 불법이 활용되는 것입니다. 그래서 대산 종사님께서는 "불법, 진리를 잘 살려 써야 대중의 종교, 생활의 종교, 시대의 종교가 되고 불법은 널리 활용해야 크게 살아나는 것이다."라고 하셨습니다.

○ 무아봉공 : 시방이 일가이니 무아로써 봉공하자.
- 처지와 형편에 따라서
- 가정에 당하면 가정에 봉공
- 사회에 당하면 사회에 봉공
- 국가에 당하면 국가에 봉공
- 세계에 당하면 세계에 봉공
- 나를 없애야 참 봉공이 되고(아사법생我死法生) 참된 세계주의가 실현된다.
- 공사公私의 표준생활

  빙공영사憑公營私인가?

  선공후사先公後私인가?

  지공무사至公無私인가?

예전에 서원이 약한 상태에서 주위의 권유로 출가를 한 학생이 있었습니다. 그러다보니 방학이 되어 집에 돌아가면 부모들로부터 대우를 받는 것이 일이었습니다. 자칫 봉공의 뜻을 모르면 이처럼 대우 받는 사람이 되고 맙니다. 하지만 뜻을 세우고 집안의 반대를 무릅쓰고 출가를 한 학생은 그렇지 않았습니다. 가정에서 몰라주니 더욱 열심히 가정에 봉공을 하는 것을 보았습니다.

　우리가 봉공을 하는 데 있어서도 진리를 요달해서 해야지 기쁘게 낙원 생활을 할 수 있습니다. 부모가 해보라고 해서 억지로 하는 봉공은 기쁨과 보람이 있을 수가 없습니다. 깨달은 사람은 어디를 가나 봉공할 거리가 보입니다. 부모 보은을 생각하는 사람은 버스에 타서 자리에 앉았다가도 노인에게 기쁘게 양보하지만, 깨닫지 못한 사람은 하필이면 노인이 내 앞에 서 있을까 불평하면서 자리를 양보합니다. 같은 양보라도 내용이 많이 다릅니다.

　대산 종사님께서는 「나를 없애야 참 봉공이 되고 아사법생我死法生 참된 세계주의가 실현된다.」고 하셨습니다. 또 30년 산송장이 되라는 말씀도 모자라서 '아사법생'이라고까지 강조해 주셨습니다. 아사我死해야 법생法生하고, 법생해야 진정한 아생이 가능합니다. 결국 죽였다가 다시 살려내시는 것입니다. 왜 이렇게 하셨을까요? 어설프게 죽으면 죽은 것도 아니고 산 것도 아니게 되는 까닭입니다.

　대종사님께서는 법인기도시 구인제자들에게 왜 자결까지 요구하셨을까요? 우리는 그 본의를 생각해 보아야 합니다. 우리가 살아가는 이 시대는 이기주의가 팽배해서 누구도 자신을 희생하지 않으려고 합니다. 대종사님께서는 이런 시대 상황을 읽으시고 구인제자를 통해 무아봉공의 전형을 제시해 주신 것입니다.

대종사님께서는 『대종경』 전망품에서 앞으로의 시대를 예견하시면서 장차 돌아오는 세상은 목숨을 바쳐서까지 자기희생을 하지 않아도 되는 밝은 세상이 될 것이라고 하셨습니다. 그럼에도 불구하고 구인제자를 무아봉공의 모범으로 전무출신의 모델로 보여주신 뜻을 우리는 깊이 새겨야겠습니다. 이름과 내용이 다르면 가짜라고 하듯이 자칫하면 전무출신도 가짜 전무출신이 될 수 있습니다. 무아봉공을 표준으로 끝없이 노력해야 말 그대로 참다운 전무출신이 될 수 있을 것입니다.

대산 종사님께서는 공사公私의 표준생활을 「빙공영사憑公營私인가, 선공후사先公後私인가, 지공무사至公無私인가」 이 세 가지로 나눠서 설명해 주셨습니다. 공을 빙자해 사리를 도모한다면 그 일이 얼마나 오래 갈 수 있을까요? 시대가 점점 밝아지고 있기 때문에 결코 오래 가지 못합니다. 사람들이 귀신같이 압니다. 전무출신은 물론이고 세상 사람들도 마찬가지입니다. 정치인이나 지도자들의 경우에는 더욱 오래가지 못합니다.

14

일상 수행의 요법
日常 修行-要法

　일상 수행의 요법을 보면 계속 '세우자' '돌리자'고 하셨습니다. 왜 공부길은 세우고 인생길은 돌리라고 하셨을까요? 공부길도 돌리고 인생길도 돌리면 안 될까요? 공부길도 세우고 인생길도 세우면 안 될까요? 왜 대종사님께서는 우리들이 날마다 외우는 '일상 수행의 요법'에서 공부길은 세우고 인생길은 돌리라고 하셨을까요? 다 함께 생각해 봅시다.

　교의편에서 세우고 돌리는 길을 다 소개하고 손에 쥐어 주었으니 이제 한번 '세우고 돌려봐라.' 하신 것입니다. 세우는 힘이 있고 돌리는 힘이 있어야 법력이 있는 것입니다. 왜 공부길은 세우고 인생길은 돌리라고 하셨는지 알고 공부하면 훨씬 더 정성을 들이게 되고 법문의 뜻을 깊이 이

해할 수 있을 것 같아서 질문했습니다. 여러분들도 한번 생각해보시기 바랍니다.

일상 수행의 요법 1조부터 3조까지 공부하겠습니다. '심지는 원래 요란함도 없고, 어리석음도 없고, 그름도 없는데 경계를 따라 있어지나니…' '세우라'고 하신 것입니다. 자성의 정·혜·계를 원래 자리에 세우라는 말씀입니다. 요란하고 어리석고 그른 마음이 경계를 따라 있어지는 것은 당연한 것입니다. 그러니 자꾸 없애려고만 하거나 나무라지만 말고 믿어주어야 합니다. 그러나 마음에 원래 없건마는 경계를 따라 있게 된 것을 수용하는 것까지는 좋지만 뒷부분인 '그 요란함, 어리석음, 그름을 없게 하는 것으로서 자성의 정·혜·계를 세우자.'를 빼면 안 됩니다. 왜냐하면 뒷부분을 위해서 앞에서 상황을 설명한 것이기 때문입니다. 몸이 아플 때 그 병이 어떻게 생기게 됐는지 알려주신 것과 같습니다. 본래는 없는데 경계 따라서 이런 저런 마음이 있게 됩니다. 그러므로 아닌 마음이 나고 미운 마음이 나도 미워하지 말라는 것입니다. 미워하지 말고 그대로 놓아두면 어쩌다가 실수는 할지언정 그 마음에 계속 속지는 않게 됩니다.

심지에 요란함과 어리석음과 그름이 생기면 원래 자리에 되돌려야 합니다. 그러나 원래 없는 자리에만 집착하면 성품의 원리에 대해 잘 모르는 것입니다. 원래 자리는 대 자리입니다. 경계 따라 있어지는 자리는 소 자리입니다. '없게 하는 것으로써'는 유무 자리이며 다시 변화시킬 수 있다는 의미입니다. 유무로 다시 변화시킬 수 있기 때문에 원래의 정과 혜와 계를 세울 수 있습니다.

원래 자성 속에 정의 성격도 있고, 혜의 성격도 있고, 바를 정正자의 의미가 담긴 계의 성격도 있습니다. 자성 속에 정도 있고 혜도 있고 계도 있는데 경계 따라 넘어졌을 뿐입니다. 넘어지는 것은 소 자리가 있기 때문입니다. 즉 진공한 가운데 묘유가 있고 무량세계가 전개됩니다. 원래 자리로 되돌리는 작업을 해야 합니다. 원래 자리로 되돌리는 것이 훈련입니다. 있는 것은 그대로 두고 다시 일어나는 것은 원래 자리로 되돌려 놓아야 합니다. 풀이 나는 것을 나무랄 것이 아니라 뽑지 않는 것을 걱정해야 합니다.

중생은 부처보다 자성의 혜가 훨씬 모자랄까요? 업장이 두터운 사람은 자성의 혜가 엄청나게 모자랄까요? 부처와 중생은 자성의 정혜계가 똑같을까요? 다르다고 생각하면 교의편을 잘못 배운 것입니다. 자성의 정·혜·계는 누구에게나 똑같이 갚아 있는데 경계 따라 일어나는 것이 각각 다를 뿐입니다. 또 요란함과 어리석음, 그름을 없애고 원래 자리를 회복하는 정성도 사람마다 다를 뿐입니다. 중생에게도 자성의 정·혜·계가 성자와 똑같이 갖추어져 있다는 것을 교의편에서 확실히 터득했다면 분심을 한번 내 볼 만합니다. 대 희망과 용기를 가질 만합니다.

요란함이 없는 내 자성의 정, 어리석음이 없는 내 자성의 혜, 그름이 없는 내 자성의 계가 모든 성자와 똑같이 내 안에 갊아 있다고 했습니다. 다만 경계 따라 일어나는 마음이 각각 다를 뿐입니다. 그러면 어떻게 해야 할까요? 대종사님께서는 '야! 걱정하지 마라. 내가 하라는 대로만 하면 된다.'고 수행편에서 안내를 해주셨습니다. 경계 따라 일어나는 이 마음을 어떻게 없앨까요? 없애려고만 하면 오히려 그 마음이 잡념이 될 수 있습니다. 좌선의 방법에서「망념이 침노하면 다만 망념인 줄만 알아두면 망념이 스스로 없어지나니 절대로 그것을 성가시게 여기지 말며 낙망하지 말라.」고 가르쳐 주셨습니다. 그래서 '세우자'고 한 것입니다. 만약 '돌리자'고 하면 어떻게 될까요? 자칫 다시 돌아가 버릴 수 있습니다. 세우는 것은 '회복하는 것'입니다. 넘어진 것을 원래 자리로 회복하는 것입니다.

자성의 정·혜·계는 원래 『육조단경』에 있는 말씀입니다. 육조 스님이 말씀하시기를,「심지무비心地無非 자성계自性戒 자기 마음에 그릇됨이 없는 것이 자성의 계요, 심지무란心地無亂 자성정自性定 자기 마음에 산란함이 없는 것이 자성의 정定이요, 심지무치心地無痴 자성혜自性慧 자기 마음에 어리석음이 없는 것이 자성의 혜다.」라고 하셨습니다. 그런데 대종사님께서는 이 법문을 「원래는 없건마는 경계를 따라 있어지나니, 없게 하는 것으로써…」로 설명을 해주셨습니다. 일상 수행의 요법에 안내가 되어 있어도 일상 수행의 요법을 읽다보면 경계에 따라 요란하고 어리석고 그른 마음이 나지 않게 하는 비결이 없을까 하는 생각을 하곤 합니다. 요란함과 어리석음과 그름을 없게 하는 방법이 바로 훈련법이고 무시선법입니다.

다음에는 일상 수행의 요법 4조 「신과 분과 의와 성으로써 불신과 탐욕과 나와 우를 제거하자.」에 대해 공부하겠습니다. 대종사님께서는 신분의성이 삼대력의 열쇠일 뿐만 아니라 만사성공의 열쇠라고 하셨습니다. 믿음의 정도에 따라 깨달음도 달라집니다. 불퇴전하는 믿음이 깨달음으로 이어집니다.

신信은 어떤 경우에도 잊어버리지 않는 것입니다. 잊어버리려고 하면 '신심'이 쏙 나오게 됩니다. 교도들이 교리는 잘 몰라도 인과를 잊어버리지 않고 취사를 하는 것을 보면 신심이라는 것이 깨달음의 중요한 열쇠라는 것을 확실하게 알 수 있습니다. 이론적인 체계가 있어야 깨달을 수 있는 것이 아니라 확실히 믿으면 깨달을 수 있습니다. 대종사님께서도 학문을 닦아 깨달은 것이 아닙니다.

다음은 일상 수행의 요법 5조 「원망 생활을 감사 생활로 돌리자.」에 대해 공부하겠습니다. 여러분은 원망할 일이 전혀 없나요? 일상 수행의 요법 5조는 원망할 수도 있는데 원망하지 말아라, 인과를 생각하고 은혜를 생각해서 감사로 돌리라고 하신 것입니다.

다음은 일상 수행의 요법 6조「타력생활을 자력 생활로 돌리자.」에 대해 공부하겠습니다. 우리는 타력생활도 할 수 있고 의뢰 생활도 할 수 있습니다. 서로 사랑해서 엄청 도와주는 모습을 보았습니다. 그러나 사랑이 너무 극진하면 과잉보호가 됩니다. 과잉보호는 사람의 자력을 도둑맞게 합니다. 그래서 의뢰 생활을 할 수 있어도 인과와 은혜를 생각해서 자력 생활을 해야 하고 또한 부득이 의뢰 생활을 할 수밖에 없는 사람들에게 힘이 되어주어야 합니다.

인과를 생각하면 돌릴 수 있습니다. 은혜를 생각하면 돌릴 수 있습니다. 공익심도 그렇습니다. 요즘 세상에는 별스런 도둑들도 많습니다. 불로소득을 얻으면 우선은 좋고 맛있을 것입니다. 불로소득을 얻을 때 불안하고 가슴이 두근거려도 자기 호주머니에 넣고 나면 다른 사람이 모를 것이라 생각하고 잡히지 않았으니 해결된 것으로 생각할 수 있습니다. 그러나 인과적으로 보면 불로소득은 나갈 때 억울하게 나갈 수밖에 없습니다. 그래서 인과의 원리와 은혜의 원리를 확실하게 알면 공익심 없는 마음을 공익심 있는 마음으로 돌릴 수가 있습니다. 돌릴 때 잊어서는 안 되는 것이 은혜와 인과입니다.

그런데 왜 대종사님께서는 일상 수행의 요법을 날마다 외우게 하셨을까요? 심지어 좌선하기 전까지 왜 외우도록 하신 것일까요? 만약에 '일상 아는 공부의 요법'이라고 하셨다면 한번 알고 나면 그 다음에는 외우지 않아도 되었을 것입니다. 그러나 세우고 돌리는 실천을 얼마나 하고, 찰나마다 경계마다 얼마나 공부를 하느냐를 대조시키기 위해서 제목을 '일상 수행의 요법'이라고 하고 날마다 외우게 하신 것입니다.

대종사님께서 내놓으신 공사公事문화는 공동생활에서 대단히 아름다운 문화입니다. 영산에 살 때는 저녁에 공사를 했습니다. 정산 종사님께서 종법사로 계실 때는 제가 총부에서 하숙을 했는데 그때도 밤에 산업부원이 다 모여 공사를 했습니다. 그런데 제가 교화부로 발령받아 가보니까 아침 공사가 일반 사회에서 하는 조회처럼 이뤄지고 있었습니다. 그래서 저는 교화부에서 근무하는 동안 조회 시간에 꼭 공부를 했습니다.

영산에서 형산 법사님 모시고 살 때 공사 시간이 얼마나 좋았는지 모릅니다. 그날 하루를 보고하고 내일 해야 할 일을 이야기하고 나서 꼭 공부를 했습니다. 형산 법사님께서는 『정전』을 한 대목씩 읽고 돌아가면서 한마디씩 말을 하도록 시키셨습니다. 말을 못하겠다고 하는 사람에게는 춤이라도 추라고 하셨습니다. "너는 노래 잘하니까 못하겠거든 노래라도 해라."하셔서 간사가 노래를 부르기도 했습니다. 어린아이들도 한 마디씩 다 시켰습니다. 이것이 공사입니다.

나중에 구타원 법사님께 그 말씀을 드렸더니 대종사님 당대부터 공사 문화가 형성되었다고 하셨습니다. 대종사님께서 공사 시간에 일기를 읽게 하고 『정전』을 한 대목씩이라도 꼭 공부하고 그 대목에 대해 모든 사람이 한 마디씩 이야기하도록 하셨다고 합니다. 공사를 하며 늘 자신의 생활을 법문에 대조하고 아는 것에 묶이지 않도록 지도하신 것입니다. 모든 일터에서 이사병행과 영육쌍전을 실천하게 하신 것입니다.

15
정기 훈련과 상시 훈련
定期 訓練-常時 訓練

훈련법은 3절까지 있습니다. 대종사님께서는 인생의 요도와 공부의 요도의 관계를 밝혀주신 것처럼, 정기 훈련법과 상시 훈련법의 관계를 제일 끝에 밝히시고 매듭을 지어주셨습니다. 이렇게까지 해주셨으니 하고 안 하고는 자기 자신의 복일 것입니다.

1절은 정기 훈련법, 2절은 상시 훈련법, 3절은 정기 훈련법과 상시 훈련법의 관계입니다. 저는 그동안 훈련법은 배워본 적이 없었는데 대산 종사님께서 『정전대의』를 강의하실 때 법위등급을 맨 먼저 가르쳐 주시고 그 다음에 훈련법을 가르쳐 주셨습니다. 제가 원불교학과에 다닐 때는 훈련법에 대한 강의도 못 들었고 시험에도 나오지 않았습니다.

어떻게 대종사님의 법으로 천여래 만보살이 배출될 수가 있느냐? 그것은 훈련법이 뒷받침해 주기 때문에 가능합니다. 대종사님께서는 훈련 과목만 안내해주신 것이 아니라 훈련 과목에 대한 정의도 분명하게 내려주셨습니다. 만일 훈련 과목만 안내가 되어 있고 과목에 대한 정의를 내려주지 않으셨다면 지금쯤 여러 가지 해석이 난무했을 것입니다. 그런데 대종사님께서는 일체 이견이 없도록 일원상 법어에서 깨달으면 이렇게 알게 되고, 깨달은 사람은 이렇게 살게 된다고 명확하게 밝혀주시고 훈련 과목의 정의도 분명하게 내려주셨습니다.

정기 훈련법

정기 훈련 과목을 공부하려면 대종사님께서 생각하신 과목의 본의를 완전히 숙지해야 합니다. 그래야 내가 각 과목을 공부할 때 본의를 따라서 공부하게 됩니다. 경전은 왜 공부하는지 강연은 왜 하는지를 알고 공부하는 것이 중요합니다. 과거부터 있었던 훈련 과목들은 『불교사전』을 참고하면 이해하는 데 큰 도움이 될 것입니다. 『불교사전』에 염불을 뭐라고 했는지, 좌선은 뭐라고 했는지 살펴볼 필요가 있습니다.

오래 전에 스님 한 분이 우리 교전을 보시고는 '도저히 이해가 안 되는 부분이 하나 있다.'고 해서 무엇이냐고 물었더니 '견성을 하는 데 왜 회화와 강연이 필요하느냐?'고 하셨습니다. 의두, 성리, 경전은 혹시 모르겠는데 회화와 강연 과목은 왜 있는지 이해가 안 되었던 것이지요. 10분 강연을 하기 위해서는 몇 십 분 이상을 준비해야 합니다. 그 과정에서 지혜가 열리게 되는 것입니다. 특히 대종사님께서는 이치만 보시는 것이 아니라 일까지 같이 보셨습니다. 즉 이理·사事를 함께 보신 것입니다. 그래서 견성을 일컬을 때 이무애사무애理無碍事無碍라고 하셨습니다. 그리고 대종사님께서는 '화두'話頭라고 하지 않으시고 '의두'疑頭라고 하셨습니다. 화두와 의두는 큰 차이가 있습니다. 우리가 이 부분에 대해 연마를 해봐야 합니다. 또 성리와 의두는 어떤 관계인지도 각자 연마 해보시기 바랍니다.

우리가 원불교학과에 다닐 때는 상시 일기 기재 여부를 따로 조사하지는 않았습니다. 그래서 상시 일기도 학교 졸업과 함께 졸업한 것 같습니다. 그런데 저에게는 일기와 관련해서 잊지 못할 일화가 있습니다. 대산 종사님께서 영산성지에 계실 때 주로 법모실을 쓰셨습니다. 그때 제가 그 방 청소 당번을 했는데 청소를 깨끗이 한다고 책상보가 덮인 책상 밑까지 청소를 하다가 뭔가를 엎어버렸습니다. 깜짝 놀라 바닥을 살펴보니 검정 콩과 하얀 콩이 잔뜩 쏟아져 있었습니다. 그날 대산 종사님의 콩 그릇을 엎어버린 것도 굉장히 충격적이었지만, 어른님께서 태조사를 하고 계신 것을 알고 크게 두들겨 맞은 듯한 느낌이 들었습니다. '나는 태조사를 이미 졸업했는데…' 하는 생각 때문이었습니다. 당시 대산 종사님께서는 유무념 대조에 대해 말씀하시면서 "대종사님께서 신앙도 혁신해 주셨지만 공부길에서도 한 생각 나오는 생각 머리를 점검하도록 해주셨다"고 하셨습니다. 응무소주이생기심應無所住而生其心, 즉 마땅히 주한 바 없이 그 마음을 내는 것이 『금강경』의 핵심입니다. 그런데 주한 바가 없으려면 마음을 낼 때 깨어 있어야 주한 바가 있는가 없는가를 알 수 있습니다. 한 마음 나올 때 그것을 짚고, 대중 잡고, 점검하는 것이 유념입니다.

내가 대산 종사님께서 태조사 공부를 하시던 콩 그릇을 엎었을 때는 대산 종사님께서 종법사가 되시기 전이었습니다. 그때는 그릇에다 넣고 하시던 때라 내가 엎어버렸는데 나중에 보니 주머니에다 넣어가지고 다니셨습니다. 후에 보니까 그 콩주머니를 좌산 종법사님께 전해주셨더군요. 마음공부를 하지 않으면 불교라는 종교의 문에 들어갈 수 없습니다. 대종사님께서 불교에다 연원을 대신 이유도 불교가 마음공부에 초점을 두고 있기 때문입니다.

대종사님께서 '훈련'이라는 단어를 쓰신 것은 될 때까지 반복을 하라는 의미가 담겨 있습니다. 훈련이란 단어를 넣어서 정기로 반복하고 상시로 반복하게 한 것입니다. 그런데 정기로 반복을 하라는 것은 조금 숨 돌릴 틈이라도 있는데 상시로 반복하라고 하니 잠시도 쉴 틈이 없습니다. 대종사님께서는 솔성요론에서 「일일시시로 자기가 자기를 가르칠 것이요.」라고 하셨습니다. 일일시시로 자기가 자기를 가르치는 것이 상시 훈련의 핵심이고 일상 수행의 핵심입니다. 우리가 정기 훈련을 할 때에도 대종사님께서 어떻게 정의를 내리셨는가를 잘 보아서 본의에 어긋남이 없도록 해야 합니다.

상시 훈련법

우리들이 공부를 하는 데 있어 얼마만큼 앞서고 얼마만큼 뒤쳐지느냐는 훈련에 달려 있습니다. 특히 상시 훈련이 중요합니다. 정기 훈련은 특별한 경우 외에는 일단 제도적으로 하지 않을 수 없도록 되어 있습니다. 따라서 결국 승패는 상시 훈련의 여부에 달려 있습니다. 스스로 하는 상시 응용 주의 사항 6조와 타력을 빌려 하는 교당 내왕시 주의 사항 6조를 어떻게 실천하느냐에 따라 공부 정도가 달라집니다.

교당 내왕시 주의 사항 6조 가운데 1~3조에 나와있는 문답하고, 감정받고, 해오 얻고, 끝에 대조하는 것이 차이의 원인이 됩니다. 즉 공부 속도가 빠르냐 더디냐를 가르는 중요한 기점은 교당 내왕시 주의 사항 전반부 3개조를 실행하느냐 실행하지 않느냐입니다.

상시 응용 주의 사항이라고 했는데 저는 처음에 이것이 '주의' 과목인 줄 몰랐습니다. 교당 내왕시 주의 사항과 함께 상시 응용 주의 사항을 확실히 외웠는데 주의 사항의 '주의'는 그만 잊어버리고 '교당 내왕'만 머리에 있고 '상시 응용'만 머리에 있었습니다. 대종사님께서 주의라 함은 「사람의 육근을 동작할 때에 하기로 한 일과 안 하기로 한 일을 경우에 따라 잊어버리지 아니하고 실행하는 마음」이라고 하셨습니다. 이것이 일일 시시로 하는 공부이고, 대종사님께서는 이것을 유무념 대조로 하게 하시고, 문자와 서식에 능하지 못한 사람을 위해 태조사로 대조하도록 하신 것입니다.

그런데 교당 내왕시 주의 사항에서의 '주의'는 무슨 주의이고, 상시 응용 주의 사항에서의 '주의'는 또 무슨 주의일까요? 대종사님께서 왜 같은 주의 과목을 이렇게 나누셨을까 생각해봐야 합니다. 교당 내왕시 주의 사항은 원래 '공부인이 교무부에 와서 하는 책임'이었습니다. 그럼 교무부는 어디고 교당은 어디인가? 우리는 교당 내왕시 주의 사항은 재가교도들이나 대조하는 것이지 출가교도들은 하지 않아도 되는 것으로 알기 쉽습니다. 그러나 절대로 그렇지 않습니다.

'주의'가 왜 이렇게 둘로 나뉘어 있을까를 생각해 보아야 합니다. 앞의 '주의'는 혼자 하는 것이고 뒤의 '주의'는 타력을 빌려서 더불어 하는 것입니다. 혼자도 하지만 타력을 빌려서, 더불어도 해야 합니다. 혼자 하는 것과 더불어 하는 것의 비율이 50대 50이어야 합니다. 혼자 하는 것만 하면 50점, 더불어 함께 하는 것만 하면 50점입니다. 법회도 교당 내왕시 주의 사항을 실천하는 것 중의 하나인데 여러분들께서는 얼마나 잘 챙기고 있는지 모르겠습니다.

상시 응용 주의 사항 常時 應用 注意 事項

상시 응용 주의 사항에 대해 좀 더 자세히 공부하겠습니다. 상시 응용 주의 사항 1조「응용하는 데 온전한 생각으로 취사하기를 주의할 것이요.」라고 하셨는데, 여기에서 온전한 상태란 과연 어떤 상태일까요? '온전한 상태'는 무엇에도 가리지 않고, 때 묻지 않고, 흔들리지 않는 상태를 말합니다. 『정산종사법어』 원리편 24장을 보면 「선악미추善惡美醜와 자타미오自他迷悟의 상이 없는 자리에서 나툰 분별이라야 그 분별이 바르며, 그 분별로 진리를 증득하고 실천하여야 원만한 도인이 되느니라.」하신 말씀이 있습니다. 즉 선과 악, 아름다움과 추함, 나와 타인, 그리고 미함과 깨달음, 이런 자리에 물들지 않고 상이 없는 그 자리에서 나툰 분별이라야 온전하다는 것입니다. 예를 들면 생각하기 전에 선악미추 자타미오의 상이 없는 그 자리에서 생각이 나와야 온전하다는 말씀입니다.

대종사님께서는 '자타의 구분도 없고 미오의 구분도 없어야 상이 없는 자리'라고 하셨는데, 그 '상'相을 뭐라고 설명해야 할까요? '상'은 곧 '테가 있는 것'입니다. 테가 없어야 온전해집니다. 그런데 선악, 미추, 자타, 미오 등은 다 주관적인 것들입니다. 나의 입장만을 표준하지 않으면 온전할 수 있습니다. 즉 내가 생각하는 선악의 표준, 내가 생각하는 자타의 구분, 내가 생각하는 미오의 차등 등을 놓아 버리면 상을 떼는 데 도움이 될 텐데 그것이 잘 안 됩니다.

그런데 대자대비하신 스승님들은 생각할 때도 그렇고 말할 때도 그렇고 항상 자신의 입장을 놓아버리십니다. 그래서 법에도 묶이지 않으시고 선善에도 집착하지 않으십니다. 그 입장을 다 놓고 육근동작을 하시기 때문에 상대방이 다 살아나는 것입니다. 심지어 악한 사람이 와도 살아납니다. 대자대비는 살려주는 것이기 때문입니다. 악한 사람을 대할 때에도 상에 묶이지 않고 대하시기 때문에 악한 사람들도 스승님을 뵙고 말씀을 받들면 살아나는 것입니다. 스승님들은 심지는 원래 요란함도, 어리석음도, 그름도 없건마는 경계를 따라 있어지는 그 자체를 먼저 대조하십니다. 어쩌다가 범한 악, 순간적인 어리석음이라는 생각을 가지고 상대방을 대하십니다. 온전한 마음으로 상대방을 살려주시고 살아나게 해주시는 것입니다.

상시 응용 주의 사항 2조 「응용하기 전에 응용의 형세를 보아 미리 연마하기를 주의할 것이요.」라고 하셨습니다. '미리 연마하는 공부'는 별 말씀 아닌 것 같은데, 하느냐 안 하느냐에 따라 굉장한 차이가 나타납니다. 미리 연마하는 공부를 잘하는 사람과 안 하는 사람은 복과 혜를 장만하는 데 있어 하늘과 땅만큼의 차이가 나게 됩니다. 미리 연마하면 지혜도 밝아지려니와 여유도 생깁니다. 미리 연마를 하지 않고 일을 당하면 늘 불안합니다. 그래서 미리 연마하는 공부는 수양과 상즉相卽 관계입니다. 따라서 미리 연마하는 공부는 지혜를 밝아지게도 하지만 수양에도 상당히 중요한 영향을 미칩니다. 상시 응용 주의 사항 1조는 취사 과목이고, 2조는 연구 과목입니다. 그러나 상즉관계이기 때문에 1조는 취사 과목 이지만 '온전함'은 수양 과목이고, '생각'은 연구 과목에 속합니다. 그렇게 전 조목이 삼학을 병진하도록 되어 있습니다.

상시 응용 주의 사항 3조 「노는 시간이 있고 보면 경전·법규 연습하기를 주의할 것이요.」라고 하셨습니다. 제가 학교 다닐 때를 생각해보면 어느 정도 공부길을 알고 나서는 경전보다는 참고 서적을 더 많이 보았습니다. 그런데 대종사님께서는 상시 응용 주의 사항 3조를 통해 공부길을 안 뒤에도 상시로 이 경전을 계속 보고 연마하기를 주의하라고 하셨습니다. 저는 이 말씀이 공부를 해 나가는데 있어서 매우 중요한 말씀이라고 생각합니다. 일생을 통하여 경전이 몇 권쯤은 닳아 없어지도록 수시로 보아야 합니다. 그리고 법규도 경전 원리에 뿌리를 두고 생활 속에서 지켜야 할 것을 함께 약속한 것이니까 그것을 연습하라고 하신 대종사님의 말씀을 명심해야 합니다.

상시 응용 주의 사항 4조「경전·법규 연습하기를 대강 마친 사람은 의두 연마하기를 주의할 것이요.」라고 하셨습니다. 여래가 되어도 성불을 해도 의두 연마는 계속해야 합니다. 상시 훈련은 견성을 하기 전에도, 항마를 하기 전에도, 여래가 되기 전에도, 또 여래가 된 뒤에도 지속적으로 해야 하는 공부입니다. 의두 거리는 법위가 높든 낮든 나이가 많든 적든 항상 가지고 있어야 합니다. 항상 의두를 가지고 서로 의견 교환을 하는 교화단이 있었는데, 그 단원들이 얼마 지나지 않아 의두 연마에 상당한 진전이 있는 것을 보았습니다. 혼자 하다가 말 것도 서로 감정을 받게 되니까 지속적으로 의두 연마를 하게 된 것입니다.

상시 응용 주의 사항 5조「석반 후 살림에 대한 일이 있으면 다 마치고 잠자기 전 남은 시간이나 또는 새벽에 정신을 수양하기 위하여 염불과 좌선하기를 주의할 것이요.」라고 하셨습니다. 이 조목을 찬찬히 살펴보면 새벽에는 으레 수양 시간을 갖고 저녁에는 남는 시간이 있을 경우에 수양 시간을 가지라는 말씀입니다.

그런데 우리들 생활을 보면 정기 훈련 기간에는 저녁에 수양 시간을 갖지만 평소에는 저녁 수양을 소홀히 하는 것 같습니다. 반면 새벽에 정진하는 것은 정기 훈련 때뿐 아니라 생활 속에서도 정착이 된 것 같습니다. 그렇지만 저녁 시간에 하는 수양은 교당에서도 잘 지켜지지 않습니다. 우리가 '잠자기 전 남은 시간'이라는 말씀을 너무 소홀히 하고 있는 것은 아닌가 하는 생각이 듭니다.

사실 우리 안에 아무리 값을 매길 수 없을 만큼 귀중한 보배, 무가지보無價之寶가 있다고 해도 수양을 안 하고 연구와 취사만 공부해서는 자기의 소유로 만들 수 없습니다. 그래서 대종사님께서 이렇게 안내를 해주셨는데, 과연 우리가 날마다 해야 하는 수양 시간을 얼마나 소중하게 여기며 잘 실천하고 있는지 모르겠습니다.

또한 잠자기 전 남은 시간이나 새벽에 염불과 좌선하기를 주의하라고 하셨는데, 전무출신이나 교당에서는 그런대로 괜찮지만, 새벽에 일어나서 활동하기에 바쁜 재가교도들에게는 이 문화를 어떻게 정착시켜야 할지 모르겠습니다.

옛날에 제가 처음 교당에 나갔을 때는 교도들이 아침 좌선을 나오지 못하는 것이 이해가 되었습니다. 그래서 교당에 나오시라고 적극적으로 권장하지 않고 집에서라도 하시라고 했습니다. 그런데 저보다 훨씬 뒤에 부임하신 훈타원 양도신 교무님께서는 교도들에게 아침에 좌선을 나오지 않는다고 꾸중을 많이 하셨습니다. 그러니까 교도님들이 차츰차츰 아침 좌선에 나오기 시작했습니다. 그 모습을 보면서 역시 교도님들은 교무가 지도하기에 달렸다는 생각을 했습니다. 훈타원님께서 자꾸 꾸중을 하시니까 남녀 대중이 '웬만하면 교당 나와서 좌선을 해야지, 대체 내가 집에서 선을 하면 시늉만 하지 얼마나 하겠는가' 싶어 교당에 나와 선을 했다고 합니다.

서로 세정을 살펴서 편리를 봐주기보다는 대종사님의 뜻을 헤아려야 상시 훈련이 살아납니다. 그래서 자기 스스로도 열심히 훈련하고, 또한 재가교도들도 그렇게 하도록 지도해야겠습니다. 아울러 교화도 적극적으로 하고, 될 수 있는 대로 주의 사항을 하나하나 지켜야 할 것입니다.

교당 내왕시 주의 사항 教堂 來往時 注意 事項

교당 내왕시 주의 사항을 보면 '지도인'이라는 단어가 계속 나옵니다. 예를 들면 2조에서는 「지도인에게 감정 얻기를 주의하라.」하셨고, 3조에서는 「지도인에게 해오 얻기를 주의하라.」고 하셨습니다. 그런데 여기서 '지도인'이란 누구를 지칭하는 것일까요? 선원에 입선해도 지도인이 계실 것이고, 교당에 가도 지도인이 계실 것입니다. 하지만 참 지도인은 과연 어떤 사람을 말하는 것일까요?

　법맥을 대는 것은 대의를 세우는 측면에서 매우 중요한 문제인데, 저는 상시 훈련과 정기 훈련의 공부법이 바로 그 대의를 세우는 핵심이 아닐까 생각합니다. 연원에는 입교연원, 출가연원, 견성연원, 보은사업을 하도록 이끌어준 사업연원도 있습니다. 그런 연원들을 소홀히 하지 않도록 하는 공부가 바로 교당 내왕시 주의 사항입니다. 기독교인 가운데는 더러 무교회주의를 주장하는 분들이 있습니다. 그런데 우리 교법으로 본다면 교당은 어디일까요? 시설을 갖춘 곳이 교당인가, 지도인이 있는 곳이 교당인가를 생각해 볼 필요가 있습니다.

　혼자 공부하는 것은 공부길을 50%밖에 잡지 못한 것으로 봐야 합니다. 스스로 염불을 하고 좌선을 하고 경전을 보고, 온전한 생각으로 취사하는 등 상시 응용 주의 사항을 다 지킨다고 해도 혼자 공부해서는 발전하기 어렵기 때문에 타력을 빌리도록 하신 것입니다. 교당 내왕시 주의 사항은 공부길을 잡는 데 있어 진리를 모시고, 스승을 모시고, 동지를 모시고 또 많은 연원불들을 모시고 살면서 안으로 공부길을 계속 계발해가는 중요한 공부법입니다.

　그러면 전무출신들은 교당 내왕시 주의 사항 1조「상시 응용 주의 사항으로 공부하는 중 어느 때든지 교당에 오고 보면 그 지낸 일을 일일이 문답하는 데 주의할 것이요.」를 어떻게 실행하고 있을까요? 출가교도들은 다른 이들의 문답에는 응했을지언정 스스로 심사(心師)나 심우(心友)에게 찾아가서 일일이 문답하는 일이 있는지 모르겠습니다. 일기를 하다보면 2, 3, 4조는 그런대로 되는데 1조는 잘 안 된다는 말을 종종 듣게 됩니다. 우리는 대종사님께서 교당 내왕시 주의 사항 1조를 왜 이렇게 중요하게 조문화해서 밝혀주셨나 생각해 봐야 합니다. 그래서 전무출신들은 교화단 활동을 통해서 교당 내왕시 주의 사항을 많이 보완하고 있는 것 같습니다. 사실 우리들이 내왕하고 있는 교당에 가면 한 달에 한 번도 지도인과 문답할 기회가 없습니다. 만일 교당 내왕시 주의 사항의 실천을 교당에서만 하려고 한다면 한 달에 한 번도 실천하지 못하고 지내기가 쉽습니다. 교당 내왕시 주의 사항을 밝혀주신 대종사님의 본의를 잘 파악해야겠습니다.

하여튼 상시 응용 주의 사항 6조나 교당 내왕시 주의 사항 6조를 하라는 대로 꼬박꼬박 하려고 작정하는 사람이 나중에 도가에서 성공도 하고 사회에서 인증도 받습니다. 사실 정기 훈련은 많이 참석할 수가 없습니다. 하지만 생활 속에서 할 수 있는 상시 훈련은 각자 하기 나름입니다. 따라서 공부길 중에 제일 중요한 상시 훈련을 잘해야겠습니다.

『교리실천도해』를 보면「일일시시로 자기 훈련, 교화단으로 세계 훈련」을 하라는 말씀이 있습니다. '일일시시로 자기 훈련'은 상시 응용 주의 사항 6조로 하고, '교화단으로 세계훈련'은 교당 내왕시 주의 사항 6조로 하면 됩니다. 2대 훈련법에 그렇게 되어 있습니다. 그리고 교당 내왕시 주의 사항은 스승의 감정을 받는 것입니다. 교화단이 교당 역할을 해야 한다는 말씀이 바로 이 『교리실천도해』에 잘 나와 있습니다.

정기 훈련법과 상시 훈련법의 관계

만약에 대종사님께서 정기 훈련법과 상시 훈련법의 관계를 밝혀주지 않으셨다면 어떻게 되었을까요? 정기 훈련법과 상시 훈련법의 관계를 밝혀주신 내용 중에 가장 중요한 부분은 맨 끝에 밝혀주신 「재세 출세의 공부인에게 일분일각도 공부를 떠나지 않게 하는 길이 되나니라.」하신 부분입니다. 요즘 우리들은 재가 출가라고 하지만 대종사님 당대에는 '재세 출세'라고 하셨습니다. 정기 훈련법과 상시 훈련법은 바로 재가든 출가든 구분하지 않고 일분일각도 공부를 떠나지 않게 하는 공부법입니다.

여러분! 여러분께서는 지금 일분일각도 떠나지 않게 공부하고 있나요? 공부길은 잡았나요? 훈련법 공부가 끝나면 "잘 되지는 않지만 그래도 공부길은 확실히 잡았습니다."라고 말할 수 있어야 합니다. 공부길이라는 것은 일할 때만의 공부길이 아닙니다. 일을 하지 않을 때도 공부길이 있고, 밥 먹을 때도 공부길이 있고, 청소할 때도 공부길이 있고, 동정 간 어느 때든지 공부길이 있습니다. 언제나 마음대조하는 공부길로 생활해 나가는 모습이어야 합니다.

『정전』을 보면 「자료를 준비하는 공부법이 되나니…」라는 구절이 있습니다. 그런데 여기에서 자료를 준비한다는 말씀이 무슨 뜻일까요? 서로서로 공부 자료를 삼는다는 말입니다. 정기 훈련을 마치고 나면 상시 공부의 자료가 준비 되나요? 상시 훈련을 하는 동안 정기 공부의 자료가 준비 되나요? 누군가 정기 훈련을 마치고 달음질쳐 가면 자료가 잘 준비된 것이라고 하였습니다. 그렇습니다. 바쁘게 달음질쳐 가면 어서 해봐야지 하는 마음으로 상시 공부의 자료를 잘 얻어가는 것입니다.

정기 훈련에 들어오는 모습도 상시 훈련을 어떻게 했느냐에 따라서 각각 다릅니다. 상시 응용 주의 사항 6조로 평소에 어떻게 훈련을 했느냐에 따라서 정기 훈련에 들어오는 모습이 각각 다릅니다. 재충전도 하고 상시 공부의 자료도 잘 준비해 가야지 하는 마음으로 정기 훈련에 들어오는 사람은 발걸음이 가볍습니다.

공부길이 잡힌 사람은 잘 되어도 재미있고 잘 안되어도 재미있습니다. 오나가나 다 재미가 있는 것입니다. 잘하는 사람을 봐도 재미있고, 잘못하는 사람을 봐도 스승으로 삼기 때문에 재미가 있습니다. 공부길을 잡으면 항상 희망이 있고 용기가 생기게 됩니다. 그러기 위해서는 많이 울어야 됩니다. 우리는 대개 일 때문에 많이 울지만, 자기 마음이 마음대로 되지 않을 때도 울어야 합니다. 지난 번에 제가 제일 부러워하는 사람이 여의보주를 얻은 사람이라고 했습니다. 정말 여의보주를 얻고 이 생을 마치고 싶은데 그것이 참 쉽지가 않습니다.

『대종경』 서품 17장을 보면 부처님의 지혜와 능력이 잘 밝혀져 있습니다. 그것이 바로 대종사님의 지혜와 능력이요, 우리들이 말하는 여의보주를 얻으신 분의 지혜와 능력입니다. 서품 17장을 한 조목 한 조목 자신의 공부와 대조를 해 보면 그 중에서 이 조목은 자신이 있다, 이 조목은 아직 멀었다 하는 것이 가늠 될 것입니다.

16

염불법
念佛法

　　자신이 염불과 좌선을 잘하고 있는지를 알려면 『정전』 '좌선과 염불의 공덕' 내용과 대조해 보면 됩니다. 염불과 좌선을 하지 않는 사람과 잘 못해도 꾸준히 하는 사람은 결과적으로 공덕에서 큰 차이가 납니다. 염불과 좌선을 하면 무엇이 달라지는 것일까요? 염불과 좌선의 공덕은 서로 같습니다. 좌선의 공덕 1조를 보면 좌선을 하게 되면 경거망동하는 일이 차차 없어진다고 하셨습니다. 경거망동하는 일이 없어진다는 것은 곧 삶에 무게가 있어진다는 말입니다. 삶에 무게가 있다는 것은 육근동작에 있어서 열고 닫는 문단속을 잘한다는 말씀입니다.

　　사실 대종사님께서 밝혀주신 염불법과 좌선법은 다른 종교의 수행 방법들과 비슷한 부분이 많습니다. 그러나 좌선을 할 때 단전주를 하게 하신 것이나 염불을 할 때 부처님의 신력에 의지하기보다는 자심미타를 발견하여 자성극락에 돌아가게 하신 것은 대종사님의 독특한 방법입니다.

대종사님께서는 원기 10년(서기1925년) 서울교당에서 제자들에게 초학자는 좌선보다 염불을 하는 것이 더 좋다는 법문을 해주셨습니다. 그런데 그 자리에 있던 이공주 선진님과 성성원 선진님이 젊은 사람이 '나무아미타불'을 부르자니 쑥스럽다는 말씀을 올렸습니다. 그러자 대종사님께서 이공주 선진님께는 「거래각도무궁화去來覺道無窮花 보보일체대성경步步一切大聖經」이라는 글귀를, 성성원 선진님께는 「영천영지영보장생永天永地永保長生 만세멸도상독로萬世滅度常獨露」라는 글귀를 내려주시며 염불 대신에 독송하도록 하셨습니다. 그것이 오늘날 우리가 염송하는 '성주'聖呪가 되었습니다.

염불의 요지에 나오는 '아미타불'은 '자심미타'를 말합니다. 또 성주에 나오는 영천영지영보장생과 만세멸도상독로는 '무량수'에 대한 구체적 설명이며, 거래각도무궁화는 거래하는 도를 깨달으면 결과적으로 다함이 없는 꽃인 무궁화가 된다는 말씀입니다.「무량수각에 귀의한다.」고 할 때 귀의란 돌아가 의지한다는 말인데, 나무아미타불에서 '나무'가 바로 이 귀의를 뜻하는 말씀입니다. 또 보보일체대성경은 걸음걸음이 경전이 된다는 것으로 이것은 귀의를 해서 얻는 공덕을 밝혀주신 것입니다.

　대종사님께서는 정기 훈련 과목 중 수양 과목으로 염불과 좌선을 밝혀 주셨습니다. 염불은 흔들리는 마음을 염불 한 귀에 집중해서 조용하게 가라앉히자는 것입니다. 각자 성향에 따라 염불을 하는 사람도 있고 주문을 외우는 사람도 있는데, 무엇을 택하든지 대종사님께서 내주신 법으로 하는 것이 좋습니다.

　대종사님께서는 『정전』 염불의 방법에 밝히시기를 「염불의 방법은 극히 간단하고 편이하여 누구든지 가히 할 수 있다.」고 하셨습니다. 염불의 방법 3조에 「정신을 오로지 염불 일성에 집주하되, 염불 구절을 따라 그 일념을 챙겨서 일념과 음성이 같이 연속하게 하라.」고 하셨습니다. 어떻게 하면 될까요? 제 생각에는 '나무아미타불' 염불 구절에 따라 마음을 챙기면 되는 것 같습니다. 이것이 가장 구체적인 염불의 방법이 아닌가 싶습니다.

　우리가 염불을 그렇게 많이 하는 편이 아니라서 좌선에 대한 체험담보다 염불에 대한 체험담이 비교적 적습니다. 대종사님께서 염불의 방법 3조에 그 공부길을 자상하게 일러주셨는데 그동안 내가 참 건성으로 했구나 하는 생각이 들었습니다. 저는 개인적으로 좌선보다 염불을 좋아했는데 나이가 드니까 기운이 없어서 소리를 내는 것이 힘들어졌습니다. 그래서 누가 북을 치면 자연히 북에다가 마음을 모으기도 하고, 옆에 사람이 내는 소리에 마음을 모으기도 하면서 염불을 합니다. 저는 일원상 서원문을 독송해보니까 염불만 하는 것보다 좋았습니다. 제 체질이 오랜 시간 마음을 집주해야 일심이 되어지는 체질인가 봅니다.

염불은 구절을 따라서 챙기고 소리를 내면서 챙기는 공부법입니다. 염불의 방법 3조에 「정신을 오로지 염불 일성에 집주하되, 염불 귀절을 따라 그 일념을 챙겨서 일념과 음성이 같이 연속하게 하라.」하셨으니 끝없이 일념을 챙기려고 노력해야 합니다. 대개 염불은 좌선보다는 훨씬 쉬운 공부길이라고들 하는데 사람에 따라서는 좌선이 더 쉬운 사람도 있습니다.

염불은 좌선과 그 공덕이 같으니 염불의 공덕에 대해서는 더 이상 설명하지 않겠습니다. 결국 염불과 좌선은 시간을 투자하는 사람만이 성공할 수 있는 과목입니다. 교도님들 중에 차를 탔다 하면 주송하는 분들이 있습니다. 그분들을 보면 대개 육근동작을 하는 데 상당히 순서가 있고 무게가 있고 이치에도 밝은 것을 알 수 있습니다. 염불을 통해 늘 마음을 가라앉히니까 밝은 것입니다. 많은 경전을 익히거나 특별히 학식이 높은 분도 아닌데 밝은 것은 계속 가라앉히니까 역량이 터져서 밝아진 것입니다. 그런 분들은 대개 염불과 좌선에 시간 투자를 많이 하신 분들입니다.

정력定力은 수양을 하면 얻을 수 있지만 하지 않으면 얻을 수 없습니다. 지능이나 학력과 아무런 상관없이 누구나 끊임없이 공을 들이면 자심미타를 발견할 수 있습니다. 우리 모두에게 자심미타를 발견하여 자성극락을 회복할 수 있는 잠재 능력이 있다는 사실은 굉장한 경사이고 횡재입니다. 여자도 괜찮고, 남자도 괜찮고, 무식해도 괜찮습니다. 결국 자기가 공들이고 투자한 만큼 계발이 된다는 사실 자체가 우리 중생들에게는 횡재입니다.

언젠가 교도님 한 분이 오셔서 요즈음 자신이 참 행복하다고 자랑했습니다. 차를 타도 할 일이 있고, 아파서 누워있어도 할 일이 있고, 잠을 잘 때도 할 일이 있으니 참 행복하다는 것이었습니다. 이렇듯 공부길을 잡고 보면 늘 마음에 여유가 있습니다. 이 공부는 일 속에서도 할 수 있고, 몸이 아파도 할 수 있습니다. 공부길만 잡으면 동할 때나 정할 때나 정기나 상시나 또는 수양이나 취사를 주체로 하면서 환경이나 여건 따라 변화해 가고 보완해갈 수 있습니다.

그런데 공부는 왜 하는 걸까요? 대종사님께서는 '항상 밖으로는 보은하고, 안으로는 공부심을 챙기라.'고 하셨습니다. '성불한 뒤에 제중하라, 성불한 뒤에 보은하라.'고 하시지 않으셨습니다. 그러다보니 자칫 보은 활동에 전념하느라 공부를 소홀히 하는 경우가 더러 있습니다. 그럴 때는 제도적으로 한쪽에 흐르지 않도록 보완을 해주어야 하고 본인도 적공에 더욱 노력해야 합니다. 그렇다고 해서 늘 공부길 대중 잡는 재미만 쫓아서 보은을 소홀히 하게 되면 나중에 복을 받을 수 없기 때문에 복과 혜를 아울러 닦아야 합니다.

⑰ 좌선법
坐禪法

　　대종사님께서는 수양 과목을 목수가 일할 때 쓰는 대패에 비유하셨답니다. 거친 것을 깎아내는 대패와 몽근 것을 깎아내는 대패, 거친 것과 몽근 것을 모두 깎아내는 대패, 이렇게 세 가지로 말씀해주셨답니다. 거친 것을 깎아내는 것은 '염불'이고 몽근 것을 깎아내는 것은 '좌선'입니다. 천만 가지로 흩어지는 정신을 미타 일념에 그치며 순역 경계에 흔들리는 마음을 무위 안락의 지경에 돌아오게 하는 염불은 굵고 거친 것을 다듬는 대패와 같습니다. 원적무별한 진경에 그쳐서 심락을 누리게 하는 좌선은 더 섬세하고 몽근 것까지 다듬는 대패이고, 무시선無時禪은 거친 것과 몽근 것을 자유자재로 깎아내는 대패입니다. 자기 근기와 환경과 처지를 따라서 세 과목으로 수양길을 잡으면 누구나 성공한다는 말씀을 하셨답니다.

여러 갈래로 흩어지는 마음을 염불 일성의 말뚝에 딱 매어두는 것이 염불이라면, 「마음에 있어 망념을 쉬고 진성을 나타내는 공부이며 몸에 있어 화기를 내리게 하고 수기를 오르게 하는 방법」이 좌선입니다.

여러분! 아침 좌선을 하고나면 정신과 기운이 상쾌하죠? 망념이 많은 사람이 있는가 하면 망념이 별로 없는 사람도 있을 것입니다. 좌선은 젊다고 잘되고 늙었다고 안되는 것이 아니라 좌선을 얼마나 우선순위에 놓고 살았느냐 그렇지 않느냐가 중요합니다. 낮에 취사를 잘못했거나 욕심이 많으면 망념도 많을 가능성이 높습니다. 잠이 많아서 정신이 상쾌하지 못한 사람도 있을 것입니다.

낮에 취사를 잘못하지 않고 욕심도 그리 많지 않은데 잠이 많은 사람은 어떻게 해야 할까요? 먹는 것과 휴식을 잘 조절해야 합니다. 먹는 것을 조절하고 충분히 휴식해야 아침에 상쾌합니다. 알고 보면 아침이 시작이 아니라 저녁이 시작입니다. 그러므로 낮 시간도 중요하지만 저녁 시간을 어떻게 보내고 아침을 맞이하느냐가 중요합니다. 저녁 시간에 충분히 쉬어서 아침에 졸리지 않도록 해야 합니다. 몸도 염치가 있습니다. 한없이 떼를 쓰지는 않습니다. 어느 정도 몸에 맞춰주면 따라옵니다.

대종사님께서는 좌선의 방법을 말씀하기 전에 좌선의 요지에서 망념을 잠재우고 물 기운을 오르게 하는 것이 얼마나 중요한지 설명하시고 간절하게 권장하셨습니다. 망념, 번뇌와 같은 단어들을 무시선의 강령에서는 '잡념'이라고 표현하셨습니다. 좌선의 요지에 또, 「만일 망념이 쉬지 아니한즉 불기운이 항상 위로 올라서 온몸의 수기를 태우고 정신의 광명을 덮을지니…」라는 대목이 있는데 정신의 광명을 덮는 것이 가장 슬픈 일입니다. 중생과 부처의 차이는 정신의 광명이 무엇으로 덮여있는 사람과 그렇지 않은 사람의 차이와 같다고 할 수 있습니다. 중생이나 부처나 광명은 똑같이 가지고 있지만 중생은 정신의 광명이 망념으로 덮여있는 사람이고, 부처는 망념이 쉬어서 정신의 광명이 망념으로 덮여있지 않은 사람입니다.

법위등급 중 대각여래위 조항을 보면 「동하여도 분별에 착이 없고, 정하여도 분별이 절도에 맞는 사람의 위」라고 밝혀 놓으셨습니다. 이것은 마음을 완전히 자유자재하는 경지로 망념이 없어야 동하여도 분별에 착이 없고 정하여도 분별이 절도에 맞을 수 있습니다.

사람이 분별을 하지 않으면 목석과 같아서 문제가 됩니다. 그러나 반대로 망념으로 인해 쉬지 않고 분별하는 것도 문제입니다. 사람에 따라 망념이 많은 사람도 있고 적은 사람도 있습니다. 연령에 따라 망념이 많을 때도 있고 적을 때도 있습니다. 일터에 따라 망념이 많이 일어나기도 하고 적게 일어나기도 합니다. 그럴 때 서로서로 도와주어야 합니다.

동지 중에 잘 살다가 일터가 바뀌고 어려운 일에 사로잡혀 어떻게 할 줄 모르는 사람을 보았습니다. 그 사람이 본래 그런 것이 아니라 경계 따라 그런 것입니다. 원래 내버려 두면 망념도 있고 정념도 있고 절도에 안 맞는 분별도 있고 절도에 맞는 분별도 있기 마련이라서 잘 갈무리해서 심성 훈련을 계속해야 합니다.

　좌선의 요지 후반부에 보면 「부득이 당연한 일에 육근의 기관을 운용하는 것도 오히려 존절히 하려든, 하물며 쓸데없는 망념을 끄리어 두뇌의 등불을 주야로 계속하리오.」라는 대목이 있습니다. 이 말씀은 당연한 일에 육근 작용하는 것도 존절히 해야 하는데 하물며 쓸데없는 망념을 가지고 머리를 불태워서는 안 된다는 말씀입니다.

　불교에서 수도 정진하고 있는 스님들이 우리를 보면 육근 작용을 존절히 하지 못한다고 할 수 있습니다. 우리는 좌선법과 무시선법에서 지향하는 인격과 심성 훈련을 해가는 표준이 불교와 같으면서도 다릅니다. 이 점을 확실히 알아야 합니다. 스님들은 우리에게 그렇게 육근을 많이 운용해서 언제 안정을 얻고 언제 자성의 혜광이 드러나게 할 것이냐 하며 안타깝게 여깁니다. 하지만 대종사님께서 알려주신 공부법은 만사를 놓고 수양에만 힘쓰는 것이 아니라 무시선을 하자는 것입니다. 간화선 쪽에서는 화두를 들고 놓지 않는 것을 선이라고 하는데 원불교의 무시선은 그와는 길이 다릅니다.

좌선의 방법

『정전』좌선의 방법에는 여러 가지 조목이 있지만 요약하면 몸과 숨과 마음을 고르는 것입니다. 몸을 고르는 조신調身은 '편안하게 하라.'는 것이 대종사님 가르침의 특징입니다. 좌복을 펴고 편안히 앉은 후에 전신의 힘을 단전丹田에 툭 부리라고 하셨습니다. 그리고 몸을 고를 때 전신의 힘을 단전에 툭 부리어 단전에 기운 주住해 있는 것만 대중 잡으라는 것은 상체에 기운을 둔다거나 힘을 주지 말고 편안히 하라는 뜻입니다.

그런데 상체의 기운을 빼고 편안히 앉으면 졸리기 쉽습니다. 그래서 「머리와 허리를 곧게 하라.」는 부분이 상당히 중요합니다. 곧게 하라는 것은 꼿꼿이 하라는 뜻이 아닙니다. 허리를 꼿꼿이 하면 기운이 척추에 있게 되어서 기운이 아래로 내려오지 않고 위로 올라갑니다. 따라서 편안히 앉되 허리는 곧게 세우라는 것입니다.

호흡을 고르는 조식調息은 좌선의 방법 3조에 밝혀져 있습니다. 일반적인 복식호흡은 적극적이고 강한 반면 단전주 호흡은 단전에다 마음을 묶어놓고 하는 호흡입니다. 단전주 호흡은 명주실이나 새털을 코밑에 대어도 흔들리지 않을 정도로 아주 가늘고 조용하게 숨을 쉬는 것이기 때문에 오래해도 관계가 없지만 복식 호흡은 그렇지 않습니다.

좌선의 방법에서 제일 중요한 것은 마음을 단전에 주하는 법과 숨 쉬는 방법입니다. 배꼽에서 4~5센티 아래가 단전 자리라고 하는데 어떤 사람은 배꼽 밑에 벙벙하게 단전 자리를 잡고, 또 어떤 사람은 배꼽 밑에 좁은 범위를 잡아 단전으로 생각하기도 합니다. 대종사님께서는 단전의 위치를 자세하게 말씀하지 않으셨습니다. 숨을 쉴 때 들이쉬는 숨은 조금 길고 강하게 하며 내쉬는 숨은 조금 짧고 약하게 하라고 하셨습니다. 숨을 들이쉴 때 마음을 챙기면 조금 강하고 길어지게 됩니다. 숨을 내뱉을 때는 놓아버려야 합니다. 그러면 자연스럽게 약하고 짧아집니다. 숨을 들이쉴 때 유념하고 내쉴 때 무념하면 호흡에 도움이 되는 것을 알 수 있습니다.

좌선의 방법에 밝혀주신 호흡법과 정반대로 가르치는 수련단체도 있지만 우리는 대종사님께서 가르쳐주신 호흡법에 이의를 제기해서는 안 될 것입니다. 『정산종사법어』 기연편 10장의 「다른 것은 모르지마는 이 법으로 부처되는 길만은 확실히 자신하였노니, 그대들이 기필 성불하고자 하거든 대종사님의 교법대로만 수행하고 나의 지도에 순종하라.」는 스승님 말씀을 유념해야겠습니다.

선진님들은 말씀하시기를 좌선을 하거나 입선, 행선을 하는 것은 각자의 체질에 따라서 할 수도 있으나, 좌선을 할 때에는 좌선의 방법대로 요령 부리지 않고 해야 한다고 하셨습니다. 선에 대해 이것저것 연구를 하는 것보다 오히려 그 시간에 선을 통하여 힘을 얻는 것이 옳습니다.

좌선을 하면서 살펴보니 숨이 마음을 따라 다녔습니다. 마음이 숨에 묶여 있으면 안 됩니다. 마음은 단전 말뚝에 묶여 있어야 합니다. 마음이 숨에 묶여 있으면 수식관이 되어 버립니다. 수식관은 처음 선을 할 때는 참고할 수 있지만 계속 수식관을 해서는 안 됩니다. 마음은 항상 단전에 묶어 놓아야 합니다. 숨을 들이쉬고 내쉬는 이론이 아무리 많아도 우리는 대종사님의 가르침에 대조하며 훈련을 계속해야 합니다.

호흡만 자리가 잡혀도 상당히 안정됩니다. 단전주선을 하다보면 마음이 막 돌아다니기도 하는데 호흡을 가늘고 조용하고 길게 하면 상당히 여유가 생기고 안정됩니다. 이것은 심성훈련과 건강에도 도움이 됩니다. 호흡이 길수록 명이 길다고 하는데 호흡으로 몸이 안정되면 감정도 정리되고 병도 감소되어 명이 길어지는 것 같습니다. 좌선이 잘되는 사람은 잘될 때 많이 해야 되고, 안 되는 사람은 꾸준히 하면서 잘할 수 있는 방법을 찾아야 합니다.

대종사님 당대에 좌선 후 출석을 불렀는데 각자가 자기의 아침 선을 평가해서 "갑이요", "정이요"하고 대답을 했답니다. 졸았으면 정이요 대답하고, 졸지만 않았어도 갑이요 대답했답니다. 그런데 한 선진님께서 졸지 않으려고 좌선시간에 취지규약을 외우고는 갑이요 하고 대답을 했다고 합니다. 하지만 선을 하지 않고 취지규약을 외운 것이 마음에 걸려 하루는 대종사님께 "선이 잘 안 되면 차라리 취지규약이라도 외우는 것이 더 낫지 않습니까?"하고 여쭈었더니 대종사님께서는 그것이 습관이 되면 나중에 큰일 난다고 하시면서 한 번 두 번 반복하다보면 좌선의 방법대로 하는 것은 싫어지고 그릇된 방법을 좋아해서 공부길 잡는 데 어려움이 있게 된다고 하셨답니다. 그 어른은 그 뒤로 아무리 졸려도 취지규약을 외우지 않고 잡념 없애는 데 주력했다고 합니다.

잡념은 일종의 보물입니다. 망념도 마찬가지입니다. 망념은 정념의 자본입니다. 망념을 미워하거나 싫어하지 말고 성가시게도 생각하지 말고 단전주만 대중 잡고 챙기면 망념이 공부하는 데 큰 도움이 됩니다.

좌선을 욕심으로 하면 안 됩니다. 좌선의 공덕에는 좌선을 해서 얻는 열 가지 공덕이 밝혀져 있습니다. 저도 그 공덕을 하루빨리 얻었으면 좋겠습니다. 그러나 물결을 가라앉히려고 하는 사람이 조급한 마음으로 자꾸 물을 흔들면서 가라앉히려고 하면 안 되는 것처럼 욕심을 내지 않고 좌선을 해야 공덕이 저절로 나타납니다.

'마음을 주하는 것'과 '기운을 주하는 것'에 어떤 차이가 있을까요? 대종사님께서는 좌선의 방법 2조에서 「단전에 기운 주해 있는 것만 대중 잡으라.」고 하셨습니다. 기운 주하는 것은 마음이 없으면 안 됩니다. 단전에 말뚝 박고 마음을 매어 둔다는 말은 기운을 단전에 머물게 한다는 말입니다. 마음과 기운은 함께하기 때문에 방심이 되면 기운도 풀어집니다.

대종사님께서 『정전』 단전주의 필요에 밝히신 내용을 보면 과거에는 화두나 머리 등에 마음을 주하였지만 우리는 단전에 마음을 묶어 놓게 하셨습니다. 대종사님께서는 마음을 단전에 주하면서 전신의 기운을 단전에 툭 부려버리고 단전에 기운 주해 있는 것만 대중을 잡으라고 하셨습니다.

선은 마음을 매어두는 것인데 간화선은 화두에, 단전주선은 단전에, 염불은 염불 일성에 마음을 모으는 것입니다. 염불은 분별 주착이 없는 본래 자리에 들어가기 위해서 많은 생각을 끊고 나무아미타불 한 생각으로 뭉치는 것이고, 단전주선은 단전에 기운 주해 있는 것에 대중을 잡는 것입니다. 계속 대중 잡고 있으면 나중에는 '대중을 잡고 있구나.' 하는 생각마저 놓아집니다. 염불도 염불 일성에 집주하다 보면 '내가 염불 일성에 묶여 있구나.' 하는 것도 놓아지는데 이것이 바로 염불삼매가 아닐까요?

독경이나 주송, 헌배도 마찬가지입니다. 헌배도 몇 천 배 하다보면 삼매에 들어 아프다는 느낌, 다시 말해서 지금 내가 몇 배 째 절하고 있다는 것조차 잊게 됩니다. 분별이 주착해 있지 않고 하나로 뭉쳐 있으면서 다른 분별 주착으로 흐트러지지 않는 단계를 삼매라고 하는데 삼매에 들면 자성의 지혜 광명이 가리지 않고 소소영령해서 위력을 발할 수 있습니다.

염불과 좌선은 우리 안에 있는 한량없는 정신 자원을 계발하는 과목입니다. 그렇기 때문에 많은 시간을 투자해서 하고 또 하고 반복해야 합니다. 다만 그 방법이 틀리면 시간을 낭비하게 되기 때문에 정확한 방법을 배워서 해야 합니다. 그리고 직접 해보면서 방법을 교정해야 합니다. 실제로 해보지도 않고 이론으로만 방법을 교정하면 항상 문 밖에서 서성거리는 것과 같습니다. 염불도 많이 해보고 단전주선도 많이 해봐야 합니다.

저는 학교 다닐 때 너무 선이 안 되어서 정산 종사님께 "차라리 그 시간에 독서하면 좋겠어요."하고 사뢰었습니다. 그랬더니 정산 종사님께서 "한 10년이나 해보았냐?"고 하셨습니다. 그러시면서 "형상 있는 것은 여기에 갖다 놓으면 가만히 있지만 우리가 상대로 하는 세계는 형상이 없는 것이고 또 무한한 조화가 깊어 있기 때문에 이게 만만치가 않다. 또 자기가 좋아하고 싫어하는 업력이 있는데 그런 것들이 함께 작용을 하기 때문에 상근기가 아니고는 형상 없는 허공을 이전등기해서 내 것을 삼는 것이 쉬운 일이 아니다."는 말씀을 해주셨습니다.

그리고 대종사님께서 우리에게 공부하게 하신 선의 목적은 좌선과 염불이 아니라 무시선입니다. 좌선과 염불은 그 자체가 목적이 아닙니다. 좌선은 기초를 닦는 것입니다. 무시선은 종합선입니다. 자성의 정·혜·계가 다 세워져야 무시선이 됩니다. 자성의 정·혜·계가 두루 세워지지 않으면 무시선을 할 수 없습니다. 그러므로 목표를 항상 무시선에 두어야 합니다. 좌선 그 자체가 목적이 아닙니다.

과거에는 진공으로 체를 삼으면 혜도 탁 솟아나는 것으로 생각했습니다. 구름이 걷히면 태양 광명이 솟아나는 것처럼 수양만 하면 대반야지가 솟아나는 것으로 생각했습니다. 그래서 간화선이나 묵조선이나 선종에서는 취사나 연구 과목을 중요시하지 않았습니다.

반면에 대종사님께서는 「진공眞空으로 체體를 삼고 묘유妙有로 용用을 삼아」공부하라고 하셨습니다. '묘유'는 조화입니다. 진공묘유의 조화가 바로 우리 신앙의 대상인데 대종사님께서는 이 조화를 은혜로 표현해주셨습니다. 진공뿐만 아니라 은혜로 나타난 묘유를 신앙의 대상으로 삼았습니다.

불공과 선은 상즉관계입니다. 안이 선의 심경이라면 밖으로 나타날 때는 은혜와 불공으로 나타납니다. '선' 하면 자칫 가라앉고 처지기 쉬운데 '무시선'은 늘 안정되어 있으면서도 희색이 만면하여 법열이 솟아나고 활선이 되어 축 처지지 않습니다. 좌선법을 얘기하며 원불교 선의 목적인 무시선을 잠깐 언급했습니다. 대종사님께서는 좌선법으로는 단전주선을 제시하시고 결국은 무시선을 지향하셨습니다. 즉 심성 훈련 할 때는 무시선을 하고 일이 없을 때는 단전주선을 하도록 지도하신 것입니다.

그런데 단전주선과 단전 호흡은 어떻게 다를까요? 단전 호흡을 하는 입장에서는 양생법으로 기를 자유자재하는 것이 목적입니다. 단전주선은 양생법을 통한 기 단련이 주가 아니고 마음을 주하고 거래하는 것이 목적입니다. 단전주선은 조금 공들여서 큰 위력을 얻는 공부길입니다. 단전은 다른 사람이 가지고 있는 것이 아니고 내 자신이 가지고 있는 것입니다. 얼마나 다행스럽습니까? 정성스럽게만 하면 됩니다. 공부길을 믿고 해보니 자신감이 생기고 처음에는 나와 싸우며 억지로 하지만 나중에는 편안하게 되어집니다. 그러다 보면 놓아도 되어지는 단계에 이를 수도 있습니다.

『정전』단전주의 필요를 보면「대범, 좌선이라 함은 마음을 일경一境에 주하여 모든 생각을 제거함이 예로부터의 통례」라고 밝혀 놓으셨습니다. 즉 어디든지 한 경계에 마음을 주하는 것이 선입니다. 또한 대종사님께서는「마음을 단전에 주한즉 생각이 잘 동하지 아니하고 기운도 잘 내리게 되어 안정을 쉽게 얻느니라.」고 하시며 '위생상으로도 극히 긴요한 법'이라고 하셨습니다.

대산 종사님께서 요가법을 도입해 주셔서 요가로 단전주선을 하는 데 은혜를 입은 사람이 많습니다. 좌선을 단전주선으로 해주신 것은 엄청난 은혜입니다. 대종님께서 단전주선을 하게 하신 것은 영육쌍전의 공부법이기 때문입니다. 단전주선을 하게 되면 일상생활을 하면서도 누구나 힘을 얻을 수 있습니다.

18

의두요목
疑頭要目

　의두요목은 대부분 과거 불가에서 들었던 화두들입니다. 의두요목 1조는 「세존이 도솔천을 떠나지 아니하시고 이미 왕궁가에 내리셨다…」는 내용입니다. 그럼 도솔천과 왕궁가의 장소가 같은가요, 다른가요? 같다고 하면 거짓말입니다. 도솔천은 하늘에 있고 왕궁가는 땅에 있으니까요. 또 1조 뒷부분은 「…모태 중에서 제도하기를 마치셨다.」고 되어 있는데, 세존이 79살에 열반하셨으므로 모태에 있을 때와 돌아가신 때와는 79년이나 세월의 차이가 있습니다. 따라서 이 의두요목을 연마할 때에는 일단 시간과 공간을 무시해 버려야 합니다.

　『대종경』 성리품 14장을 보면 대종사님과 문정규 선진님 사이에 성리 문답한 내용이 실려 있습니다.

「대종사 봉래정사에서 문정규에게 물으시기를 "벽에 걸린 저 달마 대사의 영상을 능히 걸릴 수 있겠는가." 정규 사뢰기를 "능히 걸리겠나이다." 대종사님 말씀하시기를 "그러면 한 번 걸려 보라." 정규 곧 일어나 몸소 걸어가거늘 대종사 말씀하시기를 "그것은 정규가 걷는 것이니, 어찌 달마의 화상을 걸렸다 하겠는가." 정규 말하기를 "동천에서 오는 기러기 남천으로 갑니다."하니라.」

만일 그때 문정규 선진께서 "동천에서 오는 기러기 남천으로 갑니다."라고 하지 않고, 만일 "서천에서 오는 기러기 북천으로 갑니다."하고 대답하셨다면 틀렸을까요? 이렇게 완전히 공간을 무너뜨리고, 세존께서 태어나시고 구도하시고 성불하신 후 제도 사업하신 79년이라는 시간을 다 무너뜨려야 합니다. 그러면 성품의 나이와 육신의 나이는 어떻게 차이가 날까요? 지구의 나이는 몇 살일까요? 지금 내 나이와 이제 막 출가 서원한 간사의 나이 차이는 50년쯤 됩니다. 이것은 육신의 나이입니다. 그런데 성품의 나이는 어떤가요? 대 자리를 이해하려고 할 때 일단 시공을 무너뜨리고 생각하면 그렇게 어렵지 않습니다. 다만 우리가 육근동작을 할 때 시공에 묶이지 않는 마음을 단련하는 것이 훨씬 어렵습니다. 이런 내용들을 염두에 두고 의두요목을 공부하면 됩니다.

일기법
日記法

    이 공부 이 사업을 하면서 누가 제일 많이 변화했나요? 자신이 변화했다고 느낀다면 그 분은 훈련을 잘한 사람입니다. 타력도 빌리고, 자력도 빌리고, 정기로도 하고, 상시로도 해서 훈련을 잘한 사람입니다. 대산 종사님께서 네가지 훈련으로 '자신 훈련, 교도 훈련, 국민 훈련, 인류 훈련'을 밝혀 주셨는데, 그 가운데 자신 훈련을 잘한 사람이 제일 많이 변한 사람입니다.

    우리는 훈련을 통해 변화합니다. 천여래 만보살은 세월 가지고 되는 것도 아니고, 아는 것 가지고 되는 것도 아닙니다. 바로 자신 훈련을 통해서 되는 것입니다. 그래서 대산 종사님께서는 옛날에 누가 어쩌고 저쩌고 했다며 흉을 보는 제자들을 보시면 "야! 그 사람 지금 이사 간 지가 언제인데 네가 공부 안하는가 보다."라며 깨우쳐 주셨습니다.

하루는 한 제자가 동지의 잘못을 지적하며 흉을 보니 대산 종사님께서 "야! 모르고 그랬나 보다."하며 두둔해 주셨습니다. 그러자 그 제자가 다시 "아니요, 그 사람은 만날 그래요. 제가 얼마나 잘 안다고요."하고 다시 흉을 보니 대산 종사님께서 "어쩌다 그랬나 보다."하고 다시 두둔해 주셨습니다. 그래도 그 제자가 그치지 않고 계속해서 흉을 보자 대산 종사님께서는 급기야 "야! 그래도 애쓴다고 하더라. 너는 애쓰지도 않는가 보다."고 하시면서 크게 깨우쳐 주셨습니다.

'애쓴다고 하더라.'는 말씀은 '애는 썼어도 아직 주소는 안 옮겨졌다'는 말씀입니다. 그런데 주소가 안 옮겨졌다고 해서 공부 안 한 것으로 알면 안 됩니다. 애를 써도 업력에 따라서 주소가 안 옮겨지는 사람이 있습니다. 우리가 공부를 하다 보면 뜻대로 되지 않는 것이 많습니다. 그래서 수월하게 공부하는 사람을 보면 과거에 얼마나 잘 지었으면 저럴까 하는 부러운 생각이 듭니다.

공부인들은 육근이 다 쉬는 잠잘 때 외에는 항상 챙기는 마음이 있어야 합니다. 일이 없어도 챙기는 마음이 있어야 합니다. 그래야 일 없을 때가 좋은 시간이 되지, 일 없을 때 챙기는 마음이 없으면 좋은 시간이 될 수 없습니다. 물론 일 있을 때도 챙기는 마음이 있어야 그 일에 실수가 없습니다.

대산 종사님께서 한 번은 여래위에 대해 설명하시면서,「정하여도 분별이 절도에 맞는 것이 여래의 토가 떨어지는 것이다. 동하여도 분별에 착하지 않는 것보다 이것이 훨씬 더 어렵다.」고 하셨습니다. 나의 경험으로 봐도 일이 없을 때 절도에 맞게 준비하는 것이 훨씬 더 어려웠습니다. 그래서 공자님께서도 '홀로 있을 때를 삼가라'며 '신기독' 慎其獨을 강조하신 것 같습니다.

상시 일기법

　대종사님께서는 일기법으로 '상시 일기'와 '정기 일기' 두 가지를 밝혀 주시고 반드시 점검하도록 하셨습니다. 일기를 통해 유무념 有無念 대조를 하도록 일러주셨습니다. 그런데 정기 훈련 11과목에는 따로 유무념 공부가 없는데 일기법에는 왜 유무념 공부가 있는 것일까요? 자세히 들여다보니 상시 훈련법 모두가 '주의' 과목이었습니다. 그래서 상시 일기로 유무념 대조를 하게 하신 것입니다.

　대종사님께서는 제자들에게 유무념 공부를 하도록 하시며 처음에는 일이 잘못되었어도 챙기기만 했으면 유념으로 체크를 하라고 하셨습니다. 사실 유무념 공부를 시킬 때 단계별로 공부를 시켜야 재미를 붙이지, 초입 단계부터 취사하는 주의심을 챙겨서 일까지 잘했을 때만 유념으로 체크하게 하면 재미를 붙이기가 힘듭니다. 그래서 대종사님께서는 처음에는 일이 잘못되었어도 챙기기만 하면 공부가 된 것으로 체크하라고 하신 것입니다.

불교학자인 이기영 박사가 우리 일기법 가운데 유무념 대조하는 것을 보고 이 공부만 하면 사람들이 정말로 변화를 할 것 같다고 했습니다. 결국 훈련은 변화가 핵심입니다. 대종사님 당대 길룡리에서 언답을 막으셨던 선진님들도 훈련을 통해서 변화를 이루어 내셨습니다. 선진님들께서 막으신 언답을 정부에서 사유화하라고 했는데도 지금까지도 재단법인 소유로 되어 있습니다. 국가법에 의하면 소작을 몇 년 하면 사유화가 가능합니다. 해방 후 사유화를 할 수 있는 기회가 두 번 있었는데도 우리 선진님들은 '이 논이 어떤 논인데…' 하시면서 사유화를 하지 않으셨습니다. 그분들이 훈련을 통해서 공인으로 변화하셨기 때문이라고 생각합니다.

정기 일기법

정기 일기법 중에 '심신 작용의 처리건'心身作用處理件과 '감각·감상'感覺感想을 기재하는 것이 있습니다. '심신 작용의 처리건'은 남이 심신 작용을 처리한 건을 기재하는 것이 아니라 자기가 심신 작용을 처리한 건을 기재하는 것입니다. 남의 심신 작용 처리하는 것을 보고 내가 느낀 것은 감각·감상입니다. 또 심신 작용의 처리건은 '하려고 한 것'이 아니라 '처리건'이기 때문에 '한 것'에 대해 기재를 하는 것입니다. 따라서 일면은 반성문과도 비슷합니다. 하지만 일반적인 반성문은 잘못했을 때 쓰지만 심신 작용 처리건은 잘한 것도 쓰고 잘못한 것도 쓰는 것입니다. 심신 작용 처리건을 쓰도록 하신 것은 「당일의 시비를 감정하여 죄복의 결산을 알게 하며 시비이해를 밝혀 모든 일을 작용할 때 취사의 능력을 얻게 함」이 목적입니다. 감각·감상을 기재시키는 것은 결국 「대소유무의 이치가 밝아지는 정도를 대조하게 함」입니다.

우리가 단회 등을 통해 일기를 발표할 때 심신 작용의 처리건 보다는 감각·감상을 발표하는 경우가 훨씬 많은데 이것이 대종사님의 본의와 맞는 것인지 깊이 생각해 봐야겠습니다. 남의 시비를 캐기 위해서가 아니라 내 시비를 밝히기 위해서 심신 작용의 처리건을 기재했다면 내놓지 못할 것이 하나도 없습니다. 심신 작용의 처리건은 대개 대타 관계 속에서 일어난 일을 기재하지만 결론적으로 화살은 나에게 돌아가도록 해야 합니다. 화살이 상대방에게 돌아가도록 기재하면 내놓기가 힘듭니다. 심신 작용의 처리건을 기재할 때 주의할 점은 당일의 시비를 감정할 때 나의 시비를 감정해야지 상대방의 시비를 감정해서는 안 된다는 것입니다. 심신 작용의 처리건은 자기의 심신 작용을 처리한 건이기 때문입니다.

⑳ 무시선법
無時禪法

『정전』무시선법 첫 구절에 「대범, 선禪이라 함은 원래에 분별 주착이 없는 각자의 성품을 오득하여 마음의 자유를 얻게 하는 공부」라고 밝혀주셨습니다. 대종사님께서 생각하신 선의 목적은 성품을 오득하는 것만이 아니라 성품의 원리를 깨달아서 마음의 자유를 얻는 것입니다. 즉 선의 목적은 견성이 아니고 마음의 자유를 얻어서 몸과 마음을 원만구족하고 지공무사하게 사용하는 데 있습니다.

천도법문에도 「부처와 조사는 자성의 본래를 각득하여 마음의 자유를 얻었으므로 이 천업을 돌파하고 육도와 사생을 자기 마음대로 수용하나, 범부와 중생은 자성의 본래와 마음의 자유를 얻지 못한 관계로 이 천업에 끌려 무량고를 받게 되므로…」라고 하셨습니다. 무엇 때문에 선을 합니까? 한 마디로 성품을 오득해서 마음의 자유를 얻기 위해서입니다. 마음의 자유를 얻으면 복혜가 진진합니다. 복혜의 원천이 바로 '선'입니다. 따라서 대종사님께서는 「예로부터 큰 도에 뜻을 둔 사람으로서 선을 닦지 아니한 일이 없나니라.」고 하시며 선을 하도록 이끌어 주셨습니다.

무시선법을 보면 '마음의 고삐' '싸우는 정신' 등의 표현이 나옵니다. 좌선도 어렵지만 무시선도 쉽지 않습니다. 그래도 무시선을 공부할 때는 경계 속에서 마음을 단련하고 싶다는 생각을 하게 됩니다. 전무출신에게 어떤 경계가 제일 클까요? 제일 분하고 억울할 때는 언제입니까? 혹 명예와 관련된 것은 아닐까요? 일반적으로 경계 속에서 마음 공부한 사람이 훨씬 더 지도력이 있고 자신을 갈무리하는 힘도 더 있습니다. 일을 할 때 경계가 훨씬 더 많습니다. 일을 안 하면 경계도 그만큼 적습니다. 일을 안 하면 시비가 별로 없지만 일을 하면 시비가 따라오기 마련입니다. 경계가 없으면 자기 공부의 정도를 정확히 알 수 없습니다. 경계를 만나야 '이 경계를 만나니 내 마음에서 이런 것도 나오는구나.' 하고 자기 현주소를 확실히 알 수 있습니다. 그래서 경계는 곧 공부인의 저울이고 법력의 저울입니다. 내가 얼마만큼 자유를 얻었는지 확인할 수 있는 저울입니다.

경계가 없다고 좋아할 것도 아니고 경계가 있다고 포기할 것도 아닙니다. 일을 하자면 원래 시비가 따라 붙기 마련입니다. 그래서 일을 하지도 않으면서 해탈하는 것과 일을 하면서 해탈하는 것이 많이 다릅니다. 일을 안 하는 사람은 시비가 없기 때문에 마음이 편안할 것입니다. 사람마다 시비의 관점이 다릅니다. 우리는 인과보응의 관점에서 시비를 판단해야 합니다. 즉 시비를 판단할 때 은혜롭고 진급하는 원리에 바탕해서 시비를 판단하는가, 강급되고 해독을 입는 원리에 바탕해서 시비를 판단하는가 생각해보아야 합니다. 대종사님의 교법에 맞춰서 시비를 판단하고 취사해야 합니다.

　경계가 나의 변화를 가늠할 수 있는 법력의 저울이라고 생각하고 그 속에서 공부해야 됩니다. 경계를 피하면 대종사님께서 원하는 법자가 되기 힘듭니다. 그렇다고 다른 사람에게 경계를 일부러 만들어 주는 것은 어리석은 일입니다. 의무와 책임을 다한다는 것은 자기 몫을 하는 것입니다. 의무와 책임은 하지도 않고 전체를 걱정만 하면 그것이 오히려 다른 구성원에게 경계를 제공하는 모양새가 됩니다. 그렇게 되면 자칫 전체 공심에 하자가 생길 수 있습니다. 공도의 주인이 되어 내가 맡은 일을 확실하게 해주어야 내 옆 사람이 인과보응의 피해를 덜 입게 됩니다. 내가 맡은 일을 확실하게 못하면 내 일이 일을 확실하게 하는 다른 사람에게 갈 수밖에 없습니다. 그러면 인과보응의 이치에 따라 옆 사람에게 복이 가고 해독은 나에게 옵니다. 공도의 주인이라면 경계가 싫고 두려워서 일을 피해서는 안 됩니다.

대종사님께서는 무시선은 마음의 자유를 얻기 위해서 하는 것이라고 하셨고, 마음의 자유를 얻으려면 늘 마음에 끝까지 싸우는 정신을 놓지 않아야 되는데 이를 소 길들이는 데에 비유하셨습니다. 그리고 마음을 마음대로 하는 건수가 차차 늘어가는 거동이 있으면 때때로 평소에 좋아하고 싫어하는 경계에 놓아 맡겨 보라고 구체적인 방법까지 일러 주셨습니다. 예를 들면 술 좋아하는 사람은 진묵대사처럼 술집을 한번 지나가면서 그때 일어나는 마음을 보라고 하신 것입니다.

그런데 좋아하고 싫어하는 경계에 놓아 맡겨 봐서 만일 마음이 여전히 동하면 도심이 미숙한 것이고 동하지 않으면 도심이 익어가는 증거인 줄로 알라고 하셨습니다. 또한 마음이 동하지 않는다 해서 바로 방심은 하지 말라고 하셨습니다. 애를 써서 동하지 않은 것은 나중에 애를 안 쓰면 도로 예전 마음과 습관이 나올 수 있기 때문입니다. 애를 쓰지 않아도 마음이 동하지 않아야 길이 잘든 것이라고 하셨습니다. 선 닦는 법을 얼마나 자세히 밝혀놓으셨는지 모릅니다.

무시선의 선심이 있으면 우리의 마음이 온전하고 하나로 뭉쳐지고 편안하고 고요한 상태가 됩니다. 그러려면 이 마음이 청정한가 아니면 경계로 물들어 있는가를 늘 살펴야 하는데, 가장 물들기 쉬운 것이 나로 인한 탐·진·치입니다. 탐·진·치에 물든 마음을 선으로 늘 챙기면 마음이 온전해지고 흩어지지 않고 편안해집니다. 마음이 허공처럼 청정해지면 지혜도 밝아지고 복도 놓치지 않게 됩니다.

체성에 합하는 것과 위력을 얻는 것, 이 두 가지를 따로따로 공부해야 할 것 같지만 대산 종사님께서는 「마음에 사사私邪가 끊어지면 일원의 위력을 얻고, 마음에 망념妄念이 쉬면 일원의 체성에 합일한다.」고 하셨습니다. 사사는 망념입니다. 사사가 끊어지면 망념도 따라서 끊어집니다. 위력을 얻고 체성에 합하는 것이 따로따로인 것 같아도 하나입니다. 원래 자성 원리 자체가 하나이기 때문에 정·혜·계가 서로 바탕하고 있습니다. 교의품 21장을 보면 대종사님께서 정·혜·계를 쇠스랑의 세 발과 같다고 하셨는데 아주 적절한 표현입니다.

과거 수도가에서는 편수偏修만 해도 전체를 회복한다는 주장을 하기도 했는데 이는 원만한 수행길이 아닙니다. 대종사님은 편수를 금하셨습니다. 대종사님의 비결은 병수竝修입니다. 병수해야 자성을 원만히 회복할 수 있고 수고와 시간도 덜 들일 수 있습니다.

무시선의 강령에 「육근六根이 무사無事하면 잡념을 제거하고 일심을 양성하며, 육근이 유사有事하면 불의를 제거하고 정의를 양성하라.」고 하셨습니다. 정靜할 때는 일심을 양성하고, 동動할 때는 정의를 양성하라는 가르침입니다. 그래서 정산 종사님께서는 「일심이 동하면 정의가 된다.」고 하신 것입니다. 일심과 정의를 하나로 보신 것입니다. 『정산종사법어』경의편 30장을 봅시다.

「양원국이 묻기를 "무시선의 강령 중 일심과 정의의 관계는 어떠하오며 잡념과 불의의 관계는 어떠하나이까." 답하시기를 "일심이 동하면 정의가 되고, 잡념이 동하면 불의가 되나니라."」고 하셨습니다. 앉아서만 하지 않고 무시로 선을 하고 동정 간에 선을 하면 마음의 자유뿐만 아니라 복과 혜도 함께 얻을 수 있습니다. 겸하여 일원의 위력을 얻고 일원의 체성에 합일할 수 있습니다. 대종사님께서는 공부길의 결론으로 수행편에서 무시선법을 밝혀주신 것 같습니다.

무시선법 후반부를 보면 우리가 왜 무시선을 해야 하는지에 대한 이유를 자세히 밝혀주셨습니다. 성품 자체가 한갓 공적에만 그친 것이라면 정시선定時禪·정처선定處禪도 괜찮습니다. 하지만 성품은 정하기도 하고 동하기도 한 것이어서 정시선·정처선도 해야 하지만 무시선·무처선도 해야 됩니다. 이처럼 대종사님께서 성품의 원리에 바탕해서 공부길을 안내해 주셨기 때문에 우리도 그 원리를 터득해야 공부길을 헤매지 않으면서 쉼없이 공부할 수 있습니다.

대종사님께서 '선'을 말씀하실 때에는 꼭 욕심을 언급하셨는데 무시선법에도 욕심 경계, 시끄러운 경계를 말씀하셨습니다. 시끄러운 데 처해도 마음이 요란하지 않고 욕심 경계를 대하여도 마음이 동하지 않아야 이것이 '참 선'禪이고 '참 정'定이라고 하셨습니다. 경계를 피해서 좌선만 많이 하고, 눈을 아래로 내리뜨고, 걸음걸이를 천천히 한다고 해서 선력禪力이 쌓이는 것은 아닙니다.

21 참회문
懺悔文

　참회문을 보면 「제불 조사가 이구 동음으로 참회문을 열어 놓으셨나니라.」하는 구절이 있습니다. 모든 성자들이 다 참회의 길을 열어 놓으셨다는 말씀입니다. 왜 그러셨을까요? 참회만 하면 모든 죄가 다 해결이 될까요? 네, 그렇습니다. 해결이 됩니다. 그래서 우리가 참회를 합니다. 참회를 해봤자 아무 소용이 없다고 한다면 참회를 할 필요가 없을 것입니다.

　우리가 참회를 하기 위해서는 먼저 우주의 원리를 터득해야 합니다. 내가 그 원리를 확실히 터득하면 남이 알아주든 몰라주든 참회를 하지 않을 수 없습니다. 그렇다면 그 우주의 원리란 도대체 무엇일까요? 그것은 바로 인과보응의 원리입니다. 우주의 변화는 인과보응의 원리가 있기 때문

에 가능한 것입니다. 만약 이 변화의 원리가 없다면 희망을 가져 봐도 별 소용이 없습니다. 변화하는 원리가 없다면 한 번 정해진 팔자는 절대 고칠 수가 없습니다. 그런데 변화하는 원리가 있기 때문에 자기가 하기 따라서 얼마든지 팔자를 고칠 수도 있고 바꿀 수도 있는 것입니다. 따라서 참회를 하면 반드시 위력이 나타난다는 확고한 믿음과 자신감을 가지고 참회를 해야 합니다. 이것이 바로 대자대비하신 성자들께서 우리에게 큰 희망을 주신 부분입니다.

우리는 살아가면서 모르고 짓는 죄가 많이 있습니다. 마이크가 켜져 있는 줄도 모르고 내가 아는 노래가 나와서 막 따라 불렀는데 그 사실을 대중들은 알지만 나는 모르는 것과 같습니다. 이처럼 우리가 잘못을 저지를 때에도 자신은 모르는데 옆에서는 아는 경우가 있습니다. 모르니까 참회를 할 수가 없습니다. 그럴 때는 어떻게 참회를 해야 할까요?

한때 대산 종사님께서 기도하시는 걸 보았는데 그 기도문 중에 '알고도 짓고 모르고도 지은…'이라는 구절이 있어서 깜짝 놀랐습니다. 그때서야 비로소 모르고도 지은 죄도 참회를 해야 된다는 것을 알았습니다. 모르고 지은 죄를 참회할 수 있는 좋은 비결이 있는데 그것이 바로 '충고'입니다. 모르고 죄를 지은 경우에는 충고가 가장 소중합니다. 자기는 모를 수 있어도 다른 사람은 아니까요. 다른 사람들은 다 아는데 왜 자기는 모르는 것일까요? 자기 눈을 자기가 볼 수 없듯이 자기 그림자에 가려서 모를 수가 있습니다.

대산 종사님께서는 누가 잘못했다고 하면 "야! 모르고 그랬을 것이다. 알면 그 사람이 그랬겠느냐?"라고 하셨습니다. 그래도 "아니요. 다 알아요. 다 알고 그랬대요."하고 말씀을 드리면 "야! 어쩌다 그랬나 보다." 다시 두둔해 주셨습니다.

어쩌다 그런 것, 그것이 바로 실수입니다. 실수 한 번 하지 않고 무덤에 간 사람이 있을까요? 우리는 각양각색의 실수들을 하고 삽니다. 실수 없이 완벽하게 일을 처리하려고 하는 사람은 오히려 더 많은 고통이 따르고 더 많은 실수를 하게 됩니다. 때문에 완전히 오픈을 해서 실수한 것을 그대로 인정하고 충고를 하면 고맙게 수용해야 합니다. 그래야 실수도 적어지고 모르고 짓는 죄도 줄어듭니다. 그래서 참회를 할 때는 충고 동지가 참으로 소중합니다.

자타가 다 인정하는 잘못은 쉽게 참회할 수 있습니다. 아무리 자존심이 강해도 참회를 하지 않을 수가 없습니다. 인과를 잘 몰라도 옆에서 다 잘못했다고 하면 누구나 쉽게 잘못했다는 것을 깨닫고 참회를 하게 됩니다. 더구나 인과를 아는 사람으로서는 참회를 안 할 수가 없습니다. 혼자 조용히 참회하기도 하고 대중 앞에서 공개적으로 참회하기도 해야 합니다.

대종사님께서는 참회문에서 죄업의 원인을 탐貪·진嗔·치痴라고 밝혀 주셨습니다. 그러면 법강항마위부터는 탐·진·치를 다 졸업했을 텐데 항마위부터는 참회를 안 해도 될까요? 누가 참회를 더 잘하실 것 같은가요? 여래께서 더 참회를 많이 하시고, 책임을 지는 분이 참회를 더 많이 합니다. 책임이 많으면 참회할 거리가 더 많습니다. 나는 하나도 책임이 없고 모두가 저쪽에 책임이 있다고 하는 사람은 참회할 거리가 없습니다. 하지만 자기 자신만이라도 확실하게 책임지고자 하는 사람은 항상 참회할 것이 있습니다. 자기 참회라도 하는 사람은 자기라도 책임지려고 하는 사람입니다.

　스승님들은 천지공사를 하고 계시니까 늘 참회를 하십니다. 큰살림을 하실수록 더 큰 참회, 끊임없는 참회를 하십니다. 그렇게 참회를 해야 전업이 소멸되고 앞길이 열립니다. 참회의 방법에는 '사참'事懺과 '이참'理懺이 있습니다. 사참은 실지 당처를 찾아가서 참회하고, 법신불 전에 참회하고, 그 일에 관계했던 인연들에게 찾아가서 참회를 하는 것입니다. 그런데 아랫사람에게 참회하기가 어렵습니다. 윗사람에게는 잘못했다고 눈물 흘리면서 빌 수가 있는데, 아랫사람에게는 눈물 흘리면서 빌기 어렵습니다. 그런 사람이 있다면 그 사람이 바로 공부하는 사람입니다.

　그러면 우리 성품자리에 죄나 업이 있나요? 성품의 본래 자리에는 죄도 없고 업도 없는데 무엇이 들어서 죄도 만들고 업도 만들까요? 모두 다 마음이 들어서 그렇습니다. 그러면 내가 마음을 돌리고, 자성의 혜광을 비치면 됩니다. 마음을 돌리는 것은 사참이고, 자성의 혜광을 비치는 것은 이참입니다. 그렇기 때문에 이 두 가지 방법으로 참회를 해야 합니다.

  참회를 하면 업장이 소멸됩니다. 과거 업장이 소멸되고 앞길이 열립니다. 교무들도 재가교도에게 참회할 일이 있으면 해야 합니다. "아이고! 교무인 내가 어떻게 교도에게 참회를 해. 교무를 안 했으면 안 했지 참회는 못해." 그러면 공부가 덜 된 것입니다. 저희도 살다보면 어른에게 참회를 하고 법신불 전에 참회하기는 쉽지만 당처에 직접 참회하기는 어렵습니다. 경험을 해보니까 진리 전에 진심으로 참회하고, 당사자를 찾아가서도 진심으로 참회를 해야 속속들이 참회가 됩니다. 그렇지 않으면 겉 참회만 됩니다. 겉 참회를 해서 상대방이 용서해주면 괜찮은데 몇 번을 참회했는데도 용서를 안 해주면 참회한 것을 다 뒤집어 버리고 '나만 잘못했냐, 나는 사실 이랬는데…'라며 변명을 하게 됩니다. 그런데 법신불 전에 진심으로 용서를 빌고 다짐을 하고 용기를 주십사 하고 간절히 참회를 하고 당처에 참회를 하니, 어떤 경우에도 끝까지 그 뉘우침을 계속할 수 있었고 업장을 넘어설 수 있었습니다. 그래서 「사참이라 함은 성심으로 삼보 전에 죄과를 뉘우치며」라고 하신 것입니다.

그런데 그렇게까지 했으면 됐지 이참은 왜 또 하라고 하셨을까요? 사참만 하고 이참을 안 하면 어떻게 될까요? 『정전』을 보면 「이참이라 함은 원래에 죄성罪性이 공한 자리를 깨쳐 안으로 모든 번뇌 망상을 제거해 감을 이름이니」라고 하셨습니다. '죄성'이란 죄의 성질이라는 말입니다. 죄의 성질이 텅 빈 그 자리를 깨쳐 안으로 모든 번뇌 망상을 제거해 가는 것을 이참이라고 하신 것입니다. 그럼 깨치지 못했으면 이참을 하지 못하는 것인가요? 이참은 깨쳐도 할 수 있고 깨치지 못해도 할 수 있습니다. 깨치지 못했으면 죄성이 공한 자리를 믿어서라도 이참을 해야 합니다.

그럼 잘못한 일에 대해서 '이참'을 하는 것과 이참을 하지 않는 것과는 어떤 차이가 있을까요? 제 경험으로는 이참을 하고 나니까 자학이 안 되었습니다. 사참만 하고 나면 계속 자학을 하게 됩니다. 그런데 이참을 통해 나를 원점에다 돌려놓으니까 다시 희망이 생기고, 다시 나를 믿어주게 되고, 다시 나를 책임지는 데 힘도 들지 않게 되었습니다. 똑같은 일인데 이참을 하니까 홀가분해진 것입니다.

그리고 상대방에게 직접 참회만 했을 때에는 그 뒤에도 '내가 그때 참회는 했지만 저 사람이 지금 나를 어떻게 생각할까?' 하고 늘 분별심이 생겼습니다. 그런데 이참을 하니까 그 분별심이 없어졌습니다. 내 스스로 자학하지도 않고 상대방에게도 분별 주착심을 두지 않게 되는 것을 보고

서 '그래서 이참을 하라고 하셨구나.' 하고 깨달았습니다.

　어떤 분이 며느리를 미워하다가 참회를 하면서 '며느리에게 편지를 써서 잘못했다고도 하고 예뻐해야겠다.'고 했습니다. 그런데 그 편지를 받은 며느리가 화를 내는 것이었습니다. 그래서 시어머니는 또 편지를 썼습니다. 그런데도 별 효과가 없자 시어머니는 분한 마음도 나고 편지 가지고는 해결이 안 될 것 같아서 저에게 찾아왔습니다. 사실 두 번까지 편지를 쓴 것도 장하죠. 저는 그분에게 마음에 찌꺼기가 남아있어 기운이 완전히 돌지 않아서 그런 것이니 이참을 해보시라고 권해드렸습니다. 그렇습니다. 누군가와의 사이에 안 좋은 기운이 풀리지 않을 때는 사참만 가지고는 안 됩니다. 자성의 혜광으로 이 무명을 완전히 녹여버려야 합니다.

　대산 종사님께서 한 교도에게 염주를 주시면서 "평소에는 바빠서 염주를 돌릴 틈이 없을 테니까 잠자기 전에 한 번씩만 돌려라. 어머니 뱃속에 있었던 원래 아무개의 이름을 부르면서 하루 동안 있었던 것 다 놓아 버리고 다 털어 버리고 이 염주를 한 바퀴만 돌리고 자거라."하셨습니다.

　대산 종사님께서 말씀하신 뜻이 무엇일까 생각해보니 일기와 같은 의미로 말씀을 해 주신 것 같았습니다. 일기를 쓰는 것은 사참과 같습니다. 대종사님께서 우리들에게 일과 속에서 완전히 생활화, 습관화해서 자기 성찰을 하고 자기 전형을 하도록 하신 저울대가 일기입니다.

일기를 다 마치고 자기 전에는 염불을 하고 자야 합니다. 대산 종사님께서는 염불할 시간이 없으면 단전 호흡이라도 세 번하고 자라고 하셨습니다. 단전 호흡을 하고 염불하는 것은 이참입니다. 하루를 깨끗이 청산하고 군더더기를 털어버린 후 나도 없고 너도 없고, 부처도 없고 중생도 없고, 오늘도 없고 내일도 없는 그 자리에 돌아가서 회광반조하고 자도록 일과 속에 넣어 주신 것입니다. 사참과 이참을 꼭 함께 해서 빨리 업장을 소멸하고, 앞으로 후업을 짓는 데도 희망과 용기를 주시고 주저함이 없도록 해 주셨다고 생각합니다.

좋은 일을 하고 난 뒤에 오히려 강급 할 수가 있고, 악행을 범한 뒤에 오히려 진급할 수가 있습니다. 자신을 가만히 볼 때 잘했다고 크게 자랑할 것도 없고, 잘못했다고 자학할 필요도 없습니다. 잘한 사람이 까딱하면 원망이 많습니다. 잘하는 사람이 잘못하는 사람 꼴 보기가 힘듭니다. 답답하니까 또 자기가 해버리게 됩니다. 뭐든지 잘하는 사람이 계속 진급이 되는데 공부길을 잘 잡아야지 그렇지 않으면 자칫 '잘한다는 것'이 걸림돌이 될 수 있습니다.

그러나 자타가 공인하는 잘못한 일을 했을 때는 오히려 고개가 숙여지고 조심해지고 모든 사람의 충고를 받아들이게 됩니다. 이것은 진급의 기점이 되는데, 잘한 것은 자칫 강급의 기점이 될 수 있습니다. 잘못을 저질

렀다 해서 좌절할 것도 없고, 무엇이 좀 잘되었다고 해서 자랑할 것도 없습니다. 『채근담』에 「하늘을 덮을만한 죄를 지었다 하더라도 뉘우칠 회悔자 하나 당하지 못한다.」 '미천죄과당부득일개회자' 彌天罪過當不得一箇悔字 라는 말씀이 있습니다. 진리는 늘 변화하기 때문입니다. 진리가 변화하지 않도록 되어 있으면 한 번 지은 죄는 어찌하지 못할 것입니다.

그런데 참회문의 후반부를 보면 견성을 했다 하더라도 참회를 해야 한다고 밝히셨습니다. 성불을 하신 분도 반드시 참회를 해야 합니다. 왜 견성하신 분도 참회를 해야 한다고 하셨을까요? 견성한다고 해서 즉시 모든 습관이 고쳐지는 것은 아닙니다. 모든 업장이 한꺼번에 소멸되는 것을 돈오돈수라고 하는데 돈오돈수를 아무나 합니까? 돈오돈수도 실은 과거부터 닦아온 결과가 나타난 것으로 금생에서 볼 때만 돈오돈수입니다.

견성은 목수가 겨우 먹줄 하나 얻은 것과 같은데 그것 하나 얻었다고 집이 지어지나요? 견성은 한마디로 공부길을 잡았다는 것입니다. 내 마음을 알았다는 것입니다. 그래서 견성을 해도 참회를 해야 하고, 또 성불하신 분들도 정업이 있기 때문에 참회를 해야 한다고 하셨습니다. 정업定業이 무엇인가요? 과거에 지은 업입니다. 과거에 지은 것이 성불을 했다고 특별히 용서될까요? 예를 들면 대통령이 되어 청와대에 들어갔다고 해서 지난 잘못이 용서가 될까요? 성불하신 부처님도 과거에 지은 것은 이참과 사참을 해야 그 업을 녹일 수 있다고 하셨습니다. 그러니 중생도 이 길로 전업前業을 녹이고 성자도 이 법으로 전업을 녹여야 합니다.

하여튼 죄업은 무서운 것이기 때문에 견성하신 분이나 성불하신 분들도 함부로 쉽게 생각하지 않습니다. 인과의 원리는 아무도 거역할 수 없는 것입니다. 왜 거역할 수 없나요? 대종사님께서는 인과의 원리가 음양상승의 이치와 같아서 거역할 수 없다고 하셨습니다. 음양상승은 어떤 과학자도 거역할 수 없습니다. 인과의 원리는 그렇습니다. 그러므로 두려워할 줄 알아야 하고, 또 적극적으로 인과를 굴리고 활용하고 운용해야 합니다.

음양상승의 원리처럼 인과보응의 원리는 선인선과 악인악과로 아무도 거역할 수 없습니다. 그런데 한 가지 길이 있습니다. 인과보응의 원리를 녹일 수 있고 넘을 수 있고 피할 수 있는 길이 하나 있습니다. 그 길이 바로 참회입니다. 대종사님께서는 『불교정전』에서 『법원주림』을 인용하여 「참회를 성심으로 한 즉 중한 업은 경해지고 경한 업은 소멸된다.」고 하셨습니다. 대종사님께서는 그래서 일과 속에서 늘 이참과 사참을 하도록 하신 것입니다. 대종사님의 대자대비한 마음이 얼마나 가득 담겨 있는 말씀입니까? 대종사님 말씀대로 하고 하지 않고는 나의 복에 달려있는 것 같습니다. 법연과 함께 하는 것은 과거에 지은 천복에 의한 것이라면 대종사님께서 하라는 대로 하고 안 하고는 자기 복인 것 같습니다.

참회의 공덕과 무시선의 공덕을 비교해 봅시다. 먼저 『정전』에 오래오래 참회한 것과 오래오래 선禪 공부한 공덕을 어떻게 표현해 놓으셨는지 살펴보겠습니다. 우선 참회문을 보면 「공부인이 성심으로 참회 수도하여 적적성성한 자성불을 깨쳐 마음의 자유를 얻고 보면…」이라고 되어 있습니다. 그리고 무시선법에는 「사람이 오래오래 선을 계속하여 모든 번뇌를 끊고 마음의 자유를 얻은 즉…」이라고 되어 있습니다.

그런데 무시선법과 참회문에서 같은 말씀을 하셨습니다. 즉 무시선법에는 「각자의 성품을 오득하여」라고 하셨고, 참회문에는 「참회 수도하여 적적성성한 자성불을 깨쳐」라고 하셨습니다. 깨친다는 것은 오득한다는 것과 같은 뜻이고, 표현은 조금 달리 하셨어도 오득하는 대상도 같습니다. 이를 통해서 볼 때 결국 참회의 공덕과 무시선의 공덕이 같다고 할 수 있습니다. 그런데 무시선은 모두를 털어버리고 근원에 돌아가는 일이라면, 참회는 이참과 사참을 통해 새롭게 출발할 수 있는 그릇을 장만하는 일이라고 할 수 있습니다.

참회는 나이가 들면 들수록 더 잘될까요? 물론 사람에 따라 다를 수 있겠지만 정말 공부길을 잡고 지성으로 하는 분은 나이와는 아무 관계가 없습니다. 우리 생각에 나이가 들면 참회를 더 잘할 것 같지만 공부에 철이

나지 않으면 수자상, 아상, 비법상 등 상에 걸려서 참회거리가 점점 줄어들게 됩니다.

법사가 되신 시어머니보다 아직 법사가 되지 못한 며느리가 참회를 더 많이 한다면 시어머니의 공부길이 잘못된 것입니다. 공부를 하면 할수록 참회할 거리가 많아져야 합니다. 저는 대산 종사님께서 늘 "부처님께서는 오백 생을 닦으셨다고 하니까 나는 오천 생을 닦으련다."하시면서 대분심으로 출발하시는 것을 뵈었습니다.

'참회의 방법'에 대해서는 『정전대의』 50쪽부터 51쪽을 중심으로 살펴보도록 하겠습니다.

하나는 사참事懺이라 외적인 현실 참회를 이름인 바, 매일 마음을 대중 잡고 반성하며 고쳐 나가는 방법이니
첫째, 삼세에 신구의身口意 삼업三業으로 알고도 짓고 모르고도 지은 일체 죄업을 진심으로 참회하고 그 과보의 두려움을 절실히 깨닫는 길이요.
둘째, 마음을 챙기고 스스로 경계하여 고쳐 나가서 신구의 삼업으로 짓는 모든 악을 처음부터 짓지 않도록 계문을 잘 지키는 길이다.
• 도력으로써 늘 업력을 대치하되 정업定業은 난면難免이니 빨리 달게 받고 고쳐야 한다.

둘은 이참理懺이라 내적인 진리참회를 이름인 바, 성품에 반조해서 삼세의 모든 업장을 녹여 버리는 방법이니

첫째, 걸림 없는 선정禪定에 드는 길이요.

둘째, 염불삼매에 드는 길이요.

셋째, 송주삼매에 드는 길이다.

- 청정한 지혜는 다 선정으로부터 나는 것인바, 혜일慧日이 솟아올라야 일체 음기陰氣가 녹고 사기가 제거되어서 업장이 물러나는 것이다.

이와 같이 대산 종사님께서는 『정전대의』에 이참의 방법과 사참의 방법을 자세히 말씀해 주셨기 때문에 공부길 잡는 데 참고하시기를 부탁드립니다.

대산 종사님께서는 『정전대의』 51쪽에서 52쪽에 걸쳐 참회의 필요에 대해 자세히 밝혀 놓으셨습니다. 그리고 '결어'에서는 복전 농부와 죄전 농부의 비유를 통해 우리들의 공부 상태를 진단해 보도록 하셨습니다.

대산 종사님께서는 복전福田 농부와 죄전罪田 농부를 솔성요론을 행하는 것과 계문을 범하는 것으로 대별하여 설명해 주셨습니다. 적극적인 면으로는 솔성요론을 잘 지키면 계문 지키기가 훨씬 쉬워지고 빨라집니다. 그래서 함께 하라고 하신 것입니다. 죄전과 복전은 같은 하나의 밭입니다.

심을 때 무엇을 심느냐에 따라 죄전도 되고 복전도 되는 것이지요. 곡식을 심으면 아무래도 잡초가 덜 날 것입니다. 솔성요론을 잘 심어놓으면 계문을 심을 땅이 없습니다. 그러므로 적극적인 솔성요론의 실천으로 평 떼기해가면서 공부하면 계문 지키기가 쉬워집니다.

대산 종사님께서는 『정전대의』 참회문의 요지에서 「참다운 참회는 불생불멸의 진리와 인과보응의 이치를 여실히 깨닫고 믿어서」라고 하시어 진리를 오득하는 것이 참회의 전제라고 말씀해주셨습니다. 그리고 그 공덕을 참회문에서는 무비삼매無非三昧라고 말씀하시고, 무시선법에서는 제호의 일미醍醐一味라고 말씀하셨습니다. 이런 점을 잘 비교해 보시기 바랍니다.

공덕만 봐도 내가 꼭 해야겠구나 하는 생각이 들죠? 더구나 변화의 원리가 있으니까요. 심지는 원래 요란함이 없다고 하셨으니 이것은 불변하는 본래의 대 자리입니다. 그런데 경계를 따라서 자꾸 여러 가지가 나타날 수 있습니다. 이것은 다시 소 자리입니다. 그런데 이것을 다시 없게 할 수도 있고 그대로 경계에 끌려가게 할 수도 있는 것은 변화의 원리 때문입니다. 결국 운전하기에 달려 있습니다.

그런 의미에서 스승님들께서는 '현재 계문을 범하고 있는 것만 보지 말라.'고 하셨습니다. 그동안 계문을 많이 범하고 살아왔더라도 죽기 살기로 담배도 줄이고, 술도 줄이고, 악구도 줄여가는 사람이 있다면, 원래부터 술도 안 마시고 담배도 안 피우고 쟁투도 안 하는 사람과 비교할 때 어느 쪽이 공부가 더 빠를까요? 노력하고 땀을 흘리는 사람이 더 많은 변화를 할 수 있습니다. 땀을 흘리지 않고 저절로 되어진 분은 오히려 변화가 잘 안될 수 있습니다.

그래서 스승님들께서는 현재 그분이 공부를 하고 있는데도 그러는가? 공부를 하려고 하지도 않고 공부길도 잡지 못하고 있으면서 그러는가? 지도자는 그것을 볼 줄 알아야 한다고 하시면서, '사나운 말도 길들이면 천리를 달린다.'고 말씀해 주셨습니다. 지금 좀 거칠고 사납다 하더라도 변화하기만 하면 천리를 달린다는 말씀은 앞으로는 제 역할을 하고 큰일을 하게 된다는 말씀입니다. 우리는 사나운 말을 보면 고개부터 돌려 버리는 경우가 많습니다. 그래서 스승님들께서는 사람을 볼 때 노력을 하고 있는가, 노력하지 않고 되는 대로 세월만 보내고 있는가를 보아야 한다고 말씀하신 것입니다.

감옥에 가는 분들 가운데는 참회하는 분들이 별로 없다는 이야기를 들었습니다. 억울하다고 하는 분들이 많답니다. 아무개는 사람을 죽였어도 아무렇지 않게 잘 살아가는데 나만 재수가 없어서 잡혀왔다고 억울해 한다고 합니다. 몇 년간 교도소에 자원봉사를 하신 교도님이 해주신 이야기입니다. 그런 사람들은 출소를 하여도 자기 잘못을 고치기 힘들 수 있습니다.

저는 그 교도님의 말씀을 듣고 '참회만 해도 대변화가 되고 대혁신이 되겠구나.' 하는 생각을 했습니다. 참회는 전업을 청산하고 새 출발을 하는 것입니다. 누가 시킨 것이 아니라 자기 스스로 하려고 작정을 하는 것이기 때문에, 부지런히 사참하고 부지런히 이참을 하면 무서운 변화를 할 수 있습니다. 그렇게 굽이굽이 잘못한 것과 아쉽고 미안한 것들을 점검하고, 또 모르고 지은 죄들을 챙길 수도 있는 것이 참회입니다. 참회한 만큼 새 출발이 가능하게 됩니다. 대산 종사님께서는 '참회는 횡재한 것이다. 경제적으로 말하면 100을 받아야 하는데 200을 받는 것과 같은 것이다.'라고 하시어 참회의 중요성을 강조해 주셨습니다.

22

심고와 기도
心告-祈禱

그렇다면 돌리고 세울 때 타력을 빌리고, 내 힘만으로 되지 않을 때 위력을 얻는 길이 참회 밖에 없을까요? 아닙니다. 심고와 기도, 불공하는 법이 다 사은의 위력을 얻는 길입니다. 심고와 기도는 진리불공을 통하여 위력을 얻는 길이고, 불공하는 법은 실지불공을 통하여 위력을 얻는 길입니다.

대산 종사님께서 일원상 서원문을 새기실 때 「일원의 체성에 합하려면 망념만 끊어지면 되고, 위력을 얻으려면 사사私邪만 끊어지면 된다.」고 하셨습니다. 여기에서 '사사'란 이기적인 것, 또는 옳지 않은 것으로 즉 부당한 욕심을 말합니다. 참회문에서는 이것을 삼독심이라고 표현해 주셨습니다.

그렇다면 사은님은 누구 편일까요? 사은님과의 윤기는 무엇으로 통할까요? 대산 종사님께서는 '사은의 윤기는 보은으로 통한다.'고 하셨습니다. 언젠가 한 교도님이 제게 오셔서 "사은님은 제 편입니다. 제가 적어도 사심은 없습니다."라고 하셨습니다. 그래서 제가 "그러면 교도님은 사은님께서 내편이 되게 하기 위해 어떻게 보은을 하고 계십니까?"하고 물었더니 답을 못하셨습니다. 그래서 제가 "천지님께는 응용무념으로 보은을 하고, 부모님께는 무자력자 보호의 도를 실천하고, 동포님께는 자리이타의 도, 법률님께는 불의를 제거하고 정의를 세우는 도를 체받아 실행하면 됩니다. 그러면 당신이 산에 가거나 물에 가거나 언제든지 사은님은 당신 편이 되어주실 것입니다."하고 말씀을 드렸습니다.

대종사님께서는 심고와 기도 장에서 '자신할 만한 타력'을 말씀하고 계십니다. 원래 우리 중생은 자력만으로는 도저히 살아갈 수가 없는데 대종사님께서 우리에게 자신할 만한 타력을 얻을 수 있는 길을 안내해 주셨습니다. 그것이 바로 보은의 길입니다. 우리가 보은을 하는데 위력을 안 내리실 까닭이 없습니다.

그럼 천지가 좋아하는 것은 무엇일까요? 그것은 바로 천지가 행하고 있는 도, 즉 보은의 도를 체 받는 것입니다. 천지의 도를 통해야 천지 보은을 잘할 수 있습니다. 부모가 행하는 도를 통해야 그대로 체 받아서 부모 보은을 할 수 있습니다. 동포도 법률도 마찬가지입니다.

여러분들은 하루에 몇 번이나 심고를 올리십니까? 대산 종사님을 가까이 모셔보니까 일이 있을 때마다 하루에도 몇 번씩 심고를 올리는 것을 뵐 수 있었습니다. 괴로운 일을 당해도 심고를 올리고 즐거운 일을 당해도 심고를 올리고 어떤 경우에 처하든지 심고를 올리라고 하셨습니다. 하루에 두 번으로 모아서 하려고 하다가 잊어버리지 말고 일이 있을 때마다 그때그때 심고를 올리는 것이 좋습니다. 그렇게 하다보면 하루가 온전히 기도생활로 일관될 수 있습니다.

어려운 일을 당하면 울고불고 하기보다는 심고부터 올리는 것이 빠른 길입니다. 어려운 일을 당할 때 심고를 올리면 내 안에 있는 보물이 먼저 살아납니다. 그리고 알게 모르게 내 밖에 있는 힘이 나를 도와주십니다. 심고와 기도는 수학이 아니기 때문에 몇 번 했느냐가 중요한 것이 아니고 어떤 마음으로 어떻게 올렸느냐가 중요합니다.

바쁠 때는 어쩔 수 없이 '법신불 사은이시여!' 하고 심고와 기도를 올릴 수도 있지만, 바쁘지 않을 때는 반드시 '천지하감지위! 부모하감지위! 동포응감지위! 법률응감지위!' 라고 따로따로 하는 것이 원칙입니다. 대산 종사님께서는 「천지하감지위! 할 때 천지가 하감하겠느냐? 부모하감지위! 할 때 만생령의 부모가 하감하겠느냐? 하감할 일은 하지 않고 무조건 하감만 하라고 하면 천지와 부모가 어쩌시겠느냐? '하감지위' 할 때는 천지와 부모가 하감을 하시도록, '응감지위' 할 때는 동포와 법률이 응감을 하시도록 해야 한다.」고 하셨습니다.

'하감지위'下鑑之位는 '굽어 살피시옵소서.' '응감지위' 應鑑之位는 '응하여 살피시옵소서'라는 뜻입니다. 여기서 굽어 살피는 것은 종적인 의미이고 응한다는 것은 횡적인 의미이므로 종횡으로 살핌을 염원하는 것이 대종사님의 기도법입니다.

그러기 위해서 우리는 낮 시간에 잘 살아야 합니다. 우리가 평소 일상생활을 하는데 있어서 하감, 응감할 수 있도록 심신 작용을 하고 육근을 동작하는 데 있어 정성스러움이 묻어나야 합니다. 참회도 인과의 원리를 알아야 진심으로 할 수 있지만, 심고와 기도도 인과의 원리를 알아야 정성스럽게 할 수 있습니다.

이 우주에는 기운이 있습니다. 2.0 시력으로는 보이지 않지만 기를 단련하면 알 수 있습니다. 『대산종사법어』 적공편 26장에 「광산에는 광맥이 있듯이 일원대도에도 그 맥이 있는바 우리도 이 기운을 찾아 기르고 힘을 얻어야 할 것이니라.」하시며 그 기운을 열 가지로 나누어 설명해 주셨습니다. 이와 같이 기운은 눈에 보이지는 않지만 역력히 역할을 하고 작용을 하고 조화를 부립니다. 그런데 그 기운을 가져오고 못 가져오는 것은 기도에 의해 결정됩니다.

대산 종사님께서는 우리가 한 기운을 타는 데 있어서는 실지불공만으로도 가능하지만 전체 기운을 타는 데 있어서는 기도만큼 빠른 방법이 없다고 했습니다. 그러므로 우리는 우리 자신의 업력도 탓하지 말고 현재의 여건도 원망하지 말고 내게 있는 자력과 사은의 위력을 합해서 변화를 일으키겠다는 원력을 세우고 심고와 기도를 해야 합니다. 심고와 기도는 원이 있어야 간절해집니다. 심고와 기도를 올리면 사은님이 확실히 위력을 내려 주신다는 신념을 가져야 합니다. 그래야 심고와 기도를 자주 올리게 되고 사무치는 정성을 다할 수 있습니다.

그러나 심고와 기도도 도道 있게 올려야 합니다. 꼭 이루고야 말리라는 신념 하나만으로 급하게 한다고 해서 되는 것이 아닙니다. 먼저 '하감지위, 응감지위' 하고 감사부터 올려야 됩니다. 평소 감사생활을 하지 않고 살다가 갑자기 하감, 응감을 해달라고 하면 해주시지 않습니다. 사은님의 위력을 백발백중 얻을 수 있는 심고와 기도가 되게 하려면 평소에 원망생활을 하지 않고 늘 감사생활을 해야 합니다. 은혜에 감사를 올리다 보면 자연스럽게 나의 정성이 미치지 못한 부분이 체크가 되고 그러면 참회를 하게 됩니다. 사은님께 심고를 올리면서도 늘 죄송해서 용서를 받고 싶고, 사함을 받고 싶은 마음이 드는 것입니다.

　심고와 기도 장을 보면 괴로운 일을 당하면 사죄를 올리라고 하셨습니다. 지금 당장 괴로운 일을 당해서 죽겠는데 사죄까지 올리라고 하셨습니다. 도대체 왜 그러셨을까요? 내가 지어서 내가 받게 되는 인과보응의 원리와 관련이 있습니다. 인과보응의 진리를 확실히 믿지 않고 깨닫지 않고는 정말로 간절한 심고와 기도가 되지를 않습니다.

　퇴임을 한 뒤 심고를 올리려고 지난 일을 쭉 생각해 보니까 '이렇게 해 주십시오.' 하는 원願보다 참회할 일이 한량없이 많았습니다. 정말 용서를 받고 지도를 받아야 할 부분이 한두 가지가 아니었습니다. 거듭 말씀드리지만 심고 올릴 때 감사를 올리고 뉘우치는 부분이 함께 해져야 기도의 위력이 틀림없이 나타납니다. 그 다음에 원을 말하고 끝으로 보은을 하겠다는 다짐을 말하면 됩니다.

　우리가 서원을 세우고 기도를 하고 공부를 해서 학교에 입학하고 나면 어떤 다짐을 해야 할까요? '우리 가정을 빛나게 하겠습니다.' 하는 정도의 다짐으로는 사은님의 큰 위력을 얻기가 어려울 것 같습니다. 그보다는 '인류 사회에 꼭 필요한 사람, 가는 곳마다 환영받는 일꾼이 되겠습니다.' 하고 다짐을 하면 사은님께서 더 기뻐하시지 않을까 싶습니다. 그래야 사은님이 내 편이 되어 주실 것 같습니다.

결국 보은자에게 은혜를 주실 수밖에 없습니다. 「봄바람은 사私가 없이 평등하게 불어 주지마는 산 나무라야 그 기운을 받아 자란다.」고 하셨듯이 사은님은 똑같이 은혜를 내려주시지만 보은자가 은혜를 더 가져갈 수밖에 없는 것입니다. 그러므로 이 심고와 기도는 타력은 왜 필요한가, 어떻게 하면 위력이 있는가를 확실히 알아서 확실한 원을 세우는 것이 중요합니다. 원이 없는 사람은 이것저것이 다 필요 없습니다. 그러나 원이 있는 사람은 자력이 타력의 근본이 된다는 것도 알고 있기 때문에 자력만큼 타력을 가져올 줄 압니다. 타력은 자력의 근본이 되므로 타력을 가져오게 되면 그만큼 내 자력도 더 커지는 것입니다.

대종사님께서는 「사람이 출세하여 세상을 살아가기로 하면 자력과 타력이 같이 필요」하다고 하셨습니다. 그렇기 때문에 우리는 심고와 기도를 통해 타력을 얻어야 하는 것입니다. 대종사님께서는 구도 당시 의심나는 바를 풀고 싶은 마음에 원력을 세우시고 기도부터 하셨고, 회상을 펴시려고 할 때도 제자들과 함께 첫 사업으로 기도부터 하셨습니다. 즉 공부를 시작하실 때도 기도로 시작하셨고, 사업을 시작하실 때도 기도로 시작하셨던 것입니다. 대종사님께서는 우리들에게도 일과를 시작하는 아침과 일과를 마치는 저녁에 반드시 기도를 하라고 가르쳐 주셨고, 한걸음 더 나아가 역경이건 순경이건 일을 당할 때마다 심고와 기도를 잊지 않도록 가르쳐 주셨습니다.

우리가 교화 기관에 있다 보면 자연히 다른 분들을 위한 기도를 많이 올리게 됩니다. 그런데 기도를 올리면서도 내 기도의 위력이 그분들께 미치지 못하면 어떻게 하나 하는 걱정이 항상 있었습니다. 그래서 한번은 대산 종사님께 말씀을 드렸더니 "일생 동안에 올리는 큰 기도는 심신을 온통 바치고 공도사업에 전력專力하면서 올려야 큰 위력을 얻을 수 있다."고 하셨습니다. 그리고 "네가 사심 없이 지공무사로 공도사업을 하고 있으면 그 위력이 항상 있는 것이니 크게 걱정하지 말고 네가 사심이 있는지 없는지, 오롯한지 오롯하지 않은지만 잘 반성하면서 하라"고 하셨습니다.

우리가 작은 수고로도 큰 위력을 얻을 수 있는 것은 대종사님께서 전무출신제도를 통하여 수화불피水火不避 사무여한死無餘恨 하는 공도헌신 정신을 제도적으로 가꿔갈 수 있도록 해주셨기 때문입니다. 개인의 힘은 약하지만 모두의 힘, 즉 서로 울력으로 하면 어려운 일도 쉽게 이룰 수가 있습니다. 우리가 사심 없이 공도사업을 하면서 심고를 올리면 정말 사은님은 언제나 우리 편이 되어주십니다. 사은님은 개인주의자의 편이 아닙니다. 그것을 확실하게 믿고 그래도 위력이 없을 때에는 내 스스로의 생활을 반성해 봐야 합니다. 위력을 얻지 못할 때는 스스로를 반성하면서 사은님과 진리는 공도헌신자의 편이라는 것을 자신 있게 믿고 심고와 기도를 올리면 위력이 나타날 것입니다.

그렇다면 심고와 기도의 차이는 무엇일까요? 심고는 격식이나 장소나 시간에 구애하지 않고 하는 것이라면, 기도는 시간과 격식도 정하고 순서와 기간도 정해서 하는 것입니다. 하지만 위력을 얻는 면에서는 다 같다고 할 수 있습니다.

대산 종사님께서는 기도를 할 때에는 「기도 시간을 길게 하고 짧은 기간에 올리는 것보다는 짧은 시간이라도 기간이 긴 것이 좋다.」고 하셨습니다. 즉 하루에 기도를 1시간씩 1주일 동안 하는 것보다는 10분씩 하더라도 100일을 하는 것이 낫다고 하신 것입니다. 또 「기도 중에는 거짓 원願을 세우지 말며 요행심을 갖지 말며 배은망덕하지 말며 살생을 하지 말며 원증怨憎을 내지 말며 조급操急하지 말라.」며 이러한 금기 사항만 지키면 백발백중의 위력을 얻을 수 있다고 하셨습니다. 기도를 할 때에는 반드시 이 말씀을 명심해야 합니다.

㉓ 불공하는 법
佛供-法

　대종사님께서는 『정전』 불공하는 법에서 '과거 불공과 같이 불상에게만 빌어서 되겠느냐?' 라는 말씀을 전제하셨습니다. 불공하는 법은 불공의 일대 혁신이고 개벽입니다.

　전에 교당에 근무를 할 때 불공을 하러 오신 분이 있었습니다. 2층 법당에 먼저 올라가게 하고 법복을 입고 올라가려고 하는데 그분이 다시 내려오시는 것이었습니다. 왜 내려오느냐고 물으니 그분은 이목구비가 없는 부처님께는 불공을 못 올리겠다고 했습니다. 과거에는 법당에 앉아 계시는 부처님께 불공하며 복을 빌었는데 일원상 부처님은 이목구비가 없으니 불공을 못 올리겠다는 것이었죠.

불공하는 법은 불공의 혁신이고 신앙의 혁신입니다. 과거에는 석가여래를 신앙했는데 대종사님께서는 법신불 일원상을 신앙의 대상으로 모시고 자신은 다만 진리의 안내자요 소개자일 뿐이라고 하셨습니다. 앞으로 오는 시대에 인격을 모시고 신앙할 수 있을까요? 탑을 신앙할 수 있을까요? 대종사님께서는 공덕은 기릴지언정 신앙의 대상으로 모시지는 않는다고 하셨습니다.

불공은 누가 받으시나요? 법당에 모셔진 부처님만 불공을 받으시는 것이 아니라 법신불 일원상도 불공을 받으십니다. 대종사님께서는 천지·부모·동포·법률님이 불공을 받으시도록 하셨습니다. 왜냐하면 법신불의 응화신이기 때문입니다. 법신불의 응화신인 우주만물이 은혜의 관계로 얽혀있다는 것을 밝혀 주신 것입니다.

우주만물의 관계는 상생과 상극 즉 은혜와 해독의 관계가 다 있습니다. 그런데 대종사님께서는 우주의 시절이 봄철이고 진급기이며 원래 기점으로 다시 돌아가서 시작하는 원시반본原始反本의 시대이기 때문에 미래 세상은 상생상화의 원리가 주도할 것이라고 전망하셨습니다. 그래서 상극의 악연도 있지만 근원적인 선연이 주도권을 잡게 될 것을 아시고 우주만물·두두물물의 은혜적 측면을 밝혀 주셨습니다.

세상 만물이 모두 봄기운에 싸여 있지만 봄기운을 많이 차지하는 개체도 있고 그렇지 않는 개체도 있습니다. 나무에서 봄기운을 가장 많이 차지하는 쪽은 어디일까요? 바로 남쪽 가지입니다. 그와 같이 복이 있는 사람은 계속 상생의 원리를 체 받아 상생과 은혜의 원리를 잊지 않고 운용합니다. 복 없는 사람은 근원적인 은혜 속에 살면서도 단점과 부정적인 것만 발견합니다.

NGO나 사회단체도 항상 활동의 본의와 목적을 상생, 즉 살리는데 두어야 합니다. 단점과 부정적인 것을 드러내는 데 치우치면 안 됩니다. 우주만물의 상생 원리를 확실히 깨달아 믿든지 체득해서 상생 원리에 맞지 않은 부분이 발견되면 그곳에서 버팀목 역할을 하고 그릇된 것을 변화시키는 것이 사회단체의 바람직한 역할이라고 생각합니다.

단체든 개인이든 앞으로는 상생상화의 역할을 해야 합니다. 상극의 원리보다 상생의 원리를 드러내고 그 원리를 활용해야 합니다. 똑같은 환경에서도 은혜의 원리를 발견하고 긍정적인 원리를 발견하는 사람이 진급하고 낙원의 주인공이 됩니다.

불공하는 법을 배우며 알아야 할 것이 한 가지 있습니다. 악을 행하는 사람도 세상일을 하고 선을 행하는 사람도 세상일을 하기 때문에, 세상 모든 사람들이 동척사업同拓事業하고 있다는 것입니다. 『대종경』 요훈품 34장에 「선한 사람은 선으로 세상을 가르치고, 악한 사람은 악으로 세상을 깨우쳐서, 세상을 가르치고 깨우치는 데에는 그 공이 서로 같으나, 선한 사람은 자신이 복을 얻으면서 세상일을 하게 되고, 악한 사람은 자신이 죄를 지으면서 세상일을 하게 되므로, 악한 사람을 미워하지 말고 불쌍히 여겨야 하나니라.」라고 하신 말씀이 있습니다. 이 말씀에는 선을 행하는 사람은 자기가 은혜를 입으면서 세상일을 하고 악을 행하는 사람은 자기가 해독을 입으면서 세상일을 하기 때문에 미워하지 말라는 뜻이 담겨 있습니다.

이 법문은 동척사업과 상생의 원리를 알려주신 것입니다. 그러니 불공하기 전에 이것을 먼저 깨쳐야 합니다. 은혜의 원리를 깨쳐서 불공을 해야 비위가 상해도 끝까지 불공하게 됩니다. 근본적 은혜를 모르면 비위가 상했을 때 불공을 그만둬 버립니다. 불공을 했더니 자신만 손해 보는 것 같아 포기하는 것입니다. 그러나 근원적인 은혜를 깨친 사람은 끝까지 불공합니다. 지는 것이 이기는 것이거든요. 끝까지 이기는 것은 은혜의 근본을 모르기 때문입니다. 질 자리에서 이기려고만 하는 사람은 상생의 원리를 근원적으로 모르는 것입니다.

상생의 원리를 아는 사람은 질 자리에서 지고 이길 자리에서 이기면서도 진 사람을 책임집니다. 이것이 강자의 도입니다. 강자·약자의 진화상 요법은 은혜의 도를 밝혀주신 것입니다. 모르는 사람은 아는 사람의 책임입니다. 모른다고 구박하지 말고 아는 사람이 가르쳐야 합니다. 진 사람은 이긴 사람이 책임져야 합니다. 이것이 은혜의 원리입니다. 지금이 상생의 이치가 주도하는 시대인 줄 알아야 합니다. 철을 알아야 합니다. 봄이 왔으면 봄옷을 입어야 합니다. 계절에 맞지 않게 마음을 사용하면서 그런 줄 모르는 것이 안타깝습니다.

불공을 하기 전에 먼저 근본적인 은혜의 원리와 둘이 아닌 하나의 원리를 알아야 합니다. 불공할 때 은혜를 생각하고 죄복을 비는 것입니다. 근본적 은혜에서 보면 처처불상 사사불공입니다. 자기불공을 잘하는 사람이 상대불공의 공식을 아는 것이라 하셨습니다. 자기불공은 무엇입니까? 심신을 원만하게 수호하는 것, 사리를 원만하게 아는 것, 심신을 원만하게 사용하는 것이 자기불공입니다. 수학 공식을 알면 그다음에는 저절로 응용이 됩니다. 원칙을 알면 응용이 됩니다. 마찬가지로 자기불공을 할 줄 모르는 사람은 상대불공하기가 어렵습니다. 불공하는 데 있어서 주객을 말한다면 자기불공, 자기 마음공부가 주가 됩니다.

혼자 밥 먹다가 누가 오면 부끄럽게 여기는 사람이 있습니다. 밥도 식욕으로 먹는 게 아니라 법으로 먹어야 합니다. 밥을 먹으면서도 힘을 쌓아야 합니다. '이 밥을 먹고 보은하겠습니다.' 하고 심고를 올리고 감사히 먹으면 됩니다. 이 몸이 내 몸이 아니고 법신불의 응화신입니다. 그러니 자기불공이 곧 상대불공의 공식이 됩니다. 사사불공事事佛供할 때 사사事事에서 자기 자신을 빼면 안 됩니다.

천지에게 불공하고 부모에게 불공하고 동포・법률에게 불공하면 자신할만한 타력을 얻게 됩니다. 자신할만한 타력을 말씀하신 것은 사실적으로 위력을 얻을 수 있기 때문입니다. 그런데 기간이 각각 다릅니다. 정성 따라 다르고 대상 따라 다르기 때문입니다.

제가 내생 설계를 해놓고 공을 들이다 보니까 첫째도 둘째도 불공인 것을 자각할 수 있었습니다. 자기불공을 비롯해서 사은님, 사사불공, 그 속에 온갖 것들이 다 들어 있었습니다. 불공을 하려면 고개가 뻣뻣해야 될까요? 불공의 '공' 자는 '바칠 공'供자입니다. 바치려면 항상 아쉽고 부족한 자세가 됩니다. 그래서 사람들이 불공 잘하는 사람에게 겸손하다고 하는 것입니다. 모든 복록이 불공에 있다는 것을 확실히 알아야 합니다. 보은하는 데 있어 늘 모자라고 미치지 못하는 것이 많다는 것을 자각하고 불공해야 합니다.

「그 기한에 있어서도 과거와 같이 막연히 한정 없이 할 것이 아니라 수만 세상 또는 수천 세상을 하여야 성공될 일도 있고, 수백 세상 또는 수십 세상을 하여야 성공될 일도 있고, 한 두 세상 또는 수십 년을 하여야 성공될 일도 있고, 수월 수일 또는 한 때만 하여도 성공될 일이 있을 것이니, 그 일의 성질을 따라 적당한 기한으로 불공을 하는 것이 또한 사실적인 동시에 반드시 성공하는 법이 될 것이니라.」

『정전』 '불공하는 법'에 나오는 말씀입니다. 불공을 하다가 마음이 해이해질 때 이 법문을 봉독하면 좋습니다. 처음의 정성을 퇴색시키지 않고 끝까지 불공하는 데 도움이 됩니다. 심고와 기도도 일종의 불공인데 심고와 기도, 불공하는 법을 따로 나눠서 가르쳐 주셨습니다. 심고와 기도는 '진리불공·전체불공'이라면 불공하는 법은 당처 당처에 불공하는 '실지불공'이기 때문에 그렇게 하신 것입니다. 진리불공과 실지불공에 대한 대종사님 말씀은 교의품 16장에도 있습니다.

한번은 어떤 분이 제게 "당처에 불공하는 실지불공은 갑갑하니까 진리불공만으로 승부를 보려고 합니다."라고 하더군요. 그런데 효과는 진리불공보다 실지불공이 빠를 수 있습니다. 물론 상황과 불공거리에 따라 진리불공만 할 수도 있습니다. 그래서 대종사님께서 진리불공과 실지불공을 아울러 하라고 해주신 것 같습니다. 진리불공은 진리부처님께 바치고 전체불全體佛에게 바치는 것이며, 실지불공은 당처 각각의 당처불當處佛에게 바치는 것입니다.

「우주만유는 법신불의 응화신이니」와「일원은 우주만유의 본원이니」는 같은 뜻입니다. '우주만유는 일원의 응화신'입니다. 일원의 입장에서 보면 우주만유의 본원이고, 우주만유의 입장에서 보면 일원에서 응화한 것입니다. 응하여 화했다는 것입니다. 우주만유는 응화신으로 도를 행하고 있습니다. 그 도에서 은덕恩德이 나옵니다. 도를 행하니 자연적으로 은덕이 나와서 우리가 살고 있는 것입니다. 우주만유를 볼 때 우주만유가 행하고 있는 숨은 도를 알아야 합니다. 숨은 도를 알면 자연히 그 은혜를 느끼게 됩니다. 그런데 도는 모르고 은혜만 느끼려고 할 때 간혹 해독이 있어집니다. 우주만유가 개개인을 살리지만 차별의 원리에 따라 개인마다 그 은혜에 차등이 생깁니다. 은혜를 계속 주지만 지역마다 다르고 개별적으로 다릅니다. 그렇기 때문에 '도'부터 깨달아야 합니다. 우주만유가 법신불의 응화신이라는 원리가 손에 잡혀야 실지불공할 마음이 나옵니다. 감이 잡히지 않으면 하고 싶을 때는 하고 하기 싫을 때는 하지 않게 됩니다. 이 원리가 손에 딱 잡히면 모두가 불공의 대상이 됩니다.

「우주만유가 법신불의 응화신」이라는 원리를 확실히 터득해야 합니다. 우주만유는 인과보응의 원리에 의해서 형형색색의 다양한 형태를 이루고 있습니다. 심고와 기도에서 '자신할만한 은혜와 위력'이 있다고 하셨듯이 우주만물이 전부 그런 은혜와 위력이 있기 때문에 당처에 불공을 하면 더 효과가 있습니다.

  과거에는 어느 한 곳만 정해놓고 불공했습니다. 그래서 대종사님께서 공부인들이 알기 쉽게 '천지에게, 부모에게, 동포에게, 법률에게 당한 죄복은 실지 그 당처에 하라.' 고 말씀해 주셨습니다. 천지가 행하고 있는 도를 깨닫고, 부모가 행하고 있는 도를 깨닫고, 동포와 법률이 행하고 있는 도를 깨달아야 합니다. 성자들이 행하고 있는 입법의 은혜, 또 치법하는 분들의 은혜를 알아야 합니다. 그런데 이 입법과 치법이 인도정의의 공정한 법칙이 아닌 경우에는 법률은에서 분명히 '도'가 아니라고 정의합니다. 심고와 기도는 전체의 타력을 빌리는 진리불공법이라면, 실지불공법은 우주만유 당처 당처에서 위력을 빌리는 공부길·수행길입니다.

  심고문을 쓸 때 그 골격을 어떻게 해야 할까요? 먼저 '감사'를 올리고 그 다음에 '참회'를 올린 후 '다짐'과 '소망'을 이야기해야 합니다. 왜 먼저 감사를 해야 할까요? 평소에 감사 생활을 하는 사람은 저절로 감사가 나옵니다. 그러나 평소 원망 생활을 하는 사람은 '진리도 무심하지' 하는 원망부터 나올 것입니다. 평소부터 늘 감사 생활에 젖어 있어야 합니다. 감사한 후 다시 소망을 고백하고 위력을 빌어야 합니다.

24 계문
戒文

우리가 변화를 해 나가는데 손쉬운 방법은 '이것은 하지마라. 이것을 하면 네게 크게 해롭다. 우짖는 고통을 받게 된다.' 하는 경계를 주는 것입니다. 그래서 대산 종사님은 우리를 '농부'라고 하셨습니다. 농부가 농사를 짓는데 30계문은 죄전 농부로 죄 밭에 농사를 짓는 농부라면, 솔성요론은 복전 농부로 복 밭에 농사를 짓는 농부입니다.

우리가 어찌 다행 사람 몸 받아서 대종사님 법에 눈뜨고 귀가 열리긴 하였지만, 어떻게 시간을 보내고 어떻게 마음을 가지고 무슨 원을 위해서 바쁘게 달음질해야 하는지, 그중에서도 구체적으로 무슨 일은 안 해야 하고 무슨 일은 꼭 해야 되는지 혼란스러울 때가 있습니다.

과거에도 하지 말라는 계문은 다 있었습니다. 성자들이 남먼저 깨닫고 보니까 중생들이 꼭 불을 잡으려고 하는 아이처럼, 우물에 발을 집어넣으려고 하는 어린애처럼 여겨져서 걱정이 되었습니다. 그래서 "야야, 이것은 하지마라." 타이르는데 하지 말라는 것이 너무 많으면 안 되니까 평떼기할 수 있도록 처음에는 열 개만 주신 것입니다. 과거 부처님은 500계, 250계를 주셨는데 대종사님께서는 좀더 쉽게 남녀노소, 왕후장상을 구분하지 않고 똑같이, 과거 생에 많이 닦았든 적게 닦았든 구분하지 않고 일단 입교하면 누구에게나 열 가지 계문을 주셨습니다.

그래서 보통급 10계문을 보면 성자가 도리어 아쉬운 입장에 서 있는 것처럼 보여지는 부분이 있습니다. 뭐가 그렇죠? 중생들을 달래시기 위해 '연고' 緣故 계문을 주셨는데 그 연고 계문이 50%나 됩니다. 처음에 이 연고 계문은 출가자에게 주신 것이 아니라 재가자에게 주신 것이었습니다. 그러다가 나중에 출가·재가에게 똑같이 주신 것입니다.

어떤 사람이 입교를 하기 위해 찾아왔다가 계문을 보더니 "내가 술쟁이요, 원불교는 하고 싶은 것만 다 못하게 하니 입교를 못하겠다."고 하였습니다. 그래서 제가 물었습니다. "그럼 어떻게 하면 좋을까요, 열 개가 다 쟁이는 아니잖아요?" 하니, 그 분이 "제가 도둑질은 안합니다." 하면서 몇 가지 쟁이 아닌 것을 내놓았습니다. 그래서 제가 "열 가지 모두 쟁이인 사람도 있던데 장하십니다." 그랬습니다. 대종사님께서 보통급 10계문에 연고 계문을 넣어 주신 대자대비한 은혜를 생각할 때 몇 가지만 잘하는 것도 정말 장한 일입니다.

계문은 일종의 구속이라 할 수 있는데 이 구속은 무엇을 위한 구속입니까? 자유를 위한 구속입니다. 중생들에게 억하심정이 있어 일부러 구속을 주려고 한 것일까요? 그 과보 받을 일을 생각하니 두렵고 너무 걱정이 되어 달래시는 것입니다. 연고를 주어 조금씩 해보라고 달래시는 것이지요.

그런데 자기 수행을 철저히 하고자 하는 사람은 이 연고 계문을 어떻게 생각해야 될까요? 과보를 아는 사람은 연고를 스스로 떼어버립니다. 입문할 때부터 연고 사항을 만들지 않습니다. 처음부터 술 담배에 연고를 붙이지 않습니다. '남에게 피해도 주지 않고, 술주정도 하지 않고, 빚을 내가면서 마시는 것도 아닌데 술 좀 마시는 것이 무슨 과보가 되나요?' 이렇게 따지지 않습니다. 담배 피우는 것이 요즘 남에게 해가 된다고 금연구역을 많이 지정하고 있습니다. 하물며 직장에서도 그런데 성현의 문하에 들어와서 연고를 핑계로 몰래 담배를 피우는 것은 좋지 않습니다.

그러면 왜 성자께서 담배를 못 피우게 하셨을까요? 인간에게만 있는 소중한 반야지, 각혼覺魂이 어두워지기 때문입니다. 영혼 문제가 아니고 각혼이 어두워집니다. 술도 마찬가지입니다. 얼마나 영령한 각혼으로 생활

하고 일하고 있는지 따져봐야 합니다. 이런 계문은 각혼과 큰 관계가 있습니다.

공부가 순숙되어 법위가 위로 올라가면 그 정도에 따라 더 이상 계문이 주어지지 않습니다. 예를 들면 법강항마위는 계문이 없습니다. 그런데 법강항마위에 오르면 이제 30계문을 다 범해도 괜찮다는 뜻일까요? 지금 여러분들은 특신급은 되셨지요? 그렇다면 보통급 10계는 100% 철저히 지키는 것이 당연합니다. 법위등급을 보면 계문을 대강 지키고 올라간다고 하신 것이 아니라 '일일이 실행한다.'고 하셨습니다. '일일이' 라는 뜻은 대강한다는 것과는 정반대입니다. 확실하게 지켜야 합니다. 우리가 대종사님의 법통제자, 혈심제자가 되고 싶어도 실천을 하지 않으면 될 수가 없습니다. 희망 사항과 거리가 멀어집니다.

참회의 원리로 보면 '어제 일'은 묻지 않아야 합니다. 앞으로 어떻게 사느냐가 더 중요하기 때문입니다. 함께 공부를 했던 동지 가운데 30세에 열반한 교무님이 있습니다. 원불교에 와서도 공부를 많이 했지만 평소 집에서도 공부를 많이 한 동지였습니다. 그런데 교무님이 막상 병이 들어 앞날을 생각해보니 다음 생에 우마육축이 되어 빚을 갚을 것 같아 걱정이 되었습니다. 꿈을 꾸어도 자꾸 그런 꿈이 꾸어졌습니다. 그래서 하루는 대산 종사님을 찾아뵙고 여쭈니 스승님께서 "오늘 다하지 못한 일은 언제

할래?" 라고 물으시더랍니다. "오늘 못한 일은 내일 하겠습니다."라고 답하니, "내일 꼭 할래?"라고 또 물으셔서 "하려고 작정하겠습니다."하니, "그것이 중요하다."고 말씀하셨답니다. 내일 하려고 작정을 하는 것이 뭐죠? 바로 서원입니다. 금생에 못했지만 다음 생에는 꼭 해야겠다는 서원 일념, 그 종자 하나만 가지고 가면 오늘 다하지 못한 것이 큰일이 아닙니다. 오늘도 하지 않았으면서 내일도 할 생각을 안 하는 것, 이것이 정말 큰일입니다. 그때 그 교무님이 대산 종사님의 말씀을 받들고 밝게 웃으면서 조실에서 나오던 기억이 납니다. 그 분은 비록 30대에 열반에 들었지만 대해탈을 하고 갔습니다.

계문을 보면 전부 하지 말라는 것인데 대종사님께서는 무슨 원리에 근거해서 이렇게 하지 말라는 조항을 정해주신 것일까요? 그것은 바로 인과보응의 원리입니다. 그 과보가 얼마나 무서운 것인지를 아시기 때문에 아무리 하고 싶어 해도 금지시킨 것입니다. 아이들이 불에다 손을 대려고 하면 여러분은 어쩌겠어요? 깜짝 놀라서 말리시겠지요? 그래서 계문을 주어서 하지 말라고 하신 것입니다. 공부의 정도를 따라 단계별로 계문을 주고 또 주고 하는 것입니다. 특신급에 이르면 연고 계문이 줄어드는데 이 때는 작은 가지는 다 쳐버린 상태이기 때문에 그렇습니다.

앞에서 솔성요론은 복전 농사요 계문은 죄전 농사라는 말씀을 드렸습니다. 복전 농사를 철저히 잘 지으면 죄전 농사는 저절로 해결이 되는 부분이 많이 있습니다. 그래서 적극적으로 솔성요론 실천을 권장하는 것입니다. 솔성요론 16조항을 자세히 살펴보면, 입은 어떻게 사용하라, 먹거리는 어떻게 먹어라, 옷은 어떻게 입어라, 잠은 어떻게 자라, 남녀문제는 어떻게 해라, 마음은 어떻게 가지라고 되어 있습니다. 모두 30계문에 있는 내용들입니다. 과거 부처님의 500계도 다 그런 것입니다. 자세히 세분화되어 있을 뿐입니다.

돈은 어떻게 쓰라고 했나요? 공금은 범해 쓰지 말라고 했고, 심교간 금전을 여수하지 말라고 했고, 금은보패 구하는 데 정신을 빼앗기지 말라고 하셨습니다. 또 남녀 문제는 어떻게 하라고 하셨나요? 간음을 하지 말고, 두 아내를 거느리지 말라고 하셨습니다. 남자에게만 해주신 말씀이 아니고 여자에게도 해주신 말씀입니다. 여기에는 두 여자를 거느리려는 남자와 만나지 말라는 뜻이 숨어 있습니다.

계문은 일상생활 속에서 우리의 육근동작을 어떻게 하느냐에 관한 것입니다. 그런데 마음에 대한 계문은 주로 법마상전급에 있습니다. 왜 그렇죠? 마음은 형상이 없는 것이어서 옆에서 잘 모릅니다. 그래서 옛날에는 내가 감추면 옆 사람이 잘 모르는 경우가 더러 있었습니다. 그런데 요즘은 감추려고 하면 할수록 더 잘 알게 됩니다. 시대가 밝아졌기 때문에 투명한 세상이 되어 버린 것입니다. 그러기 때문에 마음공부하는 사람은 쉽게 성공할 수 있습니다.

　법마상전급에서는 주로 마음에 관련된 사항들을 계문에 넣어주셨습니다. 시기심 내면서 시기심 아니라고 열심히 분단장을 하고 감추려 해도 세상이 밝아서 "야! 그거 시기심이야, 상대심이야."하고 자꾸 알려주니까 안 깨칠 수가 없습니다. 요즘은 충고자가 참 많습니다. 아주 투명합니다. 옛날 같으면 어림도 없었습니다. 요즘은 마음속에 있는 것을 다 꿰뚫어 볼 수 있는 환한 대낮입니다.

　그럼 법강항마위가 되면 이런 아닌 마음들이 하나도 나지 않을까요? 당연히 나지요. 안 나면 '유무의 원리'가 없는 것입니다. 잠깐만 방심을 하면 납니다. 유무의 변화하는 원리가 우주에 있기 때문에 나기 마련입니다. '경계를 따라 있어지나니'가 바로 그 말씀입니다. 법위를 일체 언급하지 않으셨습니다. 그러니까 여래위도 경계를 따라서 아닌 마음이 일어날 수 있는 것입니다. 그러면 중생과 여래는 무엇이 다를까요? 갈무리를 잘하는 것이 다릅니다. '산송장'이 된다는 것은 바로 갈무리를 잘한다는 것입니다. 나를 놓아버리는 작정부터 하면 하기가 쉽습니다. 그래서 전무출신이 하기 쉬운 겁니다. 작정코 나설 때 몸을 내놓고 나섰으니까. 그래서 전무출신이라는 이 이름을 절대 바꾸면 안 됩니다.

오늘만 있고, 금생만 있고, 사람만 있으면 좀 덜 두려울 것입니다. 오늘만 있는 게 아니라 내일도 있고, 금생만 있는 게 아니라 내생도 있고, 사람만 있는 게 아니라 육도사생이 있습니다. 그래서 계문은 인과를 무섭게 여기고 과보를 두려워하라는 것입니다. 이 계문을 한 조목 한 조목 밝히는 것은 우리 각자의 과보를 다 정리해 보는 것입니다. 요즘은 투명해서 인과 거울을 안 보아도 과보를 다 알 수 있습니다. 그리고 시대가 밝아져서 과보가 당대의 자손까지도 안 가게 됩니다.

그렇게 대종사님께서 제자들에게 연고를 통해 점점 줄여서라도 꼭 계문을 지키게 하신 대자대비심을 우리는 알아야 합니다. 그래서 계문은 하나하나 과보를 생각하면서 끊으면 됩니다. 뒤에 나오는 솔성요론을 철저히 지키면 계문은 지켜 나가기가 쉬워집니다. 계문만 있고 솔성요론이 없으면 계문이 상당히 부담스러운데, 솔성요론의 각 조항을 적극적으로 실천하다 보면 계문 떼기가 쉽습니다.

공부해보니 특히 지금 시대는 이론의 시대도 아니고 철학적인 관념의 시대도 아닌 실천의 시대입니다. 그렇기 때문에 솔성요론이나 계문이 참 중요합니다. 법위등급에서 항상 사다리를 무엇으로 했나요? 맨 처음에 계문부터 하셨습니다. 계문을 마스터해야 법위 승급을 할 수 있습니다. 계문이 첫 단계입니다. 주로 실천 시대를 내다보시고 하신 말씀입니다.

지식이 아무리 많고 기를 마음대로 돌리며 심령의 출입을 자유자재로 한다고 할지라도, 하고 싶은 것과 하기 싫은 것에 자유자재 하지 못하면 힘 있는 수도자는 아닙니다. 실천해야 할 때 못하는 사람은 앞으로의 시대에는 맞지 않습니다. 우리가 이 점을 완전히 자각해야 합니다.

솔성요론
率性要論

제가 계문을 공부할 때 입으로 지켜야 하는 것이 보통급에는 몇 개이고, 특신급과 상전급에는 또 몇 개인지 구분을 해 본 일이 있습니다. 그랬더니 '입'이 복도 많이 짓지만 죄도 가장 많이 짓는 화복문禍福門이라는 것을 여실히 알 수 있었습니다. 마찬가지 방법으로 다시 솔성요론을 살펴보았더니 16개 조항 가운데 '배우는 것'이 상대적으로 많았습니다. 대종사님께서는 솔성요론에서 왜 이렇게 우리에게 배울 것을 많이 강조하셨을까요?

대종사님께서는 사생 중 사람이 된 이상에는 배우기를 즐겨해야 한다고 하셨습니다. 아마 그것은 육도사생 중 오직 사람만이 한정 없이 배울 수 있기 때문이 아닐까 싶습니다. 사람이기 때문에 이 기회에 배워야 하는 것이며 자성의 혜를 밝혀야 된다고 하신 것입니다. 휴휴암좌선문에 '촉유즉명유일월'燭幽則明逾日月 즉 그윽하게 비치면 일월보다 밝은 것이 우리들의 혜광이라고 밝혀주셨습니다. 그래서 대종사님께서는 우리에게 배우라, 배우라고 강조하신 것이 아닐까 싶습니다.

특히 대종사님께서는 솔성요론 1조에서 '믿음'에 대한 아주 중요한 안내를 우리에게 해주고 계십니다. 1조「사람만 믿지 말고 그 법을 믿을 것이요.」이 내용은 원래 세 번째에 있었던 것을 열반하시던 해에 맨 앞으로 옮겨 놓으신 것이라고 합니다. 만약에 대종사님께서 사람을 믿으라고 하셨다면 어떨까요? 또 '사람은 믿지 말고'라고 하셨으면 또 어떨까요? '사람은'이라고 할 때와 '사람만'이라고 했을 때의 의미는 많이 다릅니다.

언젠가 할머니 교도 한 분이 우리 교단은 다 좋은데 교무님과 정들만 하면 이동을 시키고 또 정들만 하면 이동을 시키고 하는 것이 마음에 들지 않는다고 하셨습니다. 그런데 저는 「사람만 믿지 말고 그 법을 믿으라.」는 이 말씀에 우리 인사순환 제도의 뜻이 숨겨져 있다고 생각합니다. 대종사님 당대에는 수시로 인사 순환을 했습니다. 지금은 정해진 원칙에 따라 정기적으로 인사를 하지만 당시에는 상황에 따라 수시로 인사가 이루어졌습니다. 처음에는 정으로 교화를 하지만 그 다음에는 법으로 해야 합니다. 정이 건네야 법도 건네는 법이지만 결국은 자력을 세워주는 데 초점이 맞춰져야 합니다.

'솔성'이란 것은 '성품을 거느린다.' 다시 말하면 '마음을 운용한다.'는 말입니다. 계문도 취사 과목이고 솔성요론도 취사 과목입니다. 계문과 솔성요론 이 두 가지는 자기가 가장 잘하는 부분과 가장 잘못하는 부분들을 간추려서 못하는 부분부터 평떼기로 집중적으로 해나가면 지켜나가기가 쉽습니다.

계문과 솔성요론 이 두 가지는 함께 공부를 해 나가는 것이 더욱 효과적입니다. 「다른 사람의 그릇된 일을 견문하여 자기의 그름은 깨칠지언정 그 그름을 드러내지 말 것이요.」 이 조항만 잘 실천하려고 해도 어렵습니다. 입으로 짓는 죄가 30계문 가운데 여러 개가 있습니다. 따라서 솔성요론을 공부할 때에는 계문과 함께 해 나가는 것이 더 효과적입니다.

최초법어
最初法語

「만유가 한 체성이며 만법이 한 근원이로다. 이 가운데 생멸 없는 도와 인과 보응되는 이치가 서로 바탕하여 한 두렷한 기틀을 지었도다.」『대종경』서품 1장에 실려 있는 대종사님의 대각 일성입니다. 그런데 대종사님께서 깨달은 내용은 같지만 이보다 체계적으로 대종사님의 깨달으신 바를 기술해 주신 말씀은『정전』에 있는 '최초법어'의 말씀입니다.

부처님께서는 최초법어로 '고집멸도' 苦集滅道를 말씀하셨고 예수님께서는 '산상수훈' 山上垂訓을 말씀하셨습니다.「인생이 모두 고苦로구나. 그런데 이 고가 어디서 왔는가? 아, 이 고는 모두 자기가 모아둔 것集이구나. 그럼 이것을 어떻게 없애야滅 할 것인가? 아, 고는 도道를 따라 없애면 되겠구나.」하신 것이 부처님의 고집멸도, 사성제四聖諦 법문입니다.

그런데 대종사님께서는 수신의 요법, 제가의 요법, 강자·약자의 진화상 요법, 지도인으로서 준비할 요법을 최초법어로 제시해 주셨습니다. 그런데 대종사님께서는 다른 여러 성인들과는 달리 제일 마지막에 '지도인으로서 준비할 요법'을 제시함으로써 지도자의 역할을 특별히 강조하고 계십니다. 우리는 여기서 인류를 향한 대종사님의 특별한 경륜과 배려를 눈치 챌 수 있습니다.

수신의 요법 修身-要法

수신의 요법은 인격론으로 우리가 닮아가야 할 인격의 표준입니다. 『정전』 교의편 중 삼학에 대한 말씀이 중심을 이루고 있습니다. 수신의 요법 중 「시대를 따라 학문을 배우라.」는 1조를 제외한 2, 3, 4조는 모두 삼학과 관련된 항목들입니다.

수신의 요법 1조 「시대를 따라 학문을 배우라.」는 말씀은 물질문명이 발달됨에 따라 정신문명을 개벽해서 물질문명을 선용하자고 하신 개교의 동기를 살펴보아야 명확히 이해할 수 있습니다. 이 말씀은 바로 물질문명을 배척할 것이 아니라 물질문명을 수용하고 이를 선용할 수 있도록 학문을 준비하라는 가르침이기 때문입니다.

수신의 요법 2조는 「정신을 수양하여 분수에 안정을 얻고 경계를 대하여 정의를 잃지 말 것이요.」라는 말씀입니다. 대종사님께서는 누구나 쉽게 정신을 수양할 수 있도록 첫 번째 공부 표준으로 '분수를 지키는 일'을 잡아주셨습니다. 그런데 살다보면 조금 더, 조금 더 하는 욕심 때문에 분수를 지켜 나가기가 여간 어렵지 않습니다. 분수를 지킨다는 것은 자기 수양의 정도를 아는 것입니다.

『정전』교의편 '정신수양의 목적'을 보면 「유정물은 배우지 아니하되 근본적으로 알아지는 것과 하고자 하는 욕심이 있다.」고 하였습니다. 따라서 우리는 이러한 욕심에 끌리지 않고 분수 지키는 데 안정을 얻는 정도, 그리고 희로애락을 당하여 정의를 잃지 않는 정도의 수양력은 길러나가야 하겠습니다.

하지만 우리가 막상 희로애락의 경계를 당하게 되면 정의와 불의, 옳음과 그름 등을 가리지 못하고 마음이 끌리는 대로 처리하는 일이 참 많습니다. "야! 화나면 못할 말이 어디 있어, 그때는 화가 나서 그랬으니까 그리 알아." 지금 내가 이렇게 하고 있다면 나의 수양력이 부족해서 그런 것이므로 지금이라도 용서를 빌어야 합니다.

수신의 요법 3조는 「일과 이치를 연구하여 허위와 사실을 분석하며 시비와 이해를 바르게 판단할 것이요.」라는 말씀입니다. 돈에 약한 사람은 돈으로 회유하면 넘어가고 명예에 약한 사람은 명예로 회유하면 넘어갑니다. 요즘은 그 사람의 실력 여부를 떠나 외국에서 학위를 받은 사람들이 국내에서 학위를 받은 사람보다 취직이 잘 된다고 합니다. 그러다 보니 종종 외국에서 오랫동안 공부를 했다고 서류를 허위로 조작해서 취직을 하는 경우가 종종 발생하고 있습니다. 이것은 우리 사회가 허위와 사실을 구분하지 못하고 시비와 이해를 바르게 판단하지 못해서 벌어지는 현상입니다. 어떤 것이 허위이고 어떤 것이 사실인지 사리연구를 통해 시비를 정확하게 판단하는 지혜가 필요합니다.

수신의 요법 4조는 「응용할 때에 취사하는 주의심을 놓지 아니하고 지행을 같이 할 것이니라.」는 말씀입니다. 그런데 지행을 같이 하기 위해서는 반드시 전제되어야 할 조건이 하나 있습니다. 그것이 바로 '주의심'입니다. 주의심이 없고는 지행을 같이 할 수가 없습니다. 알았다고 해서 바로바로 실행되는 것이 아닙니다. 아무리 잘 알았더라도 주의심이 선도자 역할을 해야 결실을 맺을 수 있습니다.

제가의 요법 齊家-要法

대종사님께서는 제가의 요법 1조에서 「실업과 의·식·주를 완전히 하고 매일 수입 지출을 대조하여 근검저축하기를 주장할 것이요.」라고 말씀하셨습니다. 가정을 다스리는 첫번째 조목으로 '경제'에 대한 말씀을 해주신 것입니다. 제가 아는 분 중에 일이 있으면 일단 빚부터 얻어 쓰고 나중에 월급이 나오면 갚는 분이 있었습니다. 알고 보니 그분은 학교 다닐 때부터 이러한 취사가 습관이 되어 있었습니다. 물론 그때그때 갚아나가기 때문에 크게 빚지고 사는 생활은 아니지만 이런 생활이 안정 될 리 없고 좋은 기운이 따라다닐 리가 없습니다. 보이는 것만 생각하면 진리 생활이 아닙니다. 보이지 않는 것이 더 중요합니다. 나무도 보이는 잎보다는 보이지 않는 뿌리가 더 소중합니다. 그래서 저는 경제를 제가의 요법에 맨 먼저 말씀해 주신 것을 소중하게 생각합니다.

제가의 요법 2조는 「호주戶主는 견문과 학업을 잊어버리지 아니하며, 자녀의 교육을 잊어버리지 아니하며, 상봉하솔의 책임을 잊어버리지 아니할 것이요.」라는 말씀입니다. 호주제 존폐 문제를 두고 크게 논란이 있다가 결국 몇 해 전에 폐지가 되었습니다. 그렇다면 제가의 요법 2조 말씀도 이제 폐기를 해야 할까요? 아닙니다. 과거의 법률적 호주와 대종사님이 말씀하신 호주는 다릅니다. 어느 가정이 되었든 그 가정을 책임지고 이끌어가는 호주는 반드시 필요합니다.

그러면 가정의 호주는 누가 되어야 할까요? 연장자라고 해서 또는 남자라고 해서 당연히 호주를 하려고 하면 안 됩니다. 누가 호주가 되든지 지자智者가 되려는 노력을 게을리 해서는 안 됩니다. 여기에서 말하는 호주는 지자라고 봐도 됩니다. 호주에게는 가정을 이끌 책임과 역할이 있습니다. 호주라고 해서 무슨 높은 권리가 주어지는 것이 아니라 위로는 모시고 아래로는 교육하는 상봉하교의 책임을 집니다. 따라서 가정에서 호주는 권리를 주장하기보다는 의무를 잊어버리지 않는 것이 더 중요합니다.

제가의 요법 3조는 「가권家眷이 서로 화목하며, 의견 교환하기를 주장할 것이요.」라는 말씀입니다. 그런데 '화목해야 한다' 만 가지고는 좀 부족해 보입니다. 세상사람 중에 누가 화목한 가정을 꾸리고 싶지 않은 사람이 있겠습니까? 그래서 대종사님께서는 여기에 그치지 않고 '의견을 교환하라' 고 하는 화목하는 비결을 밝혀주셨습니다.

그런데 의견을 교환하려면 누가 가장 먼저 마음을 열어야 할까요? 호주가 먼저 열어야 합니다. 그래서 호주는 가슴이 넓어야 합니다. 의견 교환을 한다는 것은 아랫사람에게도 물어서 배우고, 윗사람에게도 물어서 배우는 것입니다. 옛날에는 호주가 기침 한 번만 해도 그 속에 뜻이 다 들어 있었습니다. 하지만 지금은 그런 가부장적인 시대가 아닙니다. 「의견 교환하기를 주장할 것이요.」라고 하셨는데 여기에서 '주장' 은 무슨 뜻일까요? 주장을 풀이하면 자기 의견을 굳게 내세우는 것을 말합니다. 따라서 여기에서의 주장은 반드시 의견을 교환하라는 아주 강력한 표현이라고 할 수 있습니다.

　제가의 요법 4조는 「내면으로 심리 밝혀 주는 도덕의 사우師友가 있으며, 외면으로 규칙 밝혀주는 정치에 복종하여야 할 것이요.」라는 말씀입니다. 가정이 편안하기 위해서는 정신적인 뒷받침이 있어야 편안합니다. 그런데 밖으로는 법률이 보호해주고 안으로는 스승님이 보호해주니 얼마나 든든합니까? 여기서 '도덕의 사우'란 무엇을 말하는 것일까요? 도덕의 사우는 그냥 평범한 사우가 아닙니다. '심리를 밝혀준다'고 하셨으니 심리학자라고 생각을 할 수도 있겠지만 사실은 마음공부를 하는 성자를 가리키는 말씀입니다.

　제가의 요법 5조는 「과거와 현재의 모든 가정이 어떠한 희망과 어떠한 방법으로 안락한 가정이 되었으며, 실패한 가정이 되었는가 참조하기를 주의할 것이니라.」는 말씀입니다. 대종사님께서는 이렇게만 하면 행복한 가정이 될 수 있다고 자신있게 말씀하셨습니다. 가정에 소리가 나고 파도가 생기면 이 제가의 요법을 놓고 대조하면 '여기 어딘가에서 문제가 되었구나.' 하는 것이 바로 점검되어질 것입니다.

강자·약자의 진화상 요법 强者 弱者-進化上 要法

　일제강점기 때는 일본 사람들이 강자이고 조선 사람들이 약자였습니다. 그런데 대종사님께서는 이러한 때 「무슨 일을 물론하고 이기는 것은 강이요 지는 것은 약」이라고 정의를 내려주시면서 강자의 도와 약자의 도를 명확하게 밝혀주셨습니다.

대종사님께서 말씀해주신 강자·약자의 진화상 요법의 핵심은 '자리이타의 도'에 있습니다. 요즘 문제가 되는 노사관계도 이 자리이타의 도를 써야 원만하게 해결이 될 수 있다고 생각합니다. 그러기 위해서는 먼저 은혜를 발견할 줄 알아야 합니다. 강자는 약자의 은혜를 발견해야 하고, 약자는 강자의 은혜를 발견해야 합니다. 그래야 약자가 강자로 변할 수 있고 강자도 강을 오래 유지할 수 있습니다.

우리가 근본적인 은혜를 잊어버리면 서로 원수가 되어버립니다. 그래서 영원한 강자, 영원한 약자가 되지 않고 강자로 진급하는 강자·약자의 진화상 요법을 주창하신 것입니다. 옛날 법문에는 갑동리, 을동리 예화까지 들어 설법을 해주셨습니다. 그래서 일본 사람들이 행해야 할 도, 조선 사람들이 행해야 할 도, 약자가 약자를 벗어나려면 강자가 될 수 있는 실력을 쌓아야 한다는 내용이었습니다. 그리고 강자에게는 자리이타로 해야지 강자라고 해서 힘만 구사하면 결국 약자로 전락한다고 경고를 해주셨습니다. 따라서 강자·약자의 진화상의 요법은 한마디로 '평천하의 도'라고 할 수 있습니다.

지도인으로서 준비할 요법 指導人-準備-要法

지도인으로서 준비할 요법은 강자·약자의 진화상의 요법과 마찬가지로 인생의 요도에 해당됩니다. 그런데 대종사님께서는 '지도인의 요법'이라 하시지 않고 '지도인으로서 준비할 요법'이라고 하셨습니다. 왜 준비해야 할 요법이라고 하셨을까요? 지도인이 되려면 적어도 이 정도 준비는 해야 한다는 최소한의 준비를 말씀하신 것 같습니다. 그래야 양심적인 지도자가 되지 않겠느냐 하신 것입니다.

첫 번째는「지도 받는 사람 이상의 지식을 가질 것이요.」라는 말씀입니다. 제가 교전을 해석하는 지도자 자격으로 이렇게 여러분 앞에 의자에 앉아 있는데 여러분에게 강의를 하려고 하면 적어도 여러분 이상의 지식을 가지고 있어야 하겠지요. 그런데 여러분들이 저에게 원하는 '지식'이란 무엇을 말하는 것일까요? 바로 대종사님의 교법일 것입니다.

전에 교도님 한 분이 원불교신문에 "교무님들이 고객이 원하지도 않는 것을 전공하고 있으니 참 답답하고 딱하다. 대종사님의 교법을 원하고 있는데 교법을 전공하는 게 아니라 다른 것을 전공하고 있다."라는 글을 기고한 적이 있습니다. 이 글의 의미는 지도하는 사람들이 대종사님의 교법에 대해서 지도 받는 사람들보다는 이상의 지식을 가져야 한다는 것입니다. 물론 교화 경험이 많은 원로 교무들보다는 이제 막 출가를 한 젊은 교무들이 체험 면에서는 많이 부족할 수가 있습니다. 하지만 교리를 이해하고 전달하고 해석하는 분야에 있어서는 더 앞서가야 한다고 생각합니다.

제가 34살에 종로교당 교무로 갔습니다. 당시 저는 정식 특신급 밖에 되지 않았는데 교도님들 가운데는 법마상전급도 계시고 예비항마위도 계시고 저보다 법위가 높으신 분들이 많이 계셨습니다. 그분들은 우리 교법을 직접 생활 속에서 실천하여 그 경험으로 법위를 인증 받으신 것이지만, 저는 체험적인 면에서는 미치지 못하지만 우리 교법을 이해하고 해석하고 전달하는 데는 그분들보다 그 이상의 지식을 갖고 있었기 때문에 교화자로서 맡은바 책임을 다 할 수 있었다고 생각합니다.

두 번째는 「지도 받는 사람에게 신용을 잃지 말 것이요.」입니다. 다른 사람에게도 신용을 잃어서는 안 되겠지만 특히 지도 받는 사람에게는 신용을 잃으면 안 됩니다. 지도받는 사람에게 신용을 잃어버리면 절대 지도력을 가질 수가 없습니다. 한 가정의 호주도 마찬 가지입니다. 가족에게 신용을 잃어버리면 그 사람은 절대 진정한 호주가 될 수 없습니다. 일찍 온다고 약속을 하고서 늦게 들어오고, 술을 마시지 않겠다고 약속을 하고서 다시 술을 마시고 온다면 호주로서 자격이 없는 사람입니다. 우리는 살다보면 경우에 따라서 일찍 들어간다고 해놓고 못 들어가는 수도 있습니다. 하지만 부득이한 사정으로 약속을 지킬 수 없을 때에는 반드시 미리 연락을 해야 합니다. 그래야 지도 받는 사람에게 신용을 잃지 않습니다.

그래서 제가 계문을 잘 지켜야 한다고 역설하는 것입니다. '계문'이란 곧 신용입니다. 지키기로 약속을 한 것입니다. 일과도 마찬가지입니다. 아침저녁으로 일과를 지키기로 약속하고 출가를 한 것입니다. 몸이 아프다든지, 어쩔 수 없는 일로 잠을 한숨도 못 잤다든지 하는 연고를 제외하고는 계문이나 일과를 철저히 지켜나가는 것이 신용입니다.

세 번째는 「지도 받는 사람에게 사리私利를 취하지 말 것이요.」입니다. 지도 받는 사람에게 사리를 취하면 어떻게 될까요? 당연히 지도력을 상실하게 됩니다. 교당에 음식이 들어왔는데 크고 좋은 것을 교무가 취하고 그 나머지를 재가 교도에게 주었다고 한다면 어떨까요? 비록 하찮은 것일지는 모르지만 이런 것이 바로 지도 받는 사람에게 사리를 취하는 것입니다. 지도 받는 사람이 대우를 해주는 것하고 스스로 자기가 자기를 대우하는 것은 다릅니다. 자기 안에 있는 부처님을 잘 불공해야지 다른 사람에게 대우를 받으려고 하는 것은 잘못된 것입니다.

그런데 왜 '사리'를 넣으셨을까요? 개인적인 사사로운 이익을 취하지 말라는 것입니다. '모든 사람에게 사리를 취하지 말라.'가 아니라 '지도 받는 사람에게 사리를 취하지 말라.'는 것입니다. 만일 지도하는 교무님이 사리를 취하는 것을 재가 교도들이 보았다면 어떨까요? 응당 지도 받을 마음이 나지 않을 것이고 존경심이 나지 않을 것입니다. 지도자는 지도 받는 사람 이상의 지식을 갖추지 않아도 지도력을 상실하고, 신용을 잃었을 때도 지도력을 발휘할 수가 없습니다. 그리고 지도받는 사람에게 사리를 취해도 지도력을 발휘할 수 없다는 것입니다.

저희들은 더러 재가 교도들에게 봉투를 받게 되는 일이 있습니다. 젊어서는 그것이 어찌나 부끄럽던지 얼굴이 빨개져서 '받지 않겠다'고 사양을 하곤 했는데 지금은 나이도 먹고 본의도 생각하여 '감사합니다. 잘 써 드리겠습니다.' 하는 마음으로 받습니다. 이런 경우도 사리만 취하지 않으면 됩니다. 다리 역할을 하는 것이지요. 교도님들이 빛나게 써달라고 주시는 것이지, 먹을 것 사먹고 고무신 사 신으라고 주신 것이 아닙니다.

네 번째는 「일을 당할 때마다 지행을 대조할 것이니라.」입니다. 살다보면 아는 것과 행동하는 것을 같이 한다는 것이 참 어렵습니다. 아마 '지행을 같이하라, 지행을 합일하라' 이렇게 단정적으로 말씀하셨다면 실행하기가 굉장히 어려웠을 텐데 대종사님께서는 '같이'나 '일치'보다는 좀 여유롭게 '지행을 대조하라'는 표현을 쓰셨습니다.

수신의 요법에서는 확실하게 '지행을 같이 하라.' 고 하셨는데 지도인으로서 준비할 요법에서는 왜 '지행을 대조하라.' 고 하신 것일까요? 아마 그것은 적어도 지도자라면 100점은 아니더라도 이 정도는 되어야 한다는 말씀이 아닐까 싶습니다. 호주나 지도자는 모두 완성된 사람이 아니기 때문에 모든 일을 완전하게 할 수는 없습니다. 그래서 반드시 지행을 대조하는 준비 공부를 하라고 하신 것입니다.

그런데 대조를 잘하려면 무엇을 해야 할까요? 참회도 잘하고 충고도 잘 받아들여야 합니다. 간사가 충고를 하거나 부교무가 충고를 하거나 교도님이 충고를 하거나 전혀 모르는 낯선 사람이 충고를 해도 잘 받아들여서 늘 자기 변화의 기회로 삼을 줄 알아야 합니다.

대산 종사님께서는 『교리실천도해』에서 최초법어의 결론을 「솔성率性은 도道로써 하고, 인사人事는 덕德으로써 한다.」는 말씀으로 강령을 잡아주셨습니다. '개인의 수행은 항상 도를 잃지 말고 하라. 그리고 다른 사람과 더불어 사는 것, 즉 인사는 덕으로써 해야 화피초목 뇌급만방化被草木 賴及萬方 한다.'는 말씀입니다. 대종사님께서 밝혀주신 최초법어를 통해 덕화가 우주만유 삼라만상에 고루 미쳐 갈 수 있도록 다함께 노력해야 하겠습니다.

고락에 대한 법문
苦樂-法門

개교의 동기에도 고락에 대한 법문이 있고, 사은 사요, 삼학 팔조에도 고락에 대한 법문이 담겨 있습니다. 살펴보면 고락에 대한 법문은 교전을 편수하기 이전에 나왔던 초기의 법문이라 할 수 있습니다. 『불법연구회취지규약서』가 나오기 이전에 해 주신 법문입니다.

고락에 대한 법문은 공부의 요도에 관한 내용입니다. 남의 고와 낙을 이야기하는 게 아니라 나의 고와 낙을 이야기하는 것입니다. 병든 사회와 그 치료법은 인생의 요도 중 사은 사요에 해당합니다. 이렇게 앞에서 원리를 터득하게 되면 뒤의 수행편에서는 다 연결이 되어서 수행을 안 할 수 없고 수행이 그렇게 복잡하지가 않습니다.

인간이 종교를 갖는 구경의 목적은 무엇일까요? 고해의 세계로 들어가고 싶어 그러는 것일까요? 고를 좋아하는 사람은 아무도 없습니다. 모두가 다 낙을 좋아합니다. 다 같이 잘 살자는 것이고 다 같이 낙을 수용하자는 것입니다.

그런데 낙 가운데는 몇 가지 낙이 있습니다. '인간락'은 오욕의 낙이요, '천상락'은 정신적인 낙입니다. 그다음에는 또 '극락'이 있습니다. 또 대종사님께서는 '광대무량한 낙원'을 말씀해 주셨습니다. 개인적으로는 인간락, 천상락, 극락을 차례로 맛보았으면 합니다. 수준이 각각 다릅니다. 극락은 자성극락이기 때문에 혼자 수용할 수 있는 것입니다. 대종사님께서 염원하신 낙은 광대무량한 낙원입니다. 극락보다도 더 높고, 영원하고, 더불어서 길이길이 누리는 그런 의미의 낙입니다. 극락과 지옥에 대해서는 『대종경』 변의품 10장에 잘 밝혀져 있습니다.

「한 제자 여쭙기를 "극락과 지옥이 어느 곳에 있나이까." 대종사 말씀하시기를 "네 마음이 죄복과 고락을 초월한 자리에 그쳐 있으면 그 자리가 곧 극락이요, 죄복과 고락에 사로잡혀 있으면 그 자리가 곧 지옥이니라." 또 여쭙기를 "어찌하여야 길이 극락 생활만 하고 지옥에 떨어지지 아니하오리까." 대종사 말씀하시기를 "성품의 본래 이치를 오득하여 마음이 항상 자성을 떠나지 아니하면 길이 극락 생활을 하게 되고 지옥에 떨어지지 아니하리라.」

대종사님께서는 고락에 대한 법문에서 먼저 고락에 대한 설명을 해주시고, 그 다음에 우리가 다 좋아하는 '낙'을 버리고 왜 '고'로 들어가는지 그 원인을 진단해 주셨습니다. 이것은 절대 잊어버리면 안 됩니다. 정말 낙원생활을 하고 싶거든, 밥 먹는 것은 잊어버려도 이 다섯 가지 조목을 잊어버리면 안 됩니다. 그러면 낙원의 생활을 하실 수 있습니다. 대종사님께서 진리에 바탕해서 확실하게 진단을 해 놓으셨기 때문입니다.

28

병든 사회와
그 치료법

    병든 사회와 그 치료법도 일종의 고락에 대한 법문이라고 할 수 있습니다. 병이 들었다는 것은 '고'이고 그것을 진단하여 처방을 내려주신 것은 '낙'을 생산케 하는 것입니다. 그런데 병든 사회와 그 치료법은 삼학 팔조에 속할까요, 아니면 사은 사요에 속할까요?

    병든 사회와 그 치료법은 주로 사회 치료법이고 가정 치료법입니다. 원래는 병든 가정과 그 치료법이라고 했는데, 원불교 교전을 편수할 때 '가정'을 넓혀서 '사회'로 해주신 것입니다. 가정을 넓힌 것이 사회가 되고 국가가 되고 세계가 되는 것이라서 처음 기점을 가정이라고 하신 것 같습니다. 따라서 병든 사회와 그 치료법은 인생의 요도 사은 사요로 서로서로 어떻게 살 것인가에 대한 진단과 처방을 내려주신 것이라고 할 수 있습니다.

병든 사회와 그 치료법은 『대종경』 교의품 34장과 35장에 그 진단과 처방이 잘 나와 있으니 여기서는 자세히 다루지 않겠습니다. 다만 대종사님께서는 당시의 세상을 '병든 세상'으로 진단하시고 여기에 '돈 병'을 하나 더 말씀해 주셨습니다. 대종사님께서는 이 '돈 병'을 '욕심'으로 보신 것 같습니다. 공부하시는 데 교의품 34장과 35장 법문을 참고 하시기 바랍니다.

「대종사 영산에서 선원 대중에게 말씀하시기를 "지금 세상은 전에 없던 문명한 시대가 되었다 하나 우리는 한갓 그 밖으로 찬란하고 편리한 물질문명에만 도취할 것이 아니라, 마땅히 그에 따르는 결함과 장래의 영향이 어떠할 것을 잘 생각해 보아야 할 것이니, 지금 세상은 밖으로 문명의 도수가 한층 나아갈수록 안으로 병맥病脈의 근원이 깊어져서 이것을 이대로 놓아두다가는 장차 구하지 못할 위경에 빠지게 될 지라, 세도世道에 관심을 가진 사람들로 하여금 깊은 근심을 금하지 못하게 하는 바이니라. 그러면 지금 세상은 어떠한 병이 들었는가.

첫째는 돈의 병이니, 인생의 온갖 향락과 욕망을 달성함에는 돈이 먼저 필요하다는 것을 알게 된 사람들은 의리나 염치보다 오직 돈이 중하게 되어 이로 인하여 모든 윤기倫氣가 쇠해지고 정의情誼가 상하는 현상이라 이것이 곧 큰 병이며,

둘째는 원망의 병이니, 개인·가정·사회·국가가 서로 자기의 잘못은 알지 못하고 저 편의 잘못만 살피며, 남에게 은혜 입은 것은 알지 못하고 나의 은혜 입힌 것만을 생각하여, 서로서로 미워하고 원망함으로써 크고 작은 싸움이 그칠 날이 없나니, 이것이 곧 큰 병이며,

셋째는 의뢰의 병이니, 이 병은 수 백 년 문약文弱의 폐를 입어 이 나라 사람에게 더욱 심한 바로서 부유한 집안 자녀들은 하는 일 없이 놀고 먹으려 하며, 자기의 친척이나 벗 가운데에라도 혹 넉넉하게 사는 사람이 있으면 거기에 의세하려 하여 한 사람이 벌면 열 사람이 먹으려 하는 현상이라 이것이 곧 큰 병이며,

넷째는 배울 줄 모르는 병이니, 사람의 인격이 그 구분九分은 배우는 것으로 이루어지는지라 마치 벌이 꿀을 모으는 것과 같이 어느 방면 어느 계급의 사람에게라도 나에게 필요한 지식이 있다면 반드시 몸을 굽혀 그것을 배워야 할 것이어늘 세상 사람들 중에는 제 각기 되지 못한 아만심에 사로잡혀 그 배울 기회를 놓치고 마는 수가 허다하나니, 이것이 곧 큰 병이며,

다섯째는 가르칠 줄 모르는 병이니, 아무리 지식이 많은 사람이라도 그 지식을 사물에 활용할 줄 모르거나, 그것을 펴서 후진에게 가르칠 줄을 모른다면 그것은 알지 못함과 다름이 없는 것이어늘 세상 사람들 중에는 혹 좀 아는 것이 있으면 그것으로 자만自慢하고 자긍自矜하여 모르는 사람과는 상대도 아니하려 하는 수가 허다하나니, 이것이 곧 큰 병이며,

여섯째는 공익심이 없는 병이니, 과거 수 천 년 동안 내려온 개인주의가 은산 철벽같이 굳어져서 남을 위하여 일하려는 사람은 근본적으로 드물 뿐 아니라 일시적 어떠한 명예에 끌려서 공중사를 표방하고 무엇을 하다가도 다시 사심의 발동으로 그 일을 실패 중지하여 이로 말미암아 모든 공익 기관이 거의 피폐하는 현상이라 이것이 곧 큰 병이니라."」

「대종사 이어서 말씀하시기를 "그런즉 이 병들을 고치기로 할진대 무엇보다 먼저 도학을 장려하여 분수에 편안하는 도와, 근본적으로 은혜를 발견하는 도와, 자력 생활하는 도와, 배우는 도와, 가르치는 도와, 공익 생활하는 도를 가르쳐서 사람 사람으로 하여금 안으로 자기를 반성하여 각자의 병든 마음을 치료하게 하는 동시에, 선병자의先病者醫라는 말과 같이 밖으로 세상을 관찰하여 병든 세상을 치료하는 데에 함께 노력하여야 할지니, 지금 세상의 이 큰 병을 치료하는 큰 방문은 곧 우리 인생의 요도인

사은 사요와 공부의 요도인 삼학 팔조라, 이 법이 널리 세상에 보급된다면 세상은 자연 결함 없는 세계가 될 것이요, 사람들은 모두 불보살이 되어 다시없는 이상의 천국에서 남녀노소가 다 같이 낙원을 수용하게 되리라."」

29 영육쌍전법
靈肉雙全法

　　영육쌍전법을 공부할 때에는 먼저 「묵은 세상을 새 세상으로 건설하게 되므로」라는 말씀에 주목할 필요가 있습니다. 과거의 종교들은 굳이 영육쌍전을 강조하지 않더라도 정신적인 문제, 도덕적인 문제만 잘 풀어나가면 아무런 문제가 없었습니다. 그런데 요즘 시대는 과거와는 달리 영적이고 도덕적인 접근만을 가지고는 대중들의 환영을 받기가 어렵습니다. 영육을 쌍전해야 합니다. 특히 이 영육쌍전법은 영과 육만을 쌍전하고 병진하라는 말씀이 아니라 생활과 불법, 동과 정, 이와 사, 물질과 정신 등을 교리정신에 모두 대입해 적용해야 할 특징적 사상이므로 우리가 더욱 주의 깊게 공부할 필요가 있습니다.

그렇다면 왜 영육쌍전을 하고 무시선 무처선을 하고 처처불상 사사불공을 하라고 하신 것일까요? 그 답이 바로 앞에서 이야기한 「묵은 세상을 새 세상으로 건설하게 되므로」라는 말씀에 잘 나타나 있습니다. 대종사님께서는 지금은 원시반본 하는 개벽기라 수도와 생활이 둘이 아닌, 영육을 쌍전하는 산 종교를 건설해야 한다 하시며 구인제자들과 함께 몸소 저축조합과 방언공사를 전개해 상주 설법을 해주셨습니다.

또 영육쌍전에 대해 말씀하시기를 「법신불 일원상의 진리와 수양·연구·취사의 삼학으로써 의식주를 얻는다.」고 하셨습니다. 그냥 삼학으로 의식주를 얻는다 하지 않고 진리와 삼학으로써 의식주를 얻고, 의식주와 삼학으로써 그 진리를 얻는다고 하셨습니다.

그렇다면 우리가 어떻게 이 진리에 접근을 하는 것이 영육쌍전을 잘하는 방법일까요? 한마디로 삼학은 공부길이고 의식주는 인생길이라 할 수 있습니다. 우리가 불조정전의 심인인 법신불 일원상의 진리를 이 공부길이나 인생길에서 잊어버리지 않고 닮아가기 위해서는 그 진리를 내가 얼마만큼 믿었느냐, 그 진리를 내가 얼마만큼 깨쳤느냐, 그 진리를 얼마만큼 내 것으로 삼았느냐가 중요합니다. 성품과 나와의 관계, 사은과 나와의 관계를 확실하게 터득해야 위력을 얻고 체성에 합하는 공부를 할 수 있습니다. 그것은 이 세상을 볼 때 유상으로도 보고 무상으로도 보는 공부가 되기 때문입니다.

대산 종사님께서는 성자들은 '빌 공' 空 자 공력空力과 '공변될 공' 公 자 공력公力을 갖추고 있다고 하셨습니다. 공력空力이란 체성에 합하는 힘이고 공력公力이란 위력을 얻는 힘을 말합니다. 결국 자력과 타력이 공력空力을 바탕해서 무아봉공의 공심公心이 될 때 복과 혜가 진진할 수가 있습니다. 대산 종사님께서는 '공력空力이 있으면 도가 생하고 공력公力이 있으면 덕이 생한다.'고 하셨습니다. 이렇게 보면 우리의 공부길이 그리 복잡하지가 않습니다. 육근이 무사하면 빌 공자로 도를 지키고, 육근이 유사하면 공변될 공자로 덕이 나타나도록 하자는 것입니다.

영육쌍전법 제일 마지막 부분을 보면 「개인·가정·사회·국가에 도움이 되게 하자는 것이니라.」고 하신 말씀이 있습니다. 이 말씀 또한 우리가 눈여겨 살펴보아야 할 말씀입니다. 우리가 맨 처음 교화현장에 나가게 되면 대부분 처음 찾는 곳이 행정 당국입니다. 그런데 교무님들께서는 왜 관공서를 먼저 찾아가는 것일까요? 우리가 영육쌍전의 정신으로 일을 하기 위해서 그렇게 하는 것입니다. 우리가 대종사님 법을 등에 짊어지고 교화현장에 나가는 것은 그 지역사회에 도움을 주기 위한 것입니다. 밥을 얻어먹기 위해서 또는 친척이 있어서가 아니라 어떻게 해야 이 지역에 도움을 줄 수 있을 것인가, 그 정신으로 현장에 나가기 때문에 관공서에 가서 신분을 밝히고 필요한 일에 나를 부리고 일을 시켜 달라고 요청을 하는 것입니다. 이것은 우리가 영육쌍전의 산 종교임을 자신하기 때문이고 그 역할에 자신이 있기 때문입니다.

우리는 「개인·가정·사회·국가에 도움이 되게 하자는 것이니라.」하신 말씀을 절대 잊어서는 안 됩니다. 방언공사 당시 이웃 마을 부호가 찾아와 분쟁을 일으켰을 때 대종사님께서 뭐라고 하셨습니까? 혹시 우리 땅이 그 사람에게 넘어간다 하더라도 그 사람도 대중 속의 한 사람 아니냐? 우리의 사리사욕을 채우기 위해서 언답을 막는 것이 아니라고까지 말씀해 주셨습니다. 그러므로 우리는 늘 우리 교단이 개인·가정·사회·국가에 도움을 주는 산 종교임을 잊지 말고 노력해야 합니다.

㉚ 법위등급
法位等級

    법위등급은 우리가 수행을 통해 얻는 일종의 결과라 할 수 있습니다. 이 정도면 보통급이고, 이 정도면 특신급이고, 이 정도면 법마상전급이라고 구분을 지어주신 것입니다. 불교에도 우리와 비슷한 52계위가 있지만 우리가 공부를 하기에는 너무 어렵고 복잡하므로 대종사님께서 법위등급으로 간단하게 정리해 주셨습니다.

    제가 동산선원 교무로 있을 때 법위등급 공부를 '심신' 心身 중심으로 해 보니까 이해하기가 비교적 쉬웠습니다. 특신급은 '심신귀의' 心身歸依입니다. 심신귀의는 회상과 법과 스승에게 몸과 마음을 온통 의지한다는 것입니다. 법마상전급은 '심신상전' 心身相戰이고, 법강항마위는 '심신조복' 心身

調伏이며, 출가위는 '심신출가'心身出家이고, 여래위는 '심신자유'心身自由입니다. 이렇게 심신을 기점으로 해서 귀의하고, 상전하고, 조복하고, 출가하고, 자유하는 것으로 공부의 기점을 잡아주시니 공부하기가 수월했습니다.

　그런데 대종사님께서는 법위등급 가운데 보통급에서 법마상전급까지의 승급 기준을 왜 계문으로 정해주셨을까요? 그것은 지금 이 시대가 이론의 시대가 아니고 실천의 시대라서 그렇습니다. 사실적인 변화가 이루어져야 비로소 법위가 승급될 수 있다고 보신 것입니다. 우리가 성리 법문만 즐기다 보면 계문을 소홀히 할 수 있습니다. 그래서 계문을 얼마나 잘 지키고 있는가로 법위등급의 구분을 지어주신 것입니다. 그렇기 때문에 경전 해석을 아무리 잘해도 계문을 지키지 않는 사람은 법위가 형편없이 낮아질 수밖에 없습니다. 우리는 보통급을 하찮게 생각했는데 대산 종사님께서는 보통급에 대한 말씀을 참 많이 해주셨습니다.

　또한 '법위 양성화'에도 많은 힘을 쓰셨습니다. 대산 종사님께서 주법이 되시고 법위를 양성화 하실 때 "법위는 향상이 목적이지 평가가 목적이 아니다."라고 몇 번을 말씀하셨습니다. 사실 법위를 양성화함으로써 법위의 하향평준화가 된 측면도 있지만 천여래 만보살의 문호를 활짝 열어주신 것입니다. 어떻게 하면 스승님의 뜻을 잘 받들어 보은을 잘할 수 있는지 염두에 두고 살아야 하겠습니다.

　만약 대종사님께서 『정전』에 법위등급을 밝혀 주시지 않았다면 지금 우리는 무엇을 표준삼아 공부를 하고 있을까요? 아마도 '지자본위'를 실천하는 데 적지 않은 어려움이 있었을 것입니다. 대종사님께서는 우리에게 지자를 본위로 하여 지식 평등을 이루라고 말씀하셨는데, 우리가 어떤 사람이 지자이고 어떤 사람이 우자인지를 알려면 이 법위등급 만큼 확실한 표준도 없습니다. 따라서 법위등급은 한마디로 모든 수행인들이 지향해 나가야 할 목표와 같습니다. 우리가 표준삼고 나아가야 할 목표를 구체적으로 제시해서 늘 닮아갈 수 있도록 해주신 것입니다.

보통급 普通級

　「보통급은 유무식·남녀·노소·선악·귀천을 막론하고 처음으로 불문에 귀의하여 보통급 십계를 받은 사람의 급이요.」

　우리가 보통급이라고 해서 하찮게 생각하고 수준 이하로 여길 수 있으나 실제로는 전혀 그렇지가 않습니다. 불문에 든다고 하는 것은 마치 저 바다에서 눈먼 거북이가 한없는 바다를 헤매다가 나뭇가지를 만나 겨우 숨을 쉬는 것과 같은 기가 막힌 순간입니다. 입교를 해서 보통급 십계를 받고 이 공부 이 사업을 시작한다는 것은 결코 우연한 일이 아니라 대종사님께서 몇 생을 통해 공들이신 결과라는 것을 알아야 합니다.

먼저 법위등급 첫 번째 조항을 보면 「유무식·남녀·노소·선악·귀천을 막론하고」 라고 하셨습니다. 이 말씀은 이런 것들로 인해 행여 조금이라도 차별을 둘까 싶어서 누구를 막론하고 또 어떤 신분이든지 상관없이 일단 보통급을 거쳐야 한다고 하신 것입니다.

그런데 우리가 보통급에 머무르지 않고 바로 월반을 할 수 있는 방법은 없을까요? 있습니다. '보통급 십계만 잘 지키면' 바로 월반을 할 수 있습니다. 어떤 분은 보통급 십계를 지키기가 어렵다는 분도 있고 또 어떤 분은 너무 쉬워서 하나도 걸리는 것이 없다는 분도 있습니다. 보통급에서는 '보통급 10계를 일일이 실행하면' 다음 단계로 올라가도록 되어 있습니다.

보통급은 불문에 처음 귀의하여 이제 막 공부를 시작하는 초입 단계입니다. 대산 종사님께서는 '불문에 귀의했다는 것은 군에 입대한 것과도 같고 성현의 족보에 이름을 올린 것과도 같다. 동서남북도 분간하지 못하고 밤낮도 모른 채 헤매다가 막 문을 열고 편안한 집에 돌아온 것 같다.'고 하셨습니다. 부처님께서 인신난득人身難得 정법난득正法難得 성도난득成道難得이라고 하셨으니 우리는 이 '법명'法名을 받은 날을 생일로 알아서 소중히 여겨야 하겠습니다. 우리 육신의 생일은 한 번이지만 마음의 생일은 거듭 생일입니다. 거듭 생일일수록 진급이 되는 데 바로 이 법위등급은 '진급'의 사다리와 같은 것입니다.

보통급은 하루 온종일 '하지 말라'는 10계를 가지고 몸부림치는 때입니다. 이 보통급 10계를 지키려고 몸부림치다 보면 무엇이 달라질까요? 법위등급은 결국 인격의 변화로 나타납니다. 우리는 흔히 친구 등살에 이 계문을 못 지키는 경우가 많습니다. 오랜 업력과 습관이 꽉 절어 있기 때문에 그동안 친하게 지내던 마구니들이 사방에서 말립니다. 보통급 10계를 지키게 되면 일단 친구가 달라집니다.

저는 법마상전을 하면서 굉장히 고심도 하고, 자학도 하고, 울기도 하고, 스승님을 찾아가고 했습니다. 그렇게 법마상전하고 있는데 어느 날 느닷없이 "이현이도 법강항마 명단에 들었단다."하니 등골에서 땀이 났습니다. 양심에 아니었거든요. 그런데 공부는 사실 그때부터 했습니다. '큰일 났다. 만일 내가 실력을 갖추지 못하면 스승님께 누가 되고, 진리에 누가 되고, 대중에게 가짜가 되겠구나. 그래서 생전에 법위를 사정해야지, 열반 후에 사정하는 것은 죽은 법이라고 하셨구나.' 하고 정신을 바짝 차렸습니다. 그래서 보통급에 있는 '연고'가 없는 계문부터 철저히 지켜 나가기 시작했고, '연고'가 붙은 계문도 조금씩 조금씩 지켜나가려고 노력을 했습니다.

특신급 特信級

「특신급은 보통급 십계를 일일이 실행하고, 예비 특신급에 승급하여 특신급 십계를 받아 지키며, 우리의 교리와 법규를 대강 이해하며, 모든 사업이나 생각이나 신앙이나 정성이 다른 세상에 흐르지 않는 사람의 급이요.」

보통급에서 특신급으로 올라가기 위해서는 어떻게 해야 할까요? 법위등급 두 번째 조항은 「특신급은 보통급 10계를 일일이 실행하고」라는 말씀으로 시작됩니다. 그런데 특신급에 오르고 보면 보통급에서 한번 몸부림을 치고 난 뒤라서 그런지 그다지 어려운 데도 없고 특별한 구석도 없는 것처럼 느껴집니다. 왜 특신급이 대단하다고 하는지, 왜 성성식成聖式이 이루어진다고 하는지, 왜 곧장 여래위로 오르는 사람이 있다고 하는지 이해가 잘 되지 않을 수 있습니다.

특신급이 쉽다는 분들도 있지만 어렵다는 분도 많습니다. 그것은 과거 업력의 차이, 습관의 차이에서 오는 것입니다. 제 경험에 비추어 볼 때 특신급은 신에 흙이 묻지 않는 단계입니다. 대종사님께서 대각하신 후에 눈 쌓인 중앙봉을 걸으셨는데 너무 기쁘셨던 나머지 나막신에 눈이 묻을 틈이 없었다고 하셨습니다. 이 심경처럼 특신급은 우리 교리와 법규를 대강 알아가면 알아갈수록 재미가 있고 기쁨이 충만한 상태입니다. 천지에 커

다란 은혜가 있구나! 무자력한 사람을 돕는 것이 부모 보은이구나! 이렇게 새 천지를 발견하고 공부에 재미를 느끼고 사대불이신심四大不二信心이 세워져서 다른 세상에 흐를 틈이 없습니다.

중병이 들었을 때 누군가 '종교를 바꾸면 그 병이 낫는다.'고 하면 여러분은 어떻게 하시겠습니까? '아이고, 정말 그래야 할까봐.' 하면 예비 특신급입니다. 그러나 인과를 알고 영생을 알고 우리 각자에 값아 있는 보물을 확실히 아는 사람은 절대 마음이 흔들리지 않습니다. 어떠한 유혹이 있더라도 '나는 절대 바꿀 수가 없다.'고 믿음이 흔들리지 않으면 그것이 바로 무엇으로도 바꾸지 못할 특별한 믿음, 특별한 신심입니다.

특신급은 아침부터 저녁까지 하라는 대로 자꾸 해보는 급입니다. 되든 안 되든 '아이고, 하라고 했는데 또 잊어버렸다.' 하며 반성하고 다시 실행을 합니다. 심고를 잊었으면 설거지를 하다가도 심고를 올립니다. 이처럼 특신급은 챙기는 재미가 있습니다. 잊어버렸어도 또 챙겨서 다시 하는 재미, 잘 안되어도 다시 해보는 재미, 이것을 아는 것이 바로 특신급입니다. 그래서 특신급에서는 곧장 '일초직입여래위'一超直入如來位가 될 수 있는 것입니다. 두 마음 없이 오롯한, 생명하고도 바꿀 수 없는 특별한 신심이 있기에 바로 여래로 뛸 수도 있는 것입니다.

그래서 초발심에 공부가 있습니다. 법마상전을 하다보면 심신이 지치고 힘들어 자칫 후퇴할 수도 있습니다. 그렇기 때문에 법마상전을 하면서 힘들고 괴로울 때는 자꾸 초발심을 대조해야 합니다. 특신급 때 가졌던 그 기뻤던 초발심을 대조하고 스승님을 찾아 가고 기도로 매달려야 합니다. 그렇게 공부를 하기 때문에 특신급은 우리 수도자들로서는 정말 잊을 수 없는 추억입니다. 그 기쁨이 정말 깊고 넓고 든든하면 법마상전을 어렵지 않게 할 수 있습니다. 피투성이가 되도록 싸우는 사람이 있는가 하면 슬렁슬렁 싸우는 것 같아도 늘 이기는 사람이 있습니다. 특신급에서 어떻게 공부를 했느냐 이것이 문제입니다.

정산 종사님께서는 '교무의 역할은 교도들이 어떻게 하면 진리에 대해서, 어떻게 하면 주세불에 대해서, 어떻게 하면 회상에 대해서, 어떻게 하면 교법에 대해서 불퇴전의 신심을 갖도록 해 줄 것이냐 하는 데까지이다. 그 이상은 교무가 해 줄 수 없는 본인들의 몫이다. 속 깊은 공부는 본인이 해야 한다.'고 하셨습니다. 따라서 교화의 성과는 한마디로 불퇴전의 신심을 가진 사람을 몇 사람이나 교화를 했느냐 하는 것과 직결이 된다고 할 수 있습니다. 따라서 불퇴전의 신심을 갖도록 하기 위해서는 공부나 사업이나 신앙이나 수행이 다른 세상에 흐르지 않도록 교무님들이 끊임없이 손을 넣어주어야 합니다.

교무님들도 마찬가지입니다. 연조가 되었다고 해서 자동적으로 법위를 올릴 것이 아니라 스스로 사업이나 생각이나 신앙이나 정성이 다른 세상에 흐르지 않고 있는가를 늘 살펴야 합니다. 그 바탕 위에서 법마상전을 하고 그 바탕 위에서 법강항마를 해야 신·분·의·성이 끊임없이 작동을 합니다. 교화라는 것은 신이 바로 설 수 있도록 도와주는 것입니다. 신만 바로 서면 분·의·성은 자연히 본인이 할 수 있게 됩니다. 교도님들께 '제가 무엇을 도와 드릴까요?' 하고 물으면 대부분 '신심나게 해 주세요.'라고 대답을 하십니다. 왜 그럴까요? 신심만 나면 그 나머지는 자연히 해결될 수 있기 때문입니다.

법마상전급 法魔相戰級

「법마상전급은 보통급 십계와 특신급 십계를 일일이 실행하고 예비 법마상전급에 승급하여 법마상전급 십계를 받아 지키며, 법과 마를 일일이 분석하고 우리의 경전 해석에 과히 착오가 없으며, 천만 경계 중에서 사심을 제거하는 데 재미를 붙이고 무관사無關事에 동하지 않으며, 법마상전의 뜻을 알아 법마상전을 하되 인생의 요도와 공부의 요도에 대기사大忌事는 아니하고, 세밀한 일이라도 반수 이상 법의 승勝을 얻는 사람의 급이요.」

대산 종사님께서는 특신급을 심신귀의라고 하셨습니다. 몸과 마음을 온통 맡기고 의지하는 것, 즉 '아, 내가 길을 헤매다가 이제야 앉을 자리에, 들어올 자리에 들어왔구나. 이 보물을 절대 놓치지 않아야지.' 하고 온통 의지하는 것이 특신급입니다. 그런데 법마상전급은 이러한 특신급과는 달리 법과 마, 몸과 마음이 쉬지 않고 싸움을 하는 단계입니다. 오래 전 이곳 영산성지에서 대법회를 볼 때, 대산 종사님께서 "모두 다 집안일이 많이 있을 텐데 다 물리치고 이렇게 뭐 하러 오셨느냐?"고 물으시니 어느 한 교도님이 "안 그래도 몸은 '가지 말자' 하고 마음은 '가자' 했는데, 마음이 이겨서 이렇게 왔습니다." 하고 대답을 했습니다. 이것이 바로 법마상전입니다. 대산 종사님께서는 그때 법위등급에 대한 법문을 해주셨습니다.

　법마상전급은 시간이 나는 대로 기도도 많이 해보고, 몸부림을 치며 심고도 많이 올려보고, 틈이 나는 대로 자리에 앉아 좌선도 많이 해보고 하는 그런 단계입니다. 그러기 때문에 법마상전급은 혼자 있어도 할 일이 참 많습니다. 하고 싶은 일도 많고 해야 할 일도 많아서 고독할 틈이 없습니다. 심고도 아침 저녁으로 한두 번만 하라고 했는데 법마상전급은 법과 마가 싸우느라 몸부림을 치는 그런 단계이기 때문에 틈만 나면 심고를 올리고 기도를 합니다. 좌선이 잘 되지 않을 때는 어떻게 하라고 하셨는지 경전을 찾아보고 그래서 완전히 경전을 자기 심신작용의 사전으로 모십니다. 그러기 때문에 법마상전급에서는 '대강 이해'가 아니라 '해석에 과히 착오'가 없는 것입니다. 알음알이만이 아니라 자기가 실천하면서 애쓴 부분을 늘 경전으로 대조하기 때문에 경전 해석에 착오가 없는 것입니다.

특신급도 교화를 할 수 있지만 법마상전급 정도는 되어야 제대로 된 교화를 할 수 있습니다. 법마상전급은 되어야 경계를 당하여 자신이 체험한 이야기를 자신 있게 할 수 있고, 경전을 사전 삼아 자신이 체득한 바를 살피고 대조하는 공부를 할 수 있습니다.

그런데 법마상전급에서 가장 유심히 살펴보아야 할 대목은 「법과 마를 일일이 분석한다.」는 말씀입니다. 자기 마음을 보지 않고는 절대 그렇게 할 수 없습니다. 비록 마구니에게 지기는 하지만 '이것 봐라, 마구니네. 내게 탐심과 시기심이 있네, 내가 상대심이 있네, 시기심이 있구나.' 하며 자기를 알아야 합니다. 그래서 법마상전급에서는 '마음 심'心자 계문이 50%, 다섯 개나 됩니다. 아만심, 시기심, 탐심, 진심, 치심, 속 깊은 이 마음을 더위잡지 못하고는 법과 마를 일일이 분석할 수 없습니다.

공부를 하는 사람은 누구나 어느 순간 지치는 때가 있기 마련입니다. 그러나 이처럼 지치지 않으려면 굳은 신심이 있어야 합니다. 신심이 특별하면 도중에 지쳐 쓰러지지 않고 그냥 항마를 해버립니다. 내가 어찌 다행 사람 몸을 받았으며 어찌 다행 대종사님의 법을 만났을까 하는 생각을 가져야 합니다. 하지만 법마상전급에서는 공부를 잘못하게 되면 자학을 하게 되고 자학을 하게 되면 빨리 지치게 됩니다. 져도 기쁘고 이겨도 기쁜 공부가 되어야 합니다. 그러기 위해서는 반드시 타력이 필요한데 그것이 바로 스승님의 지도입니다. 스승님의 지도가 없으면 자꾸 자학을 하게 되고 중근병에 걸리기가 쉽습니다.

법마상전급은 계문을 지켜나가되 무작정 지키는 것이 아니라 인과의 원리에 비추어서 지켜 나갑니다. 보통급은 아직 인과를 잘 믿지 못해도 스승님이 하라고 하니까 하고, 또 진급을 하려고 하니까 무조건 합니다. 특신급에서도 그럴 수 있습니다. 그러나 법마상전급에서는 인과의 원리를 알기 때문에 지키지 않을래야 지키지 않을 수가 없습니다. '일일이 분석한다'는 것은 인과의 원리를 확실히 알고 있는 단계이기 때문에 구석구석 점검을 하지 않을 수 없고 그러다보니 경우에 따라 자학을 하게 되고 중근병에 걸릴 수 있습니다.

그런데 법마상전급에는 「대기사大忌事는 아니하고」라고 하신 말씀이 있습니다. 대기사를 하지 않는다는 말씀이 무슨 말씀일까요? 인생의 요도에 있어서 대기사는 인과의 이치를 믿지 않는 것이라고 할 수 있습니다. 인과의 이치를 믿지 않으니 은혜를 부인할 수밖에 없고 은혜를 부인하게 되니 보은행을 할 수 없는 것입니다.

그렇다면 공부의 요도에 있어서 대기사는 무엇일까요? 대산 종사님께서는 『정전대의』에서 '정신수양의 대기사는 공항空抗에 빠지거나 허령虛靈이 나타나는 것이고, 사리연구의 대기사는 대각을 몰록 이루려 하거나 사견邪見에 걸려있는 것이며, 작업취사의 대기사는 제가 짓고 제가 받을 줄 모르는 것과 법의 선線이 없이 사는 것'이라고 하셨습니다.

결국은 우리가 삼학 공부를 하면서 편수를 하면 안 된다는 말씀입니다. 하고 싶은 공부만 하고 하기 싫은 공부는 거들떠 보지도 않는 것, 또 인과를 무시하고 되는 대로 자행자지 하지 말라는 말씀입니다. 늦더라도 삼학 병진을 해야 하고, 조금 불편하더라도 항상 인과를 생각하며 공부해야 합니다.

법강항마위 法强降魔位

「법강항마위는 법마상전급 승급 조항을 일일이 실행하고 예비 법강항마위에 승급하여, 육근을 응용하여 법마상전을 하되 법이 백전 백승하며, 우리 경전의 뜻을 일일이 해석하고 대소 유무의 이치에 걸림이 없으며, 생·로·병·사에 해탈을 얻은 사람의 위요.」

법강항마위는 곧 자기가 자기를 이길 수 있는 경지를 말하는데 제가 한참 공부에 재미를 붙일 때는 이기는 횟수보다는 지는 횟수가 늘 많았습니다. 그런데 한번은 대산 종사님께서 부르시더니 "이제부터 너는 항마위이다." 하셨습니다. 그 말씀을 듣고 너무 걱정이 되어 "아직 공부가 부족하다."고 말씀을 드렸더니 "야, 채우라고 외상으로 준 것이니 잘 해 봐라." 하셨습니다. 그리고는 대중들에게 말씀하시기를 "너희들 짐승 키워보았느냐? 무녀리가 잘났더냐 못났더냐? 이번에 항마한 사람들이 다 무녀리다. 조금 못나고 시원찮아도 무녀리가 있어야 뒤에 잘난 사람이 나온다. 뒤에 더 좋은 인재가 많이 나올 수 있도록 이번에 외상으로 무녀리들을 많이 승급시켰다." 하셨습니다.

사실 누가 먼저 법위승급이 되는지 안 되는지는 큰 문제가 아닙니다. 먼저 나온 무녀리가 비록 못나긴 했지만 뒤로 갈수록 훌륭한 불보살들이 더 많이 나오면 그것으로 그만입니다. 대산 종사님은 처음부터 '조불불사'造佛佛事가 원이셨습니다. 늘 "내 소원은 불보살 속에 묻혀 살고 싶은 것이다. 그래서 외상으로 무녀리를 많이 배출했으니 앞으로 재가 출가 간에 불보살이 많이 나오기를 바란다." 하셨습니다.

법강항마위는 자기를 이겨내어 남을 지도할 수 있는 스승 자격을 얻는 것입니다. 사실 그래서 우리는 법강항마위가 된 후 교무 발령을 해야 맞습니다. 그런데 왜 특신급인데도 불구하고 교무를 사령할까요? 그것은 교당 내왕시 주의 사항으로 훈련을 하기 때문입니다. 항마위 이상의 스승님에게 맥을 댄 후 안심하고 교당 내왕 훈련을 하면 되기 때문입니다. 스승님께 맥을 대지 않고 혼자 교주처럼 살면 안 됩니다. 그런 분을 교무로 모시고 교당 내왕시 훈련을 하면 안 됩니다. 그럴 경우에는 "교무님은 왜 교당 내왕시 훈련을 안 하세요?"하고 가르쳐 드려야 합니다. 단장에게 맥을 대고, 교구장에게 맥을 대고, 총부에 맥을 대야 합니다.

경계가 없을 때는 누구나 잘할 수 있습니다. 하지만 경계와 마주하면 쉽지가 않습니다. 법마상전급에서는 중근병이 찾아왔을 때 스스로 넘어서는 사람도 있고 위의 힘을 빌려서 넘어서는 사람도 있습니다. 하지만 법강항마위에서는 중근이 찾아오면 절대 혼자서는 넘어서지를 못합니다. 왜 그럴까요? 그것은 '내가 이미 항마를 했거니', '나는 나를 이겨서 자격을 얻었거니' 하기 때문에 자기 스스로 중근을 넘어서기가 어렵습니다. 자기 그림자에 가려서 자기가 안 보이게 됩니다.

그래서 "항마위에서는 반드시 자기 이상 스승의 손을 잡지 않으면 중근을 넘어설 수 없다."고 하셨습니다. 법마상전에서는 자신도 지는 줄 알고 옆에서도 "너 큰일 났다. 너 중근에 걸렸어. 큰 병 걸렸다."라고 충고를 해주기 때문에 어떤 계기가 주어지면 중근병을 넘어설 수 있습니다. 또 다른 동지들이 하는 것을 보거나 지도자가 손을 내밀어 주어서 중근병을 넘어서기도 합니다. 반면에 법강항마위는 아집我執, 법집法執, 능집能執,

소국집小局執의 중근에 걸릴 수 있다고 진단해 주셨습니다. 여기에서 집이란 나를 중심으로 생각하는 아집, 법에 걸려 있는 법집, 자신의 능한 바에 걸려 있는 능집, 작은 판국에 묶여있는 소국집을 말합니다. 이러한 집에 쏘옥 들어가 있을 때는 큰 스승님이 집執을 때려 부수고 잠을 깨게 해주지 않고는 넘어서기가 힘듭니다.

법강항마위는 '생사해탈'을 하는 위입니다. 생사해탈은 '생사자유'와는 약간 차이가 있습니다. 생사해탈은 생사를 자유하는 것이 아니라 생사를 두려워하지 않고 생사에 묶이지 않는 것을 말합니다. 그리고 법강항마위가 되면 대소유무의 이치에 걸림이 없어서 시비이해에 대한 해결사 역할도 잘할 수 있게 됩니다. 대소유무의 이치에 걸림 없이 알기 때문에 사람들이 경계를 가지고 오면 해결이나 판정을 내려줄 수 있습니다.

그렇지만 백발백중을 하고 백전백승을 하는 것이 모두 좋은 것은 아닙니다. 긍정적인 것 뒤에는 반드시 부정적인 것이 따라오고 부정적인 것 뒤에는 반드시 긍정적인 것이 따라옵니다. 그렇다면 법강항마위에서 부정적인 것은 무엇일까요? 바로 아집, 법집, 능집, 소국집입니다. 이것은 반드시 스승님의 지도를 받아야 벗어날 수 있는데 이미 항마를 해서 스승의 자격을 얻었으므로 스승을 잊어버리고 찾지 않을 수 있습니다. 조심해야 합니다.

출가위 出家位

「출가위는 법강항마위 승급 조항을 일일이 실행하고 예비 출가위에 승급하여, 대소 유무의 이치를 따라 인간의 시비 이해를 건설하며, 현재 모든 종교의 교리를 정통하며, 원근 친소와 자타의 국한을 벗어나서 일체생령을 위하여 천신 만고와 함지 사지를 당하여도 여한이 없는 사람의 위요.」

출가위는 심신출가입니다. 걱정이 많고 크지만 내 일 때문이 아닙니다. 출가위가 어려운 것 같아도 전무출신의 출발점이 출가위라고 할 수 있습니다. '수화불피' 水火不避, '이해불고' 利害不顧라는 것이 전무출신 서원서의 내용인데 그것이 바로 출가위 심법입니다.

원불교학과를 갓 졸업한 초급교무도 종법사님과 똑같이 가사 장삼을 입게 하시고, 교황께서 오셨을 때도 꼭 아타원님과 함께 가신 뜻이 무엇인지 생각해 보아야 합니다.

대각여래위 大覺如來位

「대각여래위는 출가위 승급 조항을 일일이 실행하고 예비 대각여래위에 승급하여, 대자 대비로 일체생령을 제도하되 만능 萬能이 겸비하며, 천만 방편으로 수기 응변 隨機應變하여 교화하되 대의에 어긋남이 없고 교화

받는 사람으로서 그 방편을 알지 못하게 하며, 동하여도 분별에 착이 없고 정하여도 분별이 절도에 맞는 사람의 위니라.」

대각여래위는 심신자유입니다. 출가위와 대각여래위의 주소는 같습니다. 출가위가 늙으면 대각여래위가 됩니다. 대종사님께서는 '내 법대로만 하면 3년이면 바뀔 수 있다.' 고 하셨습니다. 그래서 법위사정을 3년마다 하는 것입니다.

㉛ 원각성존 소태산 대종사 비명 병서
圓覺聖尊 少太山 大宗師 碑銘 並序

우리가 얼마나 이 법대로 공부를 잘하고 얼마나 이 법대로 잘 사는지는 대종사님에 대한 우리의 신심에 달렸습니다. 따라서 오늘 이 비문을 통해서 다시 한 번 대종사님에 대한 신심을 새롭게 하는 기회가 되었으면 좋겠습니다.

먼저 비문의 제목을 보면 '원각성존'圓覺聖尊이란 말씀이 나옵니다. '원각성존'은 성호聖號이고 '소태산'少太山은 대종사님의 법호法號입니다. '소'少는 젊을 소 자로 세밀하다는 뜻과 젊다는 뜻을 모두 가지고 있는데 이는 돌아오는 후천 도수를 상징합니다. '태'太는 태초라는 뜻도 있고 크다는 뜻도 담겨 있는데 능히 소하고 능히 태한 자유자재의 모습을 나타냅니다. 대종사님께서는 남자는 '산'山으로 법호를 주셨고 여자는 '타원'陀圓으로 법호를 주셨습니다.

'소태산'은 대종사님께서 직접 지으신 당신의 법호이고 '대종사'는 우리가 존경의 의미를 담아 높여 부르는 존호尊號입니다. 대종사라는 존호를 부르기 전까지는 여러 가지 호칭이 사용되었는데, 대종사님께서 열반하신 후에 정산 종사님께서 비문을 지으시면서 대종사란 존호가 사용되기 시작했습니다.

성덕과 성업을 시구로 표기하는 것을 '명'銘이라고 하는데 그 명을 비석에다가 새긴다고 해서 '비명'碑銘이라고 합니다. 명은 제일 뒤에 있는 한문 시구를 말하고, 그 앞에 있는 문장은 다 서문입니다. 서문이 그 역사를 자세히 밝힌 것이라면 명은 이를 간단한 시구로 표현한 것입니다.

시조 시인 노산 이은상 선생님이 비문을 참 많이 지으셨습니다. 하루는 이 분이 중앙총부에 오셔서 대종사님의 비문을 보시고는 감히 의견을 낼 수 없는 명문이라고 크게 찬탄을 하셨습니다. 당시 대산 종사님께서 이 말씀을 전해 들으시고 "이 비문은 정산 종사님의 대종사님을 향한 지극한 효심과 정성, 그리고 대종사님을 주세불로 높이 받들어 모시는 마음이 담겨 있기 때문에 문학적으로 이해할 수 있는 글이 아니다."라는 말씀을 해주신 기억이 납니다. 지금부터는 비문 원문을 하나하나 풀어보도록 하겠습니다.

대범, 천지에는 사시가 순환하고 일월日月이 대명代明하므로 만물이 그 생성生成의 도道를 얻게 되고 세상에는 불불佛佛이 계세繼世하고 성성聖聖이 상전相傳하므로 중생이 그 제도의 은을 입게 되나니 이는 우주 자연의 정칙이다. 옛날 영산회상靈山會上이 열린 후 정법正法과 상법像法을 지내고 계법季法시대에 들어와서 바른 도가 행하지 못하고 삿된 법이 세상에 편만하며 정신이 세력을 잃고 물질이 천하를 지배하여 생령生靈의 고해苦海가 날로 증심增深하였나니 이것이 곧 구주救主이신 대종사大宗師께서 다시 이 세상에 출현하시게 된 기연이다.

먼저 「대범, 천지에는 사시가 순환하고 일월이 대명하므로」라고 하셨습니다. '대명'代明이란 바꾸어 가면서 밝다는 의미이기 때문에 문장 전체를 풀이해보면 낮에는 해가 밝고 밤에는 달이 밝은 것을 말합니다. 이어 「만물이 그 생성의 도를 얻게 되고」라고 하셨습니다. 이것은 사은 중 천지의 은혜를 의미합니다. 천지의 은혜를 정산 종사님께서 이렇게 분명하게 표현하셨습니다. 만물이라는 것은 유정물과 무정물 둘 다를 의미합니다. 다시 정리를 하면 이 말씀은 천지의 은혜로 유정물과 무정물이 다 생성의 도를 얻게 된다는 뜻입니다.

「불불佛佛이 계세繼世하고 성성聖聖이 상전相傳한다.」는 말씀은, 주세불님이 홀로 이 세상에 한번 오시고 마는 것이 아니라 계속 이어서 오신다는 의미입니다. 그리고 세상의 도덕사를 혼자서만 하시는 것이 아니고 다른 성인들과 함께 하신다는 뜻입니다.

그런데 불불이 계세하고 성성이 상전하는 것이 「우주 자연의 정칙」이라고 하셨습니다. 이 말씀은 우리 교법 가운데 어느 부분을 근거로 하신 말씀일까요? 예컨대 춘하추동으로 사시순환을 하는 것은 우주 자연의 정칙입니다. 이렇게 사시순환을 해서 만물이 생성되는 것을 천지은이라고 한다면, 불불이 계세하고 성성이 상전하여 부처와 성현이 함께 중생 제도를 하는 것은 법률은이라고 할 수 있습니다.

개교의 동기에 직접 주세불로 오셨다는 내용이 나타나 있지는 않지만 『대종경』 전망품 1장에 「세상이 말세가 되고 험난한 때를 당하면 반드시 한 세상을 주장할 만한 법을 가진 구세성자救世聖者가 출현하여 능히 천지 기운을 돌려 그 세상을 바로잡고 그 인심을 골라 놓나니라.」하신 대목을 중요하게 살펴볼 필요가 있습니다.

대종사님께서는 『정전』 사은 장에서 우주 자연의 정칙을 모두 밝혀주셨습니다. 하지만 대종사님께서 밝혀주신 천지은과 부모은도 과거의 천지은, 부모은과는 개념이 좀 다릅니다. 동포은도 당위적으로만 말씀하시지 않고 식물과 동물 등 모든 동포들이 자리이타의 관계로 맺어져 있다고 밝혀주셨습니다. 우리 인간들뿐만 아니라 만물이 모두 우주 자연의 정칙에 따라 존재하는 것입니다. 대종사님께서는 이 네 가지 크신 은혜인 우주 자연의 정칙을 깨달아서 우리에게 알려주신 것입니다.

그런데 정산 종사님께서는 왜 이 비문을 통해 우주 자연의 정칙이란 말씀을 하셨을까요? 대종사님께서 우주 자연의 정칙을 따라 주세불로서 오셨다는 말씀을 하시기 위해서 그 말씀을 하신 것입니다. 그런데 또 영산회상은 왜 언급하셨을까요? 영산회상이란 석가모니 부처님 재세 시 인도의 영축산 시절의 영산회상을 말합니다. 그 영산회상 이후 정법, 상법, 계법 시대가 돌아와 삿된 법이 세상에 편만하여지고 정신이 세력을 잃고 물질의 노예생활을 함에 따라 생령의 고해가 날로 극심해졌으니, 구주이신 대종사님께서 이 세상에 오신 계기가 된 것을 밝혀주기 위해서입니다.

『대종경』 전망품 19장의 「돌아오는 세상이야말로 참으로 크게 문명한 도덕 세계일 것이니, 그러므로 지금은 묵은 세상의 끝이요, 새 세상의 처음이 되어, 시대의 앞길을 추측하기가 퍽 어려우나 오는 세상의 문명을 추측하는 사람이야 어찌 든든하지 아니하며 즐겁지 아니하리요.」라는 말씀이야말로 불불계세, 성성상전의 뜻을 이해하고 시대를 파악하는 데 큰 도움을 주는 말씀입니다.

정법시대 천년, 상법시대 천년, 계법시대 천년을 거쳐서 말법시대가 되면 주세불이 새로 출현하시어 새 회상, 미륵회상을 펴는 것입니다. 그런데 이런 시대 구분은 어떻게 할까요? 대산 종사님의 말씀에 따르면 깨침도 있고, 수행도 있고, 가르침도 있는 때가 정법시대라고 하셨습니다. 상법시대에는 깨침은 없고 수행과 가르침만 있고, 계법시대에는 가르침만 있어서 말법시대가 된다고 하셨습니다.

우리는 자칫하면 깨침이나 수행은 없고 가르치려고만 하는 계법시대의 제자로 전락할 수 있다는 것을 유념해야겠습니다. 반드시 수행이 밑받침되어야 하고 잊을래야 잊을 수 없을 정도로 확실히 깨친 바가 있어야 정법시대의 대종사님 제자라고 할 수 있습니다. 자고 있는 중에 누가 물어도 엉뚱한 소리 하지 않을 실력이 있을 만큼 확실한 깨달음이 있어야 하고, 수행해서 깨달아 보니 이 진리 소식을 전하지 않을 수 없는 마음이 되어서 교법을 전해야 정법시대라고 할 수 있는 것입니다. 이런 이치에 따라 불불이 계세할 때가 되어서 오신 것입니다. 그냥 오신 것이 아니라 정칙을 따라 오시고, 정법·상법·계법을 지내게 되어 다시 오신 것입니다.

그런데 우리는 여기에서 '다시'라는 표현을 쓰신 것에 주목할 필요가 있습니다. 왜 이 표현을 쓰신 것일까요?『대종경』부촉품 10장을 보면「내가 다생 겁래로 많은 회상을 열어 왔으나 이 회상이 가장 판이 크므로…」라고 하신 대목이 나옵니다. 결국 대종사님께서는 이 세상에 처음 오신 것이 아니라 과거에도 여러 번 다녀가셨다는 뜻입니다. 그래서 '다시'라는 단어를 쓰신 것입니다. 결국 세상이 고해가 심해지고 말세가 되면 동에서 나오시든 서에서 나오시든 구세성자가 나오도록 되어 있는 것이 우주의 정칙이라는 말씀입니다.

대종사의 성은 박朴씨요 휘는 중빈重彬이요 소태산少太山은 그 호이시니 석존기원釋尊紀元 2918년 신묘辛卯 3월 27일에 전라남도 영광군 백수면 길룡리에서 탄생하시었다. 부父는 박회경朴晦傾 모母는 유정천劉定天이시요 신라시조왕新羅始祖王 박혁거세朴赫居世의 후예이시다.

대종사 유시로부터 기상이 늠름하시고 도량이 웅대하시며 모든 사물에 매양 사색의 정신이 많으시고 한번 하기로 한 일은 아무리 어려운 일이라도 반드시 실천하는 용단력이 있으시었다.

9세시에 우주의 자연 현상을 보시고 큰 의심이 발하시었으나 그 의두疑頭를 풀기로 한즉 생각이 막연하여 도저히 구경처究竟處를 해득하기가 어려우매 대종사의 우울하신 심경은 날이 갈수록 깊어지시사 처음에는 산신에게 다음에는 도사에게 의뢰를 구하여 보시었으나 뜻을 이루지 못하시고 필경은 주소일념晝宵一念이 오직 한 의심뿐으로 점점 계교돈망計較頓忘하는 삼매三昧의 경계에 드시었으니 이 사이에 생활의 곤란과 심신의 피로는 이루다 말할 수 없으시었다.

　26세 되시던 병진丙辰 3월 26일 이른 아침에 동천東天의 서광曙光을 보시고 정신이 문득 상쾌해지시며 적세積歲에 맺혔던 의두가 풀리기 시작하여 드디어 대각大覺을 이루시었다. 대종사 대각을 이루신 후 전성前聖의 증오처證悟處를 참고하기 위하사 제가諸家의 경전을 열람하시다가 금강경金剛經을 보시고 가라사대 석가모니불은 진실로 성중성聖中聖이라 하시고 이에 부처님에게 연원을 정하시고 다시 현 시국을 관찰하시매 세도世道가 이미 위기에 당하여 그 구제사업救濟事業이 시급함을 생각하시고 처음 9인 제자를 얻으사 최초법어最初法語를 설하신 후 영육쌍전靈肉雙全의 기초를 닦기 위하여 먼저 저축조합貯蓄組合을 설치하사 길룡리 해면海面의 간석지干潟地를 개척하시고 무아봉공無我奉公의 정신을 세우기 위해 기도서원祈禱誓願을 명하시었던바 9인이 한 가지 혈인血印의 신성을 바치었다.

　그 다음 비명의 내용을 보면 대종사님의 가계에 대한 소개와 대종사님의 성품에 대한 설명이 나오고, 어린 대종사님께서 하늘 보고 의심 내신 내용 등이 이어집니다. 그런데 특이하게도 탄생에 대한 이야기는 그다지 비중 있게 다뤄지지 않고 대종사님께서 의심을 품기 시작한 것부터 중요하게 기록이 되고 있습니다. 다른 종교의 경우는 대개 교조의 탄생일을 가장 큰 경축일과 기념일로 삼는데 원불교는 전혀 그렇지 않습니다. 이런 본의를 우리가 유념해야겠습니다.

기록상으로는 9세부터 자연 현상을 보고 의심을 발하신 것으로 되어 있지만 실제로 의심을 발하기 시작한 것은 7세부터라고 합니다. 그렇게 본다면 대종사님께서는 약 20년간 궁촌벽지에서 변변한 스승님도 찾지 못한 채 간절한 구도생활을 통해 자수자각을 하신 것입니다.

이곳 영광 지역은 오래 전부터 가난 제일, 무식 제일이란 말이 있었던 곳입니다. 그만큼 문화적 혜택이나 교육 수준이 낮은 곳이었습니다. 그런데 어째서 대종사님께서는 이곳에서 나셨을까요? 또 다른 나라로 가지 않으시고 우리나라에 오시고 또 이 궁촌벽지에 오셨을까요? 반드시 어떤 뜻이 있을 것입니다. 그래서 저는 시간이 흐를수록 이곳이 전 인류의 정신적 중앙지가 될 것이라고 확신합니다. 우리나라가 도덕의 부모국, 정신의 지도국이 된다는 말씀도 마찬가지입니다. 교법정신으로 무장한 제자들이 어떻게 역할을 하느냐에 따라 시일의 조만은 있을지언정 반드시 실현될 것입니다. 성현의 말씀은 절대 땅에 떨어지지 않습니다.

대종사님께서 탄생하신 해를 석존 기원 2918년이라고 구체적으로 말씀해 주신 것은 구원겁래의 서원으로 이 땅에 나신 것을 확실히 짚어주시기 위함입니다. 대종사님께서 의심을 발하신 것도 어쩌다가 의심을 내신 것이 아니라 구원겁래의 서원으로 의심을 발하셨다고 하셨습니다. 길눈이 밝은 사람을 보면 길을 갈 때 무심히 그냥 가는 것이 아니라 관심 있게 주위를 살펴보는 것을 알 수 있습니다. 대종사님께서 진리와 인간에 대해 의심을 내신 것은 7, 8세부터 후천적으로 의심을 내기 시작하신 것이 아니라 과거로부터의 서원을 바탕으로 의심을 내신 것이라고 할 수 있습니다.

이처럼 대종사님께서 의심을 발하시고 대각을 하셨듯이, 우리도 우리에 관심을 가지고 정성을 기울이면 대각을 할 수 있습니다. 대종사님과 우리의 성품의 원리가 같고 또 공적영지의 알음알이도 같기 때문입니다. 다만 우리는 가려서 살고 있다는 점이 대종사님과 다르다고 할 수 있습니다. 또한 대종사님께서 우리들에게 길을 다 알려주셨는데 어떠한 이유에서든 우리가 안 하니까 안 될 뿐입니다.

대종사님께서도 공부길을 못 잡으셨을 때는 고생을 많이 하셨습니다. 그때 일로 해수기침을 하시면서 해주신 법문이 『대종경』 수행품 47장에 있습니다.

「나는 당시에 길을 몰랐는지라 어찌할 수 없었지만, 그대들은 다행히 나의 경력을 힘입어서 난행고행을 겪지 아니하고도 바로 대승 수행의 원만한 법을 알게 되었으니 이것이 그대들의 큰 복이니라. 무릇, 무시선·무처선의 공부는 다 대승 수행하는 빠른 길이라 사람이 이대로 닦는다면 사반공배가 될 것이요, 병들지 아니하고 성공하리니 그대들은 삼가 나의 길 얻지 못할 때의 헛된 고생을 증거하여 몸을 상하는 폐단에 들지 않기를 간절히 부탁하노라.」

대종사님께서 공부길을 잡지 못하시고 고생하신 내용 중에는 산신님을 만나려고 기도하신 것과 스승님을 만나려고 노력하신 것, 그리고 앞에서 말씀드린 두 가지를 통해서도 안 되니까 스스로 강변에서 의두삼매, 적정삼매 등 삼매경에 드신 것 등이 담겨 있습니다.

대종사님께서는 우리들이 공부를 할 때에는 그렇게 하지 말고 다른 방법으로 대치를 하라고 하셨습니다. 예를 들면 산신을 만나려고 정성을 올렸던 것은 진리불공으로 대치하게 하시고, 스승님을 만나려고 고생했던 것은 교당 내왕시 주의 사항으로 대치하라고 하셨습니다. 사실 교법을 떠나서 일시적으로 하고자 하는 마음에 의지해서 정진을 하면 끝까지 갈 수도 없고, 막연하기 때문에 자신감을 가지고 수행을 할 수도 없습니다. 그래서 대종사님께서는 당신께서 공부하면서 고생하신 내용들을 밝혀주시면서 대치할 수 있는 방법들을 우리 교법으로 밝혀주신 것입니다.

여기서 잠깐 삼매三昧에 대한 이야기를 하겠습니다. 삼매는 일심정진一心精進을 의미합니다. 일심정진과 동정삼매動靜三昧는 같은 뜻입니다. 공부를 할 때 두 마음 없이 한 마음으로 일관하는 것을 말합니다. 『대종경』부촉품 7장을 보면 대종사님께서는 당시 제자들 가운데 당신의 뜻을 온전히 받아갈 사람이 많지 못한 것 같다고 하시면서 그 이유를 일심집중이 되지 못하기 때문이라고 하셨습니다. 그리고 그럴 바에는 이것을 놓고 저것을 구하든지, 저것을 놓고 이것을 구하든지 하여 좌우간 큰 결정을 세워서 외길로 나아가야 성공이 있을 것이라고 하셨습니다. 공부를 할 때는 잔가지는 다 쳐버리고 오롯이 한 마음으로 임해야 대성을 할 수 있습니다.

결국 대종사님께서는 갖가지 고행 끝에 26세 되시던 병진년 음력 3월 26일에 노루목에서 대각을 하셨습니다. 우리는 대종사님께서 대각하실 때까지의 공부길을 터득해야 합니다. 그리고 공부를 성취하기 위해서는 타력도 빌려야 합니다. 타력을 빌리는 방법으로는 진리불공도 있고, 스승님의 타력을 빌리기 위한 방법으로 교당 내왕시 주의 사항 가운데 문답 감정을 받는 방법도 있습니다. 그래서 대종사님의 가르침에 의하면 나이가 어린 분도 스승이 될 수 있는데, 지자를 본위로 하기 때문입니다.

그리고 공부를 성취하려면 자력도 필요합니다. 그것을 대산 종사님께서는 불석신명불공_不惜身命佛供_, 금욕난행불공_禁慾難行佛供_, 희사만행불공_喜捨萬行佛供_이라고 표현을 하셨습니다. 대종사님 십상에 대한 공부를 하면서 하루는 대산 종사님으로부터 이런 법문을 받들었습니다. 대종사님께서 구도 과정에서 산신님을 만나지는 못했지만 어리신 대종사님께서 그때 정신 통일이 되었고, 스승님을 만나려는 간절한 원력으로 인해 스스로 스승이 되실 수 있었다고 하셨습니다.

대종사님께서는 『대종경』 서품 17장에서 부처님의 지혜와 능력의 내용을 자세히 밝혀 주셨고, 정산 종사님께서는 비문에서 대종사님의 경륜과 법력과 능력을 자세히 밝혀 주셨습니다. 그리고 대산 종사님께서는 또 십상에 대한 설명을 통해 대종사님을 우리들이 가까이 모실 수 있도록 안내해주셨습니다. 따라서 서품 17장, 비문, 십상 등 이 모든 것이 우리가 성자들을 가까이 모시고 배우는 데 도움이 된다고 생각합니다.

대종사님께서는 대각하신 후에 당신의 연원을 석가모니 부처님께 대시었습니다. 예수님이나 공자님도 계신데 왜 석가모니 부처님께 대셨을까요? 당시의 불교는 조선조 500년간 냉대를 받으며 교세가 크게 약해진 상태였는데 왜 그런 불교에 맥을 대셨을까요? 그리고 대종사님께서는 『대종경』 서품 15장에서 장차 불교가 세계적 주교가 된다고 하셨고, 정산 종사님께서는 『정산종사 법어』 도운편 13장에서 「한 몸의 주장은 마음이요, 교敎 가운데 주장은 마음 잘 밝힌 교라, 불법이 마음 법을 가장 잘 밝혀 놓았나니, 불법의 정맥을 올바로 살려낸 회상이 새 세상의 주교主敎가 된다.」고 하셨습니다. 명확한 이유를 가지고 맥을 대신 것입니다. 예수님께서도 마태복음 6장 3-4절에서 「오른손이 하는 일을 왼손이 모르게 하라.」고 마음공부에 대해 말씀을 해주셨지만 예수님께서는 대체로 하나님과 인간과의 관계를 주로 밝혀주셨습니다. 하지만 우리 안에 있는 마음이라는 보물을 주로 가르쳐 주신 것은 부처님들이셨습니다. 그런 까닭에 대종사님께서는 석가모니 부처님께 연원을 대신 것입니다.

불교에 연원을 대셨는데 그 가운데서 어떤 가르침을 주체로 삼으셨을까요? 대종사님께서는 대각 후 당신의 깨친 바를 대조하기 위해서 여러 종교의 경전을 열람하셨습니다. 그리고 그 중에서 불교의 금강경을 보시고는 석가모니 부처님을 성중성聖中聖이라고 칭하셨습니다. 그렇다면 금강경의 중심 내용은 무엇일까요? 한마디로 '마음공부'가 금강경의 중심 내용입니다. 심지는 착하지도 않고, 악하지도 않고, 요란하지도 않고, 시끄럽지도 않고, 조용하지도 않고, 밝지도 않고, 어둡지도 않고… 원래 없는 그것을 가르칩니다. 그리고 나는 원래 착하다는 것, 악하다는 것에도 구애를 받지 말고 그 마음도 내지 말라는 것입니다. 그 마음이 상相이기 때문에 상 자체를 벗어나라는 고도의 마음공부를 밝힌 것이 금강경입니다.

이 내용을 보시고 대종사님께서 당신의 깨달으신 바와 같다고 보신 것입니다.

그러나 대종사님께서는 석가모니 부처님께 연원을 대셨지만 과거의 불교로는 미래 세상을 구원하기 힘들다고 판단하셨습니다. 그리고 불법의 시대화, 생활화, 대중화를 표방하시며 『조선불교혁신론』을 세상에 내놓으셨습니다. 사상은 좋지만 제도와 방편은 혁신해야겠다고 보신 것입니다.

대종사님께서 대각을 이루신 후 시국을 관찰하시니 세상은 이미 위기에 처해서 구제 사업이 시급한 상황이었습니다. 당시는 서기 1916년으로 우리나라가 일제에 합병된 상태이고, 1차 세계대전이 한창이었으며, 3·1운동의 불씨가 태동되던 시기였습니다. 정치적으로는 다윈의 진화론을 인간 사회에 적용해서 식민 지배를 정당화하는 도구로 사용 할 때이기도 합니다. 당시의 국제 정세나 국내 정세에 대한 이해를 위해서는 더 많은 공부가 필요합니다.

대종사님의 최초법어는 예수님의 산상수훈이나 석가모니 부처님의 초전법륜과 비교할 수 있습니다. 그런데 최초법어의 내용을 보면 다른 성현들의 최초법어와는 상당한 차이가 있음을 알 수 있습니다. 여러분께서도 깊이 연구해보시기 바랍니다. 최초법어는 수신의 요법, 제가의 요법, 강자·약자의 진화상 요법, 지도인으로서 준비할 요법으로 구성되어 있습니다. 유교의 수신, 제가, 치국, 평천하와 비유할 수 있겠습니다. 그런데 왜 여기에 지도인으로서 준비할 요법을 넣으셨을까요? 교통과 통신이 발달하지 않았던 과거 시대에는 지도자들의 영향력이 아무래도 특정 지역이나 국가에 제한되어 있었습니다. 그런데 대종사님께서는 먼 미래를 내다보시고 지구촌 시대에는 지도자들의 영향력이 과거보다 엄청나게 커지게 될 것을 예견하신 것이 아닌가 싶습니다.

대종사님께서는 또 영육쌍전의 기초를 닦기 위해서 저축조합을 설치하십니다. 그런데 이 궁촌벽지에서 선진님들은 무엇으로 저축을 했을까요? 교사를 통해서 아는 바와 같이 구인제자들은 금주, 단연을 하고 허례를 폐지해서 저축을 했습니다. 저축을 해서 무엇을 하려고 이렇게 근검절약을 하신 것일까요? 조합장이신 대종사님과 공도사업을 하기 위해서였습니다. 이와 같은 초기교단의 창립정신을 우리들이 지금 제대로 계승해서 실천하고 있는지 반성해야 합니다.

이처럼 대종사님께서 제자들과 근검절약해서 저축조합을 하신 근본적 이유는 무엇일까요? 인과입니다. 인과의 원리를 깨닫고 보시니 이렇게 저축조합을 만들어서 공도사업을 하지 않을 수 없으셨던 것입니다. 다른 큰 외래 종교들처럼 외국의 원조를 받은 것도 아니었습니다. 숯장사를 하고 바다를 막은 저축조합의 정신, 영육쌍전의 정신은 대종사님께서 제생의 세 하셨던 28년 동안 일관되게 유지되었습니다. 결국 무아봉공의 정신을 몸소 실천해서 보여주신 것입니다. 근검저축해서 조합을 만들어 공익활동을 한 것은 공익정신입니다.

그런데 무아봉공無我奉公은 여기에 목숨을 더 내놓은 것입니다. 구인제자들과 목숨을 내놓으셨습니다. 단순한 공익정신도 거룩한데 거기서 목숨을 바쳐서 한 걸음 더 나아간 것입니다. 대종사님께서는 왜 생명을 내놓는 무아봉공이란 가르침으로 제자들을 지도하셨을까요? 방언할 때 3·1운동이 일어나서 만세소리가 방방곡곡에서 울려 퍼지자 대종사님께서는 선천의 이기주의에 억눌려 있던 기운들이 후천 개벽기를 당해서 다함께 힘을 타기 위해 소리치는 개벽을 재촉하는 상두소리라고 말씀하셨다고 합니다. 무아봉공의 정신으로 정신개벽의 새 시대를 여신 것입니다.

무아봉공을 해 본 사람은 그 맛을 알아서 대종사님의 대자대비하신 은혜가 한량없다는 것을 압니다. 그래서 정신·육신·물질로 늘 보시하는 것을 재미로 삼습니다. 그러나 이 맛을 알지 못하는 사람은 보시를 잘하지 못합니다. 그런데 인과의 원리로 생각을 해보면 어떻습니까? 무아봉공의 결과는 누구에게 미칠까요? 결국 자신이나 자손입니다. 밝은 세상이라 인과보응도 금생에 이뤄진다고 하셨습니다. 모두 자신이 받는 것입니다.

대종사님께서는 부촉품 10장에서 「내가 다생 겁래로 많은 회상을 열어 왔으나 이 회상이 가장 판이 크므로 창립 당초의 구인을 비롯하여 이 회상과 생명을 같이할만한 혈심 인물이 앞으로도 수를 헤아릴 수 없이 많이 나리라.」고 하셨습니다. 이유가 뭘까요? 인지가 발달되기 때문입니다. 전망품에서 말씀하신 바와 같이 인지가 발달되어 남을 위하는 것이 나를 위하는 것임을 알게 되는 세상, 미륵불 세상, 용화회상이 되기 때문입니다. 인과의 원리를 실천하면서 살게 되기 때문입니다.

다음은 교강을 제정해 주신 부분까지를 살펴보도록 하겠습니다. 대종사님께서 구인제자를 얻으신 후 저축조합을 설치하시고, 간척지를 개척하셨습니다. 간척지를 개척하신 목적이 우리 교단 사업의 모체를 삼는 것만이 아니었습니다. 『대종경』 서품 10장을 보면 방언공사의 목적이 잘 밝혀져 있습니다. 대종사님께서는 방언공사를 통해 제자들의 참된 신심의 유무를 알고, 복록이 어디로부터 오는가를 알 수 있게 하고, 괴로운 일을 할 때 솔성하는 법이 골라져서 스스로 괴로움을 이길 만한 힘을 얻을 수 있다는 점을 생각하셔서 방언에 착수했다고 하셨습니다. 그래서 대종사님께서는 간척지를 막으면서 제자를 얻으셨습니다. 또 대종사님께서는 무아봉공의 정신을 세우기 위하여 제자들로 하여금 기도 서원을 올리게 하셨습니다. 무아봉공을 잘하기 위한 기도를 올려야 위력이 큽니다. 반대로 내가 잘 먹고 잘 살며 호강하기 위해 기도를 올리면 위력이 적습니다. 구인선진님들께서는 한 마음으로 혈인의 신성을 바쳐서 기도를 올리셨습니다.

　기미己未 8월에 2, 3제자를 데리시고 석장錫杖을 부안扶安 봉래산蓬萊山에 옮기시어 5년간 주재하시며 교리 제도敎理 制度의 초안草案을 대략大略 마치신 후 갑자甲子 4월에 하산下山하시어 총부總部를 차此 신룡리에 건설하시고 불법연구회佛法硏究會라는 임시 명칭으로 교문敎門을 공개하사 제자 수 십인으로 더불어 주경야독晝耕夜讀의 간고한 생활을 하여 가며 교리 훈련을 시작하시었나니 교리의 대강은 일원一圓을 최고종지最高宗旨로 하여 이를 신앙의 대상과 수행의 표본으로 하는 동시에 천만사리千萬事理를 다 이에 통일케 하시고, 사은사요四恩四要를 윤리로 하여 종전에 미달未達한 모든 윤리를 다 통하게 하시고, 삼학팔조三學八條를 수행으로 하여 종전에 편벽된 일체 수행을 병진하게 하시며 다시 영육쌍전靈肉雙全 이사병행理事並行 처처불상 사사불공處處佛像 事事佛供 무시선 무처선無時禪 無處禪 등 대체를 밝히사 사통오달四通五達의 원융한 도로써 모든 법을 간이능행簡易能行케 하신 것이다.

　그 후 대종사님께서 부안에 가셔서 5년간 계시면서 교리 제도의 초안을 대략 마치신 내용이 나옵니다. 대종사님께서 인생의 요도 사은 사요와 공부의 요도 삼학 팔조, 그리고 『조선불교혁신론』 등의 법을 짜실 때 여러 제자들에게 앞으로의 법은 어떠한 법이어야 되겠느냐고 물으셨습니다. 그때 정산 종사님께서 바로 '실생활에 도움이 되는 법'이라고 정답을 말씀하셨습니다. 인생을 바르게 잘 살기 위해서 공부가 필요하다는 말씀입니다. 공부를 하면서 원망을 한다든지, 자력은 안 세우고 경제적으로 의뢰 생활을 한다든지 하면 공부를 잘못하고 있다는 말씀입니다. 우리는 공부를 해나갈 때 항상 대종사님께서 교법을 짜실 때 제자들에게 어떤 법이라야 되겠느냐고 물으셨던 그 본의를 잊어서는 안 될 것 같습니다.

『정산종사법어』 기연편 11장을 보면 「일원상을 진리의 근원과 신앙의 대상과 수행의 표본으로 모시고」라는 내용이 있습니다. 이 말씀은 곧 과거에는 진리를 깨달으신 분들만의 소유물이었던 법신불을 모든 중생들에게 평등하게 드러내 주신 은혜로 천 여래 만 보살이 가능해졌다는 말씀입니다. 사실 아직도 등상불이 아니면 부처님이 아니라 하여 불공을 못 드리겠다고 하는 분들도 계시지만 대종사님께서는 미래 수만 년을 내다보시고 법신불 일원상을 신앙의 대상과 수행의 표본으로 드러내 주신 것입니다.

그 다음 내용을 보면, 사은 사요를 윤리로 하여 과거에 막혔던 것을 모두 통하게 하시고 삼학 팔조로 과거의 편벽된 수행을 병진하게 하셨다는 내용이 나옵니다. 물론 과거 불가에도 수양·연구·취사 즉 계·정·혜 삼학이 있었습니다. 그런데 염불종은 염불만 하고 선종은 선만 했던 것을 대종사님께서는 전부 병진을 하도록 하셨습니다. 달리 말하면 대종사님께서 내놓으신 교법은 영육쌍전, 이사병행하게 하신 법이라고 할 수 있습니다. 이사병행이란 일도 연구해야 되고 이치도 연구해야 된다는 의미입니다.

그리고 대종사님께서는 처처불상 사사불공 무시선 무처선을 하게 하셨습니다. 즉 과거에 법당에 모신 부처님만 부처님으로 모시던 것을 처처불상으로, 그 부처님께만 하던 불공을 사사불공으로 하라고 하셨습니다. 또 장소와 시간을 정해놓고 닦았던 선을 무시 무처로 하라고 하셨습니다. 이러한 내용들을 한 말씀으로 요약하면, 사통오달의 원융한 도로써 모든 법을 간이능행하게 하셨다고 할 수 있습니다.

대종사님 교법의 특징을 네 자로 요약하면 '간이능행'簡易能行입니다. 대종사님께서 내놓으신 법은 간단하고, 쉽고, 능히 행할 수 있다는 뜻입니다. 대종사님 교법의 특징은 쉽다는 것이고 생활 속에서 누구나 실천할 수 있다는 데 있습니다. 마음만 있으면 누구나 할 수 있습니다. 하루는 대종사님께서 죽비를 들어 보이시면서 '이 죽비도 마음만 있으면 내 법으로 성불시킬 수 있다.'고 하셨답니다. 앞에서 대종사님 교법에 대해 여러 말씀을 드렸습니다만, '간이능행'이 가장 핵심적이고 중요한 표현이라고 할 수 있습니다.

다음은 대종사님의 열반과 원불교 교명을 선포한 부분까지를 살펴보도록 하겠습니다. 병술년이면 원기 31년으로 해방 바로 이듬해입니다. 여기에서는 '생활 제도를 개선하셨다.' 하신 부분에 주목할 필요가 있습니다. 생활제도를 그때 한 번 개선한 것으로 만족해야 할까요? 결국 우리는 끊임없는 개선을 과제로 삼아야 합니다. 일원상의 진리는 불변하는 면과 변하는 면이 있습니다. 불변不變으로 응만변應萬變을 할 줄 알아야 합니다. 어느 종교 어느 단체든 변하지 않을 것이 변할 경우에는 틀어지고 맙니다. 그러나 변해야 할 것이 변하지 않을 경우에는 역할이 안 됩니다. 그렇기 때문에 변해야 할 부분이 변하지 않고 있는가? 변해선 안 될 부분이 혹 변하고 있는가? 늘 살펴보아야 합니다.

이와 같이 교리 훈련을 실시하시는 일방 다시 생활 제도의 개선에 착수하사 허례산삭虛禮刪削과 미신타파迷信打破며 자작자급自作自給과 수지대조收支對照 등 방법으로써 새로운 사업 기초를 쌓으사 춘풍추우春風秋雨 20여년에 숙야근간夙夜勤懇 하시와 일정日政의 압제와 싸워가며 모든 난관을 극복하시어 교단 건설에 오로지 심혈을 다하시더니 무상無常이 신속迅速하여 계미癸未 5월 16일에 대중을 모으시고 생사진리生死眞理의 대법문大法門을 최후로 설하신 후 6월 1일에 열반상涅槃相을 보이시니 세수世壽는 53이요 개법開法이 28년이었다. 때에 도중徒衆들은 반호벽용攀號擗踊하여 그칠 줄을 몰랐고 일반 사회의 차탄嗟嘆하는 소리 연하여 마지 아니하였으며 허공법계虛空法界와 삼라만상이 다 같이 오열嗚咽하는 기상을 보이었다. 그 후 교단은 한결같이 선사先師의 유업을 이어 시국의 만난萬難을 겪으며 대중이 일심동진一心同進 하던 중 을유乙酉 8월에 민족이 해방 되자 신생국운新生國運의 발전과 아울러 교세가 점차 확장되매 병술丙戌 4월에 교명敎名을 원불교圓佛敎라 정하고 이를 천하에 공시하였다.

다음에는 허례산삭, 미신타파, 자급자족, 수지대조입니다. 교단 안에 허례정신이 혹시 어느 곳에 있는지, 미신스러운 부분이 혹시 돋아나고 있는지, 노동을 싫어하고 수지대조를 잘못하는 부분이 있는지 살펴봐야 합니다. 세월이 많이 흐를수록 또 국민소득이 높아지고 문화적 욕구가 한없이 올라갈수록 변하지 않아야 할 부분, 변해야 할 부분에 대해 많이 토론하셨으면 좋겠습니다. 대종사님께서 열반하신 부분에 대한 설명은 여기서는 약하기로 하고 각자 부촉품 14장의 최후법문을 음미해 보시기 바랍니다.

대종사님께서 열반하신 뒤 정산 종사님께서 유업을 어어 받으시고 2년 뒤에 8.15 해방이 되었습니다. 그리고 5년 후에 한국전쟁이 우리를 휩쓸고 지나갔습니다. 정산 종사님께서는 이처럼 혼란한 시국에 주세성자의 뒤를 바로 이어 주법이 되셨기 때문에 겪으신 어려움이라는 것은 우리가 말로 다 표현할 수 없습니다. 그러한 가운데서도 정산 종사님께서는 원불교의 교명을 선포하시고 새회상을 만천하에 공개해 주셨습니다. 그때도 사람들의 의견이 분분했지만 정산 종사님께서는 변해선 안 될 스승님의 경륜을 확실히 아셨기 때문에 '원불교'라는 이름을 지으신 것입니다.

　오호라, 대종사는 일찍이 광겁종성曠劫種聖으로 궁촌변지窮村邊地에 생장하시어 학문의 수습修習이 없었으나 문리文理를 스스로 알으시고, 스승의 지도가 없었으나 대도大道를 자각自覺하시었으며 판탕板蕩한 시국을 당하였으나 사업을 주저하지 아니하시고, 완강한 중생을 대할지라도 제도의 만능萬能이 구비俱備하시었으며, 기상은 태산교악泰山喬嶽같으시나 춘풍화기春風和氣의 자비가 겸전兼全하시고, 처사處事는 뇌뢰낙락磊磊落落하시나 세세곡절細細曲節의 진정을 통해주시며, 옛 법을 개조하시나 대의는 더욱 세우시고, 시대의 병을 바루시나 완고에는 그치지 않게 하시며, 만법을 하나에 총섭總攝하시나 분별은 오히려 역력히 밝히시고, 하나를 만법萬法에 시용施

用하시나 본체는 항상 여여히 드러내사, 안으로는 무상묘의無上妙義의 원리에 근거하시고 밖으로는 사사물물事事物物의 지류支流까지 통하시어 일원대도一圓大道의 바른 법을 시방삼세十方三世에 한없이 열으시었으니, 이른바 백억화신百億化身의 여래如來시오 집군성이대성集群聖而大成이시라, 영천영지 천만겁永天永地 千萬劫에 무량한 그 공덕을 만일萬一이라도 표기標記하기 위하여 이 돌을 세우고 이 명銘을 지어 가로대,

이제 대종사님의 심법, 대자대비하신 생활의 모습, 만능하시고 만덕하신 그 성덕을 표현한 마지막 부분을 살펴보겠습니다.

광겁종성曠劫種聖이란 처음으로 오신 게 아니고 다시 오셨다는 뜻이 담겨있습니다. 판탕板蕩한 시국이란 시끄럽고 요란한 세상입니다. 판자가 끓는 물 위에 있으면 얼마나 소란스럽겠습니까? 뇌뢰낙락磊磊落落, 뇌 자는 돌무더기 뇌입니다. 돌 석자 세 개가 하나로 뭉쳐있으니 얼마나 안정적입니까? 뇌뢰낙락은 공명정대하고 태연 자약한 그런 기상을 표현하신 것입니다.

집군성이대성集群聖而大成 즉 여러 성현을 모아 모아서 크게 이루셨다는 말씀입니다. 정산 종사님께서는 이를 동원도리로 표현을 하셨는데 이는 만능에 만덕을 더해서 백억화신 하는 것으로 표현하신 것입니다. 만능 만덕을 백억화신 하는 심법을 다 함께 연마해야겠습니다.

마지막 명銘은 다 함께 읽고 새겨보도록 하겠습니다.

粤若宗師 曠劫種聖 應化機緣 救世徒衆 自修自覺 經路艱難 建敎事業
월약종사 광겁종성 응화기연 구세도중 자수자각 경로간난 건교사업

平地造山 一圓大道 萬法之母 敎門通達 衆聖共會 二八年間 夙夜勤懇
평지조산 일원대도 만법지모 교문통달 중성공회 이팔년간 숙야근간

千萬方便 無量法門 法輪復轉 佛日重輝 人天咸戴 六衆同歸 竪亘三際
천만방편 무량법문 법륜부전 불일중휘 인천함대 육중동귀 수긍삼제

橫遍十方 雨露之澤 日月之明 無邊功德 標以斯石 永天永地 慕仰無極
횡편시방 우로지택 일월지명 무변공덕 표이사석 영천영지 모앙무극

圓紀 38年 4月 26日 立

월약粵若, 그냥 아! 와 같은 감탄사입니다. 광겁종성에 대해서는 앞서 설명했으니 여기서는 생략하겠습니다. 응화기연應化機緣은 기연 따라 응하여 오셨다는 말씀입니다. 그래서 구세도중救世徒衆 하셨는데 자수자각自修自覺 하셨습니다. 그리고 그 경로는 매우 간난하였으며 건교사업建敎事業은 평지에 산을 쌓는 것과 같았습니다.

일원대도는 곧 만법의 어머니입니다. 그런데 사통오달로 교문을 열고 보니 그것이 중성공회衆聖共會입니다. 중성공회란 말씀은 여러 성현이 한 자리에 모인 그런 회상이란 말씀입니다. 한 성현이 오신 것이 아니라 여러 성현이 함께 모이셨다는 것입니다. 대산 종사님께서는 선진님들이 열반하셨을 때 이 분들이 이 회상에 오시사 이러이러한 역할을 하셨다는 말씀을 많이 해주셨습니다. 열반하신 선진님들을 보면 금생에 처음 오신 것이 아니라 과거에도 도덕사업을 하시다가 중성공회의 기회를 따라 이 회상에 오시어 이런저런 역할을 거룩하게 하고 가셨습니다.

숙야근간夙夜勤懇은 대종사님께서 재위 28년 간 아침부터 저녁까지 부지런히 정성을 다했다는 말씀입니다. 대종사님께서는 천만방편 무량법문으로 교화를 하시고 법륜부전法輪復轉 불일중휘佛日重輝 하셨습니다. 다시 부復, 거듭 중重 즉 법륜을 거듭 빛내고 다시 굴리셨습니다. 성성상전聖聖相傳 하는 성인은 법륜을 항상 굴리고 불일을 더욱 빛냅니다. 주세불에게만 다시 부復 자와 거듭 중重 자를 씁니다. 주세불이 아닌 분에게는 쓸 수가 없습니다.

　인천함대人天咸戴는 사람과 하늘이 다 함께 머리에다 모신다는 말씀입니다. 육중동귀六衆同歸는 육도 중생이 한가지로 귀의한다는 뜻입니다. 육도 중생이 한 가지로 귀의한다, 인간만이 아니라 화피초목 뇌급만방까지 귀의한다는 말입니다. 수긍삼재竪亙三際는 과거, 현재, 미래, 이 삼세를 가리킵니다. 종으로는 삼세를 통하고 횡편시방橫遍十方, 횡으로는 시방을 두루한다는 말입니다. 우로지택雨露之澤은 우로의 혜택을, 일월지명日月之明은 일월의 광명을 의미합니다. 그리고 무변공덕無邊功德 표이사석標以斯石 영천영지永天永地 모앙무극慕仰無極, 대종사님 은혜가 그러하기 때문에 그 무변공덕을 이 돌에 표하여 영천영지토록 다함이 없도록 모시고 받드리라는 말씀입니다.

　이런 대성자님을 우리가 모셔서 영원한 생명, 즉 죽지 않는 무량한 목숨을 얻게 되고 내가 참 조물주인 것을 알게 된 것이 얼마나 기가 막힌 기회입니까? 영생을 통해 놓고 이런 기회가 또 있겠습니까? 이제는 저녁이라 슬퍼하지 않고 아침이 또 있는 것을 알기 때문에 아침 준비를 잘하면 됩니다.

　대신성·대보은으로 기왕에 이 회상에 인연이 되었으니까, 다 양보해도 양보하지 않을 것이 영겁법자永劫法子 영겁주인永劫主人이 되는 것입니다. 법자는 법통으로 일원대도의 영겁법자가 되고, 주인은 일꾼으로 일원회상의 영겁주인이 되면 우리 모두 얼마나 홍복이겠습니까? 그러니 쉬지 말고 쭉 정진합시다.

32 공부인의 일과
日課

아침에 남편이 선을 하고 있으면 바쁜 아침 시간에 왜 그렇게 우두커니 벽만 바라보고 앉아 있냐고 주부들은 야단입니다. 그 시간에 애들 양말도 신기고 방청소도 해야 되는데 아무 것도 안 하고 앉아만 있다고 합니다. 이럴 경우 누구 잘못일까요? 앉아 있는 분의 책임입니다. 동이 텄는데 같이 일을 해야지 그 시간에 앉아 있는 것은 분명히 잘못입니다. 선을 하더라도 딴 사람이 쉴 때 하든지 해야지 꼭 부인이 일하는데 선을 한답시고 벽만 쳐다보고 있으면 그것은 우리 공부법은 아닙니다.

우리가 아침 '좌선'은 왜 하는 것일까요? 낮 시간에 육근 문을 열고 닫으려면 힘이 있어야 합니다. 힘이 없으면 닫으려고 해도 마음대로 닫히지 않고 열려고 해도 마음대로 열리지가 않습니다. 그래서 육근문을 열고 닫는데 자유자재하는 힘을 기르기 위해서 좌선을 하는 것입니다.

그러면 육근문을 자유자재하는 기점을 어디다 두어야 할까요? 지공무사 무아봉공에 두어야 합니다. 지공무사 무아봉공은 지금 당장은 상대방을 도와주는 것처럼 보이지만 결국은 자기 자신을 이롭게 합니다.

『비유경』에 지옥과 극락의 차이를 극명하게 설명해 주고 있는 대목이 있습니다. 지옥과 극락이 다 똑같이 기다란 수저로 밥을 먹는데 지옥에서는 서로 자기가 먼저 먹으려고 다투느라 아무도 밥을 먹을 수 없지만, 극락에서는 상대방에게 밥을 떠먹여 주므로 모두가 배부르게 밥을 잘 먹더라는 이야기입니다. 이처럼 서로에게 밥을 떠 넣어주는 것이 지공무사 무아봉공입니다. 나는 상대방에게 밥을 떠 넣어 주었건만 결국에는 내 배가 부르게 되는 이치입니다.

단전주선법이 불편하다며 자기 마음대로 마음을 주하는 분들을 더러 보았습니다. 수행하는 과정에서 답답하니까 이리도 해보고 저리도 해보는 것이겠지만 대종사님께서 단전주선을 해라 하셨으면 어려워도 그렇게 하는 것이 가장 빠른 방법입니다. 읽고 또 읽어봐서 단전주선법을 배우면 그렇게 어려운 일이 아닙니다. 아침에 하는 좌선 1시간만 가지고 우리는 선의 정력을 얻을 수 있을까요? 어려울 것입니다. 그런데 그것마저도 실행하지 않는다면 선의 정력은 절대 얻을 수 없습니다.

좌선을 마치면 '의두' 연마를 잠깐 합니다. 일을 가지고 하든 이치를 가지고 하든, 아니면 교법 중에서 한 대목을 가지고 하든 반드시 의두 연마를 해야 합니다. 그날 선이 잘 되었든 잘 못되었든 일단 고요한 아침 시간에 의두 연마를 하는 것이 중요합니다.

그다음에 '송경'誦經을 하는데 이 송경은 뜻을 생각하면서 하는 송경이 아닙니다. 독서삼매 염불삼매처럼 그냥 일심으로 마음이 몇 번이나 나가고 들어오는가를 대조하면서 일심으로 하는 것입니다.

이렇게 아침 좌선을 마치고 난 뒤에는 무엇을 할까요? 바로 '청소'를 합니다. 대종사님께서는 좌선을 마치고 나면 주변 청소부터 하게 하셨습니다. 대종사님께서는 세수는 하면서 주변 청소는 하지 않는 사람을 보면 크게 꾸중을 하셨습니다. 내 몸을 씻듯이 주위 환경도 늘 깨끗하게 씻어주어야 합니다. 이것이 선입니다. 선은 마음 청소를 하는 것입니다. 대종사님께서는 불 없는 깜깜한 방에서도 어디에 무엇이 있는지 다 아실 정도로 정리 정돈을 잘하셨습니다. 이것이 선심입니다.

이렇게 청소를 마치고 나면 밥을 먹습니다. 그리고 일터에 나가 열심히 밥값을 합니다. 교당에 근무할 때 젊은 교무들이 아침에 일어나지 못하면 '몸이 안 좋은가 보다' 하고 이해를 했습니다. 그러다가 '저녁에 일찍 자고도 아침에 못 일어나면 아침을 굶어보자.' 이렇게 합의를 해서 굶은 적이 있습니다. 저녁에 일찍 잤어도 잠을 못 잤다든지, 몸이 약하다든지, 혈압이 약하다든지 해서 아침에 못 일어나는 경우를 제외하고는 아침에 일어나지 못하면 아침밥을 먹지 말아야 합니다. 아침 일찍 일어나 마음 세수를 하고 몸 세수를 하고 도량 세수를 한 후 밥을 먹는 것이 좋습니다.

그러면 활동 시간에는 무엇을 공부 표준으로 해야 할까요? 활동 시간의 공부 표준은 취사가 중심이 되어야 하는데, 정기 훈련 11과목 중에서도 '주의'가 중심이 되어야 합니다. 주의는 '유념공부'입니다. 그때그때 대중이 있는 취사를 해야 합니다. 밥을 먹을 때에는 다른 생각은 다 놓고 오직 밥 먹는 데에만 집중을 해야 합니다. 한 동지가 식사를 하며 동치미 그릇을 젓가락으로 자꾸 휘적거리니까 옆에 있던 동지가 "뭐 찾아? 고기 찾아? 좋은 습관이 아니니 유념으로 먹게."하고 충고를 해주니 그분이 당장에 고치는 것을 본 일이 있습니다. 그렇듯이 활동할 때는 주의사항이 주 항목입니다. 상시 훈련 12조목은 주의사항이요 유념공부입니다. 그래서 항상 챙기는 마음, 대중 잡는 마음만 있으면 눈이 반짝반짝 살아 있습니다. 그래서 '산 종교', '산 선법'이라고 하신 것입니다.

낮에는 상시 훈련이 주가 됩니다. 상시 훈련 시간은 많은데 정기 훈련

시간은 턱없이 부족하다면 어떻게 될까요? 불과 한 시간 남짓 좌선을 하는데도 그 시간 대부분을 내내 졸다가 마쳤다고 하면 그 사람이 낮 시간에 상시 훈련을 얼마나 잘 할 수 있을까요? 낮 시간에 생활하는 것을 보면 이 분이 아침 선을 어떻게 하는구나, 선을 통해 상당한 힘을 얻은 분이구나 알 수 있습니다. 마음공부는 수학이 아닙니다. 이 마음공부는 꼭 번수로 질을 따질 수 없습니다. 얼마만큼 올바르게 그리고 간절하고 정성스럽게 그일 그일에 그 시간을 보냈는가에 달려 있습니다.

일이 없을 때는 주의할 사항이 별로 없으니 수양 과목을 중심으로 공부를 하게 됩니다. 그러나 일이 있을 때는 주로 주의공부, 유념공부가 주가 됩니다. 오전에는 일이 별로 없으니까 수양을 한다고 일을 놓아 버리고 다 털어버리고 본래 고향에 가서 성성한 대중심만 챙긴다고 할 수 있습니다. 일이 있을 때 수양에만 목적을 두면 문제가 있습니다. 일이 있는 사람이 수양에만 재미를 붙여 다른 사람에게 자꾸 일을 미루는 것은 옳지 않습니다.

하여튼 하루 일과를 시작했다 하면 청소할 때부터는 '보은'과 '인과'의 두 원리를 잊어버리지 않아야 합니다. 그러니 안으로는 고요하게 가라앉아 있는 단전에 자리 잡아야 하고 밖으로는 항상 은혜와 인과를 잊어서는 안 됩니다. 잊어버려서 실수를 하면 곧바로 참회를 해야 합니다. 보은의 활동을 할 때 하지 말라는 일과 하라는 일을 정해 주셨으니 크게 어렵지 않습니다. 그래서 적어도 솔성요론, 일상 수행의 요법, 계문, 상시 훈련법은 평소에 늘 외우고 있어야 합니다.

저녁을 먹고 나서는 '일기'를 기재합니다. 하루를 돌아보고 평가를 하는 것입니다. 하루를 어떻게 살았는지를 평가해서 일기를 기재하라고 하셨습니다. 평상시 안하고 있다가 열흘 분을 한꺼번에 꾸벅꾸벅 기재하면 안하는 것이 낫습니다. 그것은 자기가 자기를 속이는 것이 되기 때문입니다.

또 일기는 객관성이 있어야 합니다. 욕심으로 해서는 안 됩니다. 완전히 빈 마음으로 객관적으로 놓고 스스로를 살펴봐야지, 자학하는 마음이나 욕심으로 하는 것은 대종사님의 근본정신이 아닙니다. 그렇게 일기를 기재해야 내일에 도움이 되고 내세에 도움이 되고 우리 모두에게 도움이 됩니다. 거짓으로 한 것은 더 혼내야 합니다. 한 것은 한 것대로 안한 것은 안한 것대로 기록해야 합니다. 자기가 자기를 확실하게 책임져야 합니다.

그리고 자기가 자기를 믿어 주어야 합니다. 그래야 동지가 믿어주고 스승이 믿어주고 진리가 믿어주는 것입니다. 그리고 일기를 기재했든 못했든 일기는 제출을 하는 것이 맞습니다. 거짓 없이 있는 그대로의 사실을 제출해야 감정을 받을 수 있습니다.

대산 종사님께서는 하루 종일 바쁘게 살면서 스트레스를 잔뜩 받고 집에 돌아왔는데 무슨 일기를 또 기재하라고 하느냐며 일기를 안 했으면 좋겠다는 사람에게 "그러면 유무념 대조라도 해봐라. 하지 말라는 일과 하기로 한 일, 하지 않기로 한 일 등을 어떻게 실천했는지 대조해 보라."고 하셨습니다. 그런데 그런 것들을 한데 모아 저녁에 한꺼번에 점검을 하려고 하면 쉽지 않습니다. 그러니까 대종사님께서는 그때그때 태조사를 통해 기록을 하도록 하셨습니다. 그래서 대산 종사님도 콩주머니를 가지고 다니며 일일이 대조를 하셨습니다.

하루하루를 지낼 때 그냥 무심히 지내지 말고 유무념 대조라도 해야 합니다. 하지 말라고 한 일, 하라고 한 일, 내가 꼭 하기로 한 일, 안 하기로 한 일, 그것을 기록하고는 '심고'로 감사와 참회와 용서를 빌고 내일을 다짐해야 합니다. 오늘 못한 일은 더 원력을 뭉쳐서 내일 하기로 작정하고는 이참을 하고 자야 합니다. 모두를 단전 토굴에다 묻어버리고 자야 합니다. 이러고 저러고 한 것, 뿌리로 돌아가서 고향에서 단전주호흡을 하고 자는 것이죠. 염불하고 잠들어야 합니다.

일기 기재를 마친 후에는 심고를 올립니다. 석반 후 잠자리에 들기 전에 반드시 심고를 하라고 하셨습니다. 신앙생활을 하라는 것입니다. 내 마음을 고백하여 참회하고 용서받아 다시 위력을 빌고 내일을 다짐합니다. 일기를 하고 나면 저녁 심고 내용이 정해지게 되어 있습니다.

심고 올린 뒤 바로 자버리면 될까요? 심고를 올린 뒤에는 반드시 '염불'이나 '주송'을 해서 나의 본성자리, 본래의 고향자리에 들어야 합니다. 낮 시간에 활동하느라고 분별식심으로 치연작용熾然作用했던 부분을 다 정리하기 위한 이참을 하는 시간입니다. 일종의 입정삼매입니다. 더 적극적으로 표현하면 열반이라고 합니다. 일호의 분별 망상이나 꿈도 없이 잘 잘 수 있는 무여열반에 들도록 해주신 것입니다.

하루가 시작되는 기점은 어디서일까요? 저녁입니다. 영리한 사람은 하루를 아침이 아니라 저녁에 시작합니다. 저녁을 어떻게 보내느냐에 따라 아침이 달라집니다. 아침을 어떻게 지내는가를 보면 그 사람이 저녁을 어떻게 지냈는지 알 수 있습니다. 아침에 심고 올리고 선을 하는 것을 보면 이 사람이 저녁에 어떻게 지냈는지 알 수 있습니다. 누구나 앉아서 졸 수도 있지만 저녁 시간을 존절히 하면 졸지 않을 수 있습니다.

우리가 일기를 기재하는 것은 사참입니다. 그리고 저녁에 다시 염불하고 혹은 좌선을 하는 것은 이참입니다. 그렇게 깨끗이 정리하고 딱 누워서 잠든 후, 그 다음 하루를 맞이하면 새 아침을 제대로 시작할 수 있습니다. 눈 뜨면 일생이 시작되는 것이므로 저녁을 잘 지내야 합니다.

그러면 우리는 낮에는 어떤 심경으로 활동을 해야 할까요? 선과 불공은 어떤 관계가 있을까요? 선과 불공은 같은 심정입니다. 불공할 때 공부심이 바탕 되어야 합니다. 빈 마음의 선심이 바탕 되어야 불공이 잘 됩니다. 주착해 있으면 불공에 차질이 오게 됩니다. 빈 마음으로 불공해야 됩니다. 안으로 선심, 이것이 밖으로 나타나는 것을 불공이라고 합니다. 홀로 챙기는 것이 선심이라면 관계 속에서 나토는 것은 불공이요 보은입니다. 좋고 싫음에 주착하지 않도록 하신 이유가 있습니다. 분별 주착이 없어야 불공을 잘할 수 있고 분별 주착하지 않으려면 선심이 되어야 합니다.

안으로 선심이 씨앗이 되어야 밖으로 온통 불공이 될 수 있고 바로 위력이 나타날 수 있습니다. 그런데 우리는 좀 가까운 인연, 좋아하는 인연, 마음에 드는 인연에게는 불공이 잘 되지만 그렇지 못한 인연들에게는 불공이 잘 되지 않습니다. 이럴 때에는 불공을 하기 위해 좀 더 적극적인 노력을 해야 합니다. 노력을 하면 상대방이 귀신같이 압니다. 모를 것 같은데 어떻게 알죠? 뿌리가 하나니까 그렇습니다. 저분이 공부하고 노력을 하고 있구나. 그 상대방도 공부하고 있으면 그것이 또 자극이 됩니다. 그래서 선악에 묶이지 않는 공부길, 동정에 구애받지 않는 공부길, 밝고 어두운 것, 어리석고 밝은 데 구애 받지 않는 공부길을 잡은 사람이 바로 끊임없는 공부길을 잡은 사람입니다. 수양을 하되 동정에 구애 받지 않고, 동할 때나 정할 때나 챙기는 마음 길을 알고, 선악을 다 스승으로 삼고 취하여 다 도움이 되도록 하는 그런 공부길을 잡은 사람! 그런 사람이 되어야 합니다. 앞으로는 대통령 같이 지위 높은 사람이 귀인이 아니라, 무아봉공 하는 사람이 귀인입니다.

편집 후기

이 책은 법타원님께서 주로 원기 85년과 86년에 영산에서 해주신 법문을 모은 강의록 형태의 법문집입니다. 법문 당시의 분위기를 살려서 되도록 녹취 자료 그대로 엮어서 책을 출간하자는 의견도 있었고, 이왕이면 내용과 형식을 다듬어서 기존의 법문집 형태로 엮자는 의견이 있었습니다. 이 두 가지 의견을 절충하려고 노력했습니다.

편집 과정에서 강의 순서와 내용의 중복 등을 바로 잡지 않을 수 없었고, 약간의 수정과 윤문 작업도 하지 않을 수 없었습니다. 되도록이면 하신 말씀 그대로를 살리고 그 당시의 분위기를 반영하려고 했으나 글을 다듬는 과정에서 어쩔 수 없이 약간은 의도와 다르게 편집되었음을 고백합니다.

교단의 어른님들께 문답 감정 받고, 수차례의 윤독회를 거치며 본의를 드러내고 편집의 실수를 줄이려고 노력했지만 아쉽고 미진한 부분들이 적지 않습니다. 보완의 기회를 갖도록 하겠습니다.

이 책은 원기 90년에 모경희, 김성근, 이도은, 최정풍 교무가 협의하여 이도은 교무의 녹음 자료를 중심으로 작업을 하기로 한 데서 시작되었습니다. 그 후 안세명 교무가 정성헌, 박세웅 예비교무, 이인지 교도와 함께 녹취록 작업을 했습니다. 그 뒤로 교정·교열·윤문 등 편집 실무를 진행했습니다. 이 일에는 김예은 교도, 김준안, 오정행, 방길튼, 황경준, 오덕진, 박경전, 이성심, 양영인, 모경희, 최정풍 교무가 참여했습니다.

　문답·감정은 심타원 박순정, 융산 김법종, 전산 김주원, 평산 김성훈 교무님과 봉산 이경식 교도님이 해주셨습니다. 좋은 사진으로 스승님과의 추억을 되살려준 길도훈 교무님, 편집 디자인에 정성을 다해준 토음 박유성 대표님, 그리고 원불교출판사에 감사드립니다. 이 밖에도 음으로 양으로 도와주신 모든 분들께 진심으로 감사드립니다. 감사합니다.

편집인 일동 합장.

2016년 5월 23일 초판 1쇄 발행
2021년 2월 1일 초판 2쇄 발행
강설 | 법타원 김이현 교무
책임편집 | 최정풍 교무

디자인 | 토음디자인
인쇄 | (주)문덕인쇄

펴낸곳 | 도서출판 마음공부
등록번호 | 305-33-21835(2014. 04. 04)
ISBN | 979-11-955860-9-7
주소 | 전북 익산시 익산대로 463, 3층
전화 | 070-7011-2392
값 | 19,000원